轨道交通移动激光测量新技术应用

New Technology Application of Laser Measurement in Rail Transit

姚连璧　孙海丽　许正文　吴杭彬　著

同济大学出版社
TONGJI UNIVERSITY PRESS
·上海·

图书在版编目(CIP)数据

轨道交通移动激光测量新技术应用/姚连璧等著.--上海：同济大学出版社，2022.10

ISBN 978-7-5765-0226-8

Ⅰ.①轨… Ⅱ.①姚… Ⅲ.①激光测距—测量技术—应用—城市铁路—轨道交通 Ⅳ.①U239.5

中国版本图书馆 CIP 数据核字(2022)第 079046 号

2022 年度上海市重点图书

轨道交通移动激光测量新技术应用

姚连璧　孙海丽　许正文　吴杭彬　**著**

责任编辑：李　杰
责任校对：徐春莲
封面设计：张　澈　陈益平

出版发行　同济大学出版社　www.tongjipress.com.cn
（地址：上海市四平路 1239 号　邮编：200092　电话：021-65985622）
经　　销　全国各地新华书店、建筑书店、网络书店
排版制作　南京月叶图文制作有限公司
印　　刷　江阴市机关印刷服务有限公司
开　　本　787mm×1092mm　1/16
印　　张　15.25
字　　数　381 000
版　　次　2022 年 10 月第 1 版
印　　次　2022 年 10 月第 1 次印刷
书　　号　ISBN 978-7-5765-0226-8
定　　价　139.00 元

序

FOREWORD

截至 2021 年底，全国轨道交通（含铁路与地铁）总运营里程逾 15.9 万公里，隧道里程超过 2.8 万公里。轨道交通工务检修作业天窗时间短，隧道病害、结构变形、设备巡查等检测工作对作业速度和检测精度要求高，传统的检测手段难以满足日益增长的应用需求。无接触快速数据采集、处理、更新、建模等技术的发展为轨道交通运营维护与管理向数字化和智能化方向转型奠定了良好的基础。

激光扫描是近年来快速发展的一项新技术，每秒采集数据最高可达 100 万个点，采集数据时可同步获取角度、距离以及激光反射强度等信息。与光学成像相比，激光扫描不存在光照、调焦等问题，具有小型化、灵活性和较强的复杂场景适应能力等优点。与架站式三维激光扫描相比，移动激光扫描具有作业效率高、点云密度均匀等优势，能够进行轨道交通快速数据采集，特别是在隧道暗黑环境下快速进行变形监测和病害检测。

轨道交通激光扫描检测技术源于国外，国内起步晚，且相关软硬件装备在国内成功应用的案例也不多，需要进行本地化改造并提升对用户不同需求的快速反应能力。近年来，在国家政策指导以及运营安全检测硬需求的牵引下，国内高等学校、科研院所以及生产单位进行了大量的理论、方法和应用研究，轨道交通激光扫描检测技术作为一项新技术逐步得到行业的认可并在全国各大城市地铁以及铁路工程中获得了应用，与传统方法相比，大大提高了检测的精度和作业效率。

作者团队研发了多元化的轨道移动激光测量与检测系统，并在工程实践中不断迭代、改进和完善，可适用于不同隧道类型、不同扫描传感器装备、不同应用场景，如隧道变形监测、表观病害调查、竣工验收、既有线勘测、限界检测、接触网检测、土建结构及设施设备维护等的测量与检测。在国家自然科学基金等项目支撑的基础上，作者结合逾千公里的轨道交通工程实践撰写本书，介绍了利用移动激光扫描技术进行轨道交通结构测量与病害检测等数据处理理论和方法，探讨了隧道关键几何参数的解算方法、激光点云以及影像生成方法、多期扫描的变化检测方法等，利用激光扫描测量与检测物体表面信息，如渗漏水、裂缝、缺角掉块以及各种几何尺寸等，这些表观病害和变形对评判结构的安全状态、保障运营安全具有重要作用。本书是结合移动激光测量技术开展轨道交通工程测量与检测应用的科技著作，对推动激光扫描技术在轨道交通运营维护与管理中的应用具有重要价值。

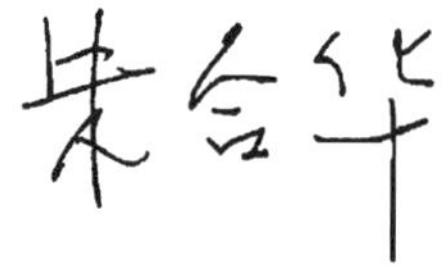

中国工程院院士

同济大学教授

2022 年 7 月 26 日

前言

PREFACE

三维激光扫描是近年来快速发展的一项新技术，在轨道交通行业的施工质量检查、竣工验收、运营维护检测与监测、线路测绘等工程中得到应用。与可见光成像和静态激光扫描相比，移动激光扫描具有无需光照、作业效率高、覆盖密度均匀等优势，能够以100万点/秒高速同步采集距离、角度和激光反射强度等信息，特别适用于暗黑环境下快速采集坐标、高分辨率成像和高精度变形监测。

国外轨道交通激光扫描检测技术研发起步较早，瑞士、德国、荷兰、意大利、日本等都有专业公司从事相关产品的研发和技术服务。受限于国内外应用需求和技术标准差异，国外软硬件装备在国内成功应用较少，需要进行自主集成和应用研发，以掌握核心技术和降低运用成本。近年来，国内轨道移动激光测量系统的硬件集成和专用软件研发日益成熟，高等学校、研究院所和知名企业已陆续推出相关产品并取得成功。但是，作为一项新技术的普及应用，尚缺少相应的规范标准和质检标准等，需进一步研发以解决行业共性需求并降低应用门槛，深入挖掘移动激光扫描在轨道交通中的应用潜力。

目前，轨道交通移动激光扫描的应用主要集中在隧道变形监测、病害调查、竣工验收、限界测量、既有线改造勘测、接触网检测、三维建模等方面。①隧道变形监测方面，利用激光扫描获取的角度、距离等观测量能够准确计算得到几何尺寸、水平直径、椭圆度、错台量等丰富测量成果，大大提高了观测的质量和效率。②隧道病害调查方面，利用距离和激光反射强度等观测量制作高分辨率的深度或强度影像，实现渗漏水、缺角掉块以及裂缝等病害的判读识别，已成为一项隧道病害普查的新技术。③隧道竣工验收方面，上海、广州、南京等城市地铁已将激光扫描成果作为运营期变形监测的基础数据，界定关键时间节点的隧道结构状态。④既有线改造勘测方面，借助卫星定位、惯性导航单元与激光扫描时空同步获取三维坐标，一次上线测量获取丰富成果，能够减少上线次数和降低作业安全风险。此外，在限界检测、接触网检测、数字孪生建模、数字化铁路建设等方面，激光扫描技术也具有广阔的应用前景。但是，在实际工程应用中，隧道形式多样、作业环境复杂、仪器指标差异大、噪声飞点多、成果要求差别大等诸多原因，特别是缺少公开出版、行业公认的技术文档资料，给系统集成、算法设计、软件开发、标准制定和工程应用等带来较大的挑战。

本书在总结国内外轨道交通激光扫描应用现状和存在问题的基础上，结合作者团队十余年科研成果和逾千公里的轨道交通工程实践撰写而成。在系统集成方面，介绍了轨道移动激光测量系统中激光扫描仪、传感器、搭载平台的集成方案。在理论研究方面，介绍了坐标系统、结构测量与病害检测等数据处理涉及的基本理论，探讨了关键几何参数的解算方法、激光点云以及影像生成方法。在软件研制方面，介绍了自主研发的TLSD轨道移动激光测量与检测系统的主要功能。在工程应用方面，介绍了移动激光扫描在隧道变形监测、表观病害调查、竣工验收、既有线勘测、限界检测、接触网检测、土建结构及设施设备维护、雨棚变形测量等一系列实际工程案例。

激光扫描在轨道交通领域的应用属于交叉学科，涉及测绘科学与技术、交通运输工程、土木工程等多个专业，相关应用尚处于快速发展过程中。本书可作为相关专业院校的教师、研究生以及本科生了解和掌握轨道交通激光扫描相关理论、技术及应用案例的参考书，也可供从事铁路(轨道交通)运营管理、病害检测、变形监测、数字化建模等专业的技术人员参考。由于作者水平有限，不当之处还望读者批评指正。

本书由同济大学学术专著出版基金资助出版，相关研究成果得到国家自然科学基金(41771482，41671451，42101444，42071444)、“十三五”国家重点研发计划(2016YFB1200602－02)以及上海市自然科学基金(15ZR1443700)的支持，在工程应用和案例方面也得到了诸多生产单位的大力支持，作者课题组研究生张邵华、阮东旭、聂顺根、袁琴、许泽然、刘昊、黄希、唐浩然、史子琦、何江、孔远杭、岳泽宇、纪长琦等为本书的撰写付出了辛苦的努力，在此一并感谢。

著　者

2022年6月30日

目 录

CONTENTS

1

绪论

1.1 需求背景

根据国家铁路局和中国城市轨道交通协会的统计①，截至 2021 年底，全国轨道交通(含铁路与地铁)总运营里程逾 15.9 万 km，隧道里程已超过 2.8 万 km，大批新建高速铁路、城市地铁、重载铁路、高寒(高原)铁路等投入运营[1]。运营企业高度重视铁路(地铁)安全，投入大量人力物力开展病害调查、变形监测、运维巡检等，通过有效检测病害信息、开展养护以保障安全。近年来，我国铁路与地铁已多次出现因隧道衬砌剥落、特大自然灾害、沉降变形过大等导致运营中断、列车出轨或结构大修，威胁了乘客生命安全，造成重大经济损失并产生严重社会影响。

在轨道交通建设、运营和维护的不同阶段，高精度、高可靠性和高效率的综合检测(测量)是确保安全的必要手段。随着铁路和地铁的运营里程及其占公共交通的比例不断增长、运营维护成本不断增加，运营期高效巡检和工程监测需求也在快速增长。传统方法采用人工巡查、全站仪与水准仪进行结构变形监测，但作业效率难以满足未来超大规模线网常态化维修养护的检测需求。

在建设阶段，铁路隧道以矿山法、隧道掘进机(Tunnel Boring Machine，TBM)法为主，精密工程测量内容主要包括：CPⅢ控制测量、铺轨和轨道精调、盾构精密导向测量、隧道超欠挖测量、行车限界检测、接触网几何参数检测等。地铁隧道以盾构法和暗挖法为主，精密工程测量内容主要包括：CPⅢ控制测量、盾构轴线测量、铺轨设计调线调坡、衬砌拼装检测和隧道变形监测等，以指导隧道信息化施工和竣工质量验收。受光照、水雾(粉尘)、振动等现场测量条件限制，加之现场人员配备不足、传统测量方法作业效率低等原因，导致缺少真实、及时、有效的监测数据。

在运营阶段，铁路管理部门综合运用大(小)型专用检测装备和目视人工巡检，对隧道结构病害进行定期检测。大型动检车等专用装备配备数量较少，局部检测运用效费比较低。综合运用全站仪、水准仪、静力水准仪、激光测距仪、激光扫描仪、高速摄影机、探地雷达等测量(检测)手段，开展全线变形监测、施工影响区域监测、隧道病害普查、注浆(钢环)加固监测、穿越隧道监测等，以评估隧道结构安装状态并指导采取加固治理措施。

---

① 详见 http://www.nra.gov.cn/xxgkml/xxgk/xxgkml/202104/t20210419_147769.shtml

随着激光扫描、高速相机、探地雷达、人工智能等软硬件技术的进步，面向轨道交通行业的小型化、高精度、高效率、低成本、智能化的综合检测技术得到快速发展。尤其是激光扫描技术，具有设备小型化、兼具测量成像、无需照明、运用成本低等优势，近年来已在铁路、地铁的建设和运营中得到大量工程应用。上海、南京、深圳、广州、天津、武汉等城市已普遍应用激光扫描技术，定期进行收敛变形普查和结构病害调查，但相关采集装备、处理软件、成果标准等尚未发展成熟或得到普遍认可。

1.2 轨道移动检测系统

20 世纪 80 年代，美国俄亥俄州立大学测绘中心提出建立移动自动测绘平台，并于 1990 年成功设计了第一个移动测量系统，称为 GPSVan。系统集成了一台全球导航卫星(GNSS)接收机、两台数字 CCD 摄像机、两个陀螺仪和两个车轮编码器(DMI)。它提供基于动态载波相位差、伪距差和由 GPS、里程计组合进行航迹推算的导航参数，可用于直接地理定位，测量精度约为 1 m，也可用于采集路网数据，为电信行业等创建地理信息系统基础图。为满足商业需求，开发了第二代和第三代 GPSVan，精度为 20～30 cm。

2000 年以后，德国公司 SITECO 于 2005 年与帕尔马大学和博洛尼亚大学合作开发了道路扫描系统，将 Faro PHOTON 120 激光扫描仪安装在车顶上，集成 IXSEA 惯性系统、摄像机系统(包括 8 台 BASLER Scout 摄像机)，并由控制单元控制，每一帧的扫描数据都与集成 GNSS/IMU 系统提供的定位和姿态参数进行地理参考。Topcon 开发了 IP - S2 移动测量系统，包括一台 GPS 接收机、三台 Sick 激光断面扫描仪、一台全景相机、两个里程计、一个惯性导航单元和一个主控制单元。通过 IP - S2 的数据处理软件，可以得到具有色彩信息的点云数据，点云数据的精度达到 10～40 cm，可用于道路分析、地形测绘、数字地形模型(Digital Terrain Model, DTM)制作、碰撞检测等。奥地利 Riegl 公司的 VMX - 250，安装了两台 VQ - 250 - CS6 扫描仪、GPS/IMU 惯性导航系统、两台 Nikon D700 数码相机，并紧密集成在一个刚性平台上，可根据客户的不同需要便捷地安装在车顶、列车前部或后部以及船舶上。将各类测绘传感器置于移动平台，可以快速获取和制作高精度、高分辨率的三维空间模型，可应用于交通基础设施测绘、城市建模、隧道变形测量等领域。其他同类的车载移动测量系统，如美国 Trimble 公司的 MX9 系统、英国 3D 激光测绘有限公司的 Streetmapper Ⅳ系统、加拿大 Optech 公司的 Lynx 系统、中国武汉大学的低成本 LD2000

系统、中国广州中海达卫星导航技术股份有限公司的 iScan 系统等，也在不断提升车载移动测量的采集、处理和应用能力。

针对隧道和轨道场景，国内外相关研究单位开发了多种型号的轨道移动激光扫描系统，用于隧道收敛变形、错台、病害、限界等综合检测。瑞士 Amberg 公司开发的 GRP5000①配备了 PROFILER 6012 三维扫描仪，集成了倾斜传感器、里程计和位移传感器(图 1-1)。在移动扫描过程中，安装在车体上的棱镜由全站仪跟踪测量，获得轨道的绝对坐标，可用于轨道扫描、中心轴提取、间隙分析、边界和变形检测。瑞士 Leica 公司设计的 SiTrack：One 轨道移动扫描系统②(图 1-2)，集成了一台 3D 激光扫描仪 P40、两个非接触式激光里程计和一个配有 GNSS 天线的高精度惯性导航单元，依靠内置的 DMI 和 IMU 集成惯性导航系统实现定位和测量。通过 Sirailscan 后处理软件，获得点云数据的相对精度为 3～5 mm，可从数据预处理到输出检测结果报告的过程中，实现轨道的自动提取、里程计算、碰撞检测和

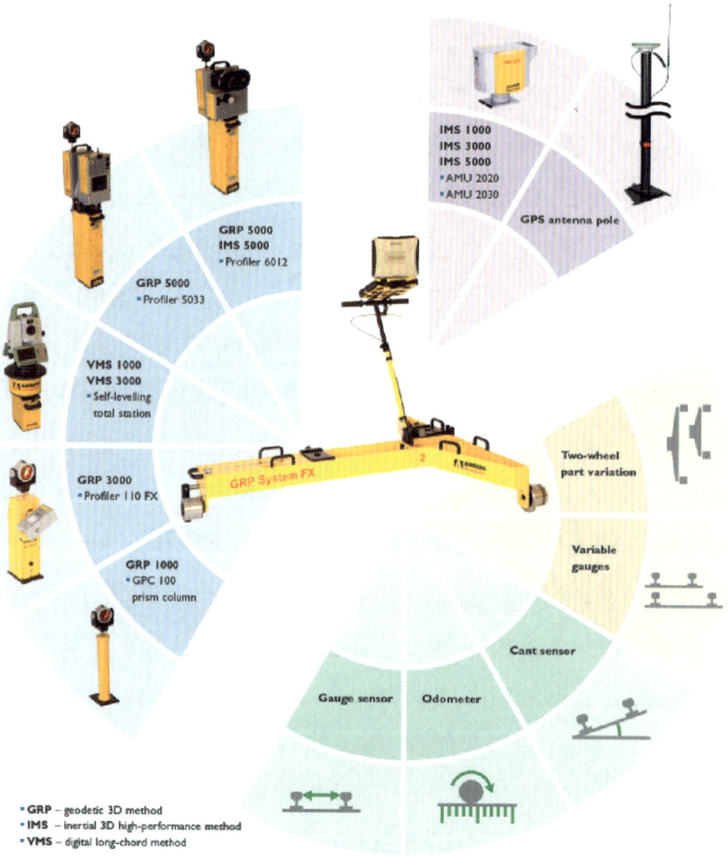

图 1-1　Amberg GRP 测量系统

① GRP5000 详见 http://www.brailtec.com/index/products.html? id=8

② SiTrack：One 详见 http://www.sh02.com/index.php? m=Product&a=show&id=15

边界测量。奥地利 Riegl 公司的 VMX-RAIL 移动激光测量系统①,通过 3 个高速激光扫描仪(300 万点/s,3×250 线/s)以减少扫描阴影,实现 130 km/h 高速同步采集点云和影像,支持 TopoDot、Card 等第三方软件进行断面测量、限界测量、资产调查等(图 1-3)。意大利 Siteco 公司的 Road-Scanner 4②(图 1-4),支持 Faro、Z+F、Riegl、Velodyne 等多品牌激光扫描仪,可应用于道路或铁路移动扫描,配套的 Road-Sit 软件提供点云测量、地物调查和照片测量等丰富功能。

图 1-2 Leica SiTrack:One

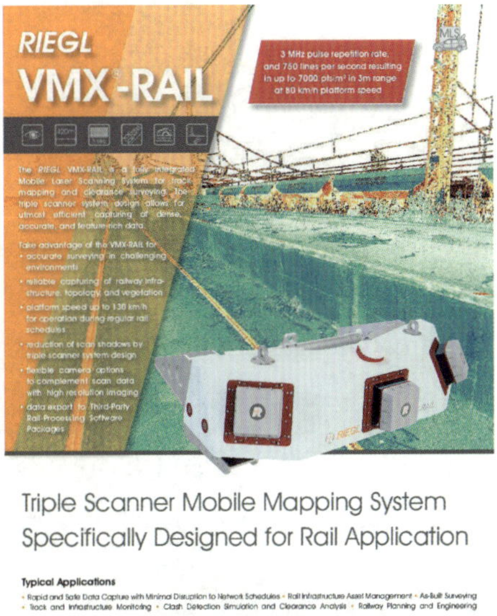

图 1-3 奥地利 Riegl 公司 VMX-RAIL 测量系统

图 1-4 意大利 Siteco 公司 Road-Scanner 测量系统

日本理化学研究所等机构利用激光技术对隧道表观裂纹和壁厚空洞进行检测和水泥切割,图 1-5 是日本机构开发的激光隧道壁后缺陷检测装备,利用装在检测车辆上的激光设备,对隧道壁后的缺陷进行检测。

---

① VMX-RAIL 详见 https://railway-news.com/download/riegl-vmx-rail-triple-scanner-mobile-mapping-system-rail/

② Road-Scanner 4 详见 https://www.sitecoinf.it/en/solutions/road-scanner

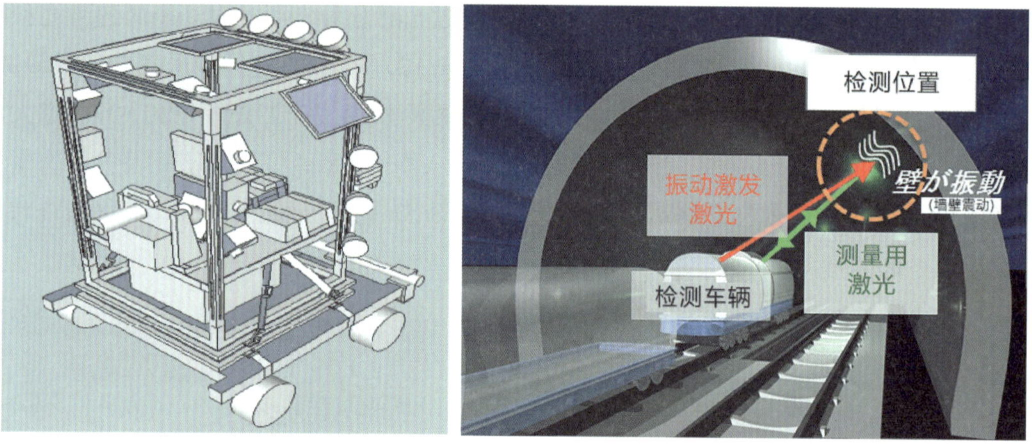

(a) MIMM 检测系统　　　(b) 利用激光进行混凝土缺陷检测

图 1-5　日本机构开发的激光隧道壁后缺陷检测装备

中国铁道科学研究院(简称铁科院)开发了 0 号高速综合检测列车①、城市轨道交通综合检测列车(3B 型)(图 1-6)。铁科院的系列综合检测车可搭载轮轨关系、弓网关系、隧道衬砌结构、通信系统场强覆盖、信号系统车地传输、激光限界检查等 12 套检测系统,对列车运行相关的数百个参数进行实时检测,并实现信息的集成、共享与综合分析,最高检测速度达250 km/h。

图 1-6　城市轨道交通综合检测列车(3B 型)

① 详见 http://www.rails.cn/index.php? id=211

中国铁路设计集团研发了轻型铁路移动测量系统(图 1-7)与自移动式轨道交通隧道表观病害智能检测系统(图 1-8),用于铁路激光点云与影像数据采集。轻型铁路移动测量系统能够以 30 km/h、1200 扫描线/s、160 万点/s 的速度对铁路沿线 130 m 范围内进行高速扫描,快速采集铁路沿线海量点云和影像数据。自移动式轨道交通隧道表观病害智能检测系统采用高速旋转相机代替阵列式相机,用于隧道裂纹、渗水、破损检测,以及轨道板和钢轨附属结构的其他病害检测。

图 1-7　轻型铁路移动测量系统

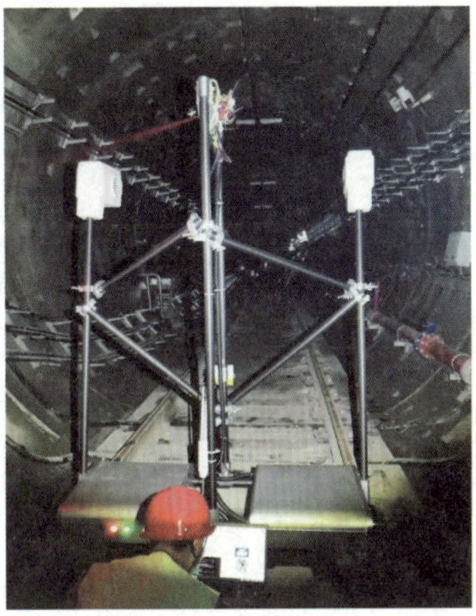

图 1-8　隧道表观病害智能检测系统

上海同岩土木工程科技股份有限公司①自主研发了 TDV-S2000 地铁隧道变形检测车(图 1-9)和同济曙光 TDV-S3000 地铁隧道结构检查车(图 1-10)。TDV-S2000 地铁隧道变形检测车是以手推轨道小车为平台,搭载多种高精度测量装置的一体化隧道检测系统。检测车搭载三维激光扫描仪,可快速、非接触地采集隧道结构轮廓激光点云数据,主要检测功能有隧道结构收敛变形和限界动态检测,检测速度为 0～10 km/h,可自动进行数据处理和检测报告输出,检测效率和成果质量均比人工检测有大幅提升。同济曙光 TDV-S3000 地铁隧道结构检查车,是配备多种高精度测量装置的一体化检测系统,主要功能有衬砌表观病害、结构收敛变形和限界动态检测,检测速度为 0～30 km/h。全套系统配备全中文数据采集、数据处理及管理软件,自动输出检测报告,可实现地铁隧道结构全覆盖、高效率、非接触、数字化的检测。

图 1-9　上海同岩 TDV-S2000 地铁隧道变形检测车

① 详见 http://www.tjgeo.com/#/ProductAndService/Business_Hard/9da9579a-92d1-48c6-a023-4d978d65b141

图 1-10　同济曙光 TDV-S3000 地铁隧道结构检查车

武汉汉宁轨道交通技术有限公司推出了 rMMS 铁路移动三维激光测量系统①(图 1-11),集成了激光断面扫描仪与全景相机等传感器,可搭载多种平台,适用于高铁、地铁、有轨电车等轨道进行三维点云数据采集。

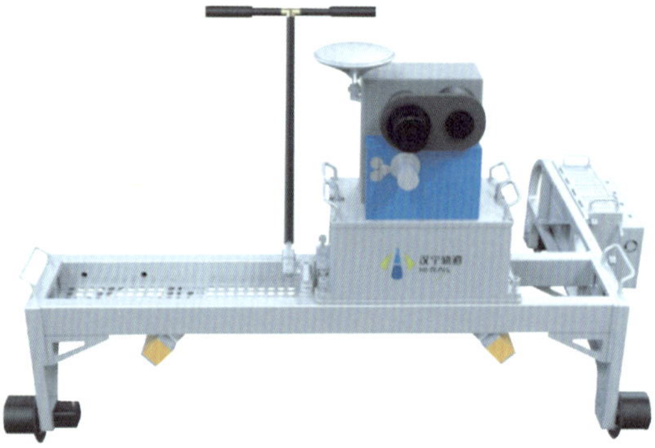

图 1-11　武汉汉宁铁路移动三维激光测量系统

南方测绘广州分公司研发的 MS100 移动三维扫描系统②(图 1-12),集成了 Faro 三维激光扫描仪、移动扫描小车、隧道三维扫描软件等,支持 70 m/150 m/350 m 三种不同测程的扫描系统。

上海圭目机器人有限公司研发的轨道设施检测机器人③(图 1-13)采用轨道式移动平台,基于视觉、编码器等多传感器数据融合实现高精度定位导航,搭载视觉、电磁波、声波等模块化检测系统对轨道设施相关结构进行全线路检测,结合机器视觉、人工智能等计算机辅助方法快速分析数据,获得含有位置信息的缺陷检测报告。机器人作业和信息管理软件系统可定制化接入现行运营管理系统,实施高铁、地铁类轨道设施巡检作业,保障轨道设施安全运营。

---

① rMMS 详见 http://www.hirail.cn/index.php? a=lists&catid=13

② MS100 详见 http://www.gzsouth.com/stair/access/tertiary/hotProduct? t = 1620186197380&id = P04UYQ5BHW2DYEXF3FP7T9HAY8

③ 详见 http://www.gm-robot.com/the-orbital-facility-detects-the-robot-system/

图 1-12 南方测绘 MS100 移动三维扫描系统

图 1-13 上海圭目轨道设施检测机器人

成都唐源电气股份有限公司的地铁车辆轨旁智能综合检测监测系统(图 1-14)①具备可扩展性,可接入地铁车辆中大部分的检修设备,并建立起地铁车辆的大数据库,深度分析各个设备,为车辆的高级修程提供数据基础,为后续的均衡修、状态修提供依据,同时对保障车辆安全也起着重要的作用,从而实现车辆从传统的日检到双日检、四日检、八日检,延长修程时间,实现车辆检修向智能化、自动化发展,降低人力物力成本。

杭州申昊科技股份有限公司生产的 SHR-RLA101 轨交线路巡检机器人②(图 1-15)提供集中检测、自动巡检功能,涵盖钢轨、扣件、道床、限界、隧道等检测对象,巡检速度在 5～10 km/h 范围内可定制。

宽衍(北京)科技发展有限公司有三套隧道智能综合检测车产品③(图 1-16),用于隧道外观与隧道形变检测、轨检和网检,支持运行速度 35～100 km/h。

① 详见 https://www.cdtye.com/channels/17.html
② 详见 http://www.shenhaoinfo.com/product/11688/11672/
③ 详见 http://www.huoyanhou.com/chanpin.jsp

图 1-14　成都唐源地铁车辆轨旁智能综合检测监测系统

图 1-15　杭州申昊 SHR-RLA101 轨交线路巡检机器人

图 1-16　宽衍(北京)隧道智能综合检测车

同济大学与首都师范大学面向地铁、普速铁路和高速铁路三类场景，联合开展小型化的轨道移动激光测量系统的硬件集成、理论算法研究和专用软件开发[2]（图 1-17），并将系列产品投入到隧道变形监测、病害检测、设施设备管理、智慧铁路数据采集等应用场景。

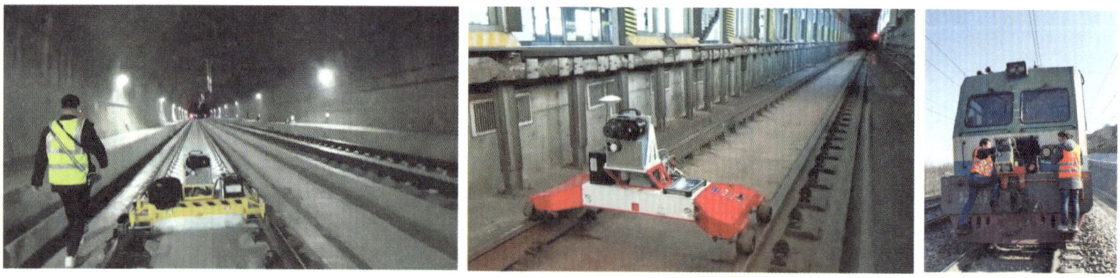

图 1-17　轨道车辆搭载的移动激光测量系统

此外，山东大学、中南大学、中国矿业大学、上海勘察设计院（集团）有限公司、中铁第六勘察设计院集团有限公司、上海京海工程技术有限公司、上海市建筑科学研究院有限公司、成都精工华耀科技有限公司等科研机构或企业单位，也结合铁路或地铁领域隧道或轨道检测的需求，开发了多款搭载于移动平台的激光测量（视觉检测）系统，类似产品不再一一赘述。

虽然不同的检测系统具有不同的工作效率、测量精度、检测功能和自动化程度，但各类系统都采用激光传感器作为主要的感知设备。表 1-1 列出了轨道交通移动测量系统集成中部分常见激光传感器的类型、型号、技术参数、配套软件及应用场景，可供轨道交通检测系统开发和应用参考。

表 1-1 激光测量传感器

仪器类型	部分供应商或代表性产品	技术参数	配套软件	应用场景
激光测距仪	Leica Disto①，Bosch GL 系列②，深圳市迈测科技有限公司③	测距±(1～2)mm	手机蓝牙 App，Com 通信控制软件，LoRa 无线传输	尺寸测量，变形监测，轨距测量，接触网测量
激光位移器	基恩士④，Sick⑤ 等	重复精度 0.2～200μm	自带控制器或开发接口	钢轨轮廓检测
全站仪	Leica，Trimble⑥，Topcon⑦，Sokkia⑧，苏州一光仪器有限公司⑨，上海华测导航技术股份有限公司⑩，广州南方测绘科技股份有限公司⑪等	测角 0.5″～1″ 测距(0.6～2) mm+(1～2)ppm	边角网平差软件，CPⅢ测量软件，自动化监测系统等	轨道精调，自动化监测等
断面激光扫描仪	Sick LMS511，Z+F 9012⑫，Riegl VUX-1HA	测距误差 2 mm～2 cm	随机软件以及 SDK	安全防护，土方量计量，移动测量
三维激光扫描仪	Faro⑬，Leica，Riegl⑭，Z+F，Optech⑮，广州思拓力⑯、北京北科天绘⑰、中科光绘(上海)⑱等	相位式或脉冲式，测量范围 0.2～3 000 m，激光分辨率 0～65 535，测点速度30～600kHz	GeoMagic，CloudCompare，Leica Cyclone，成都天佑智隧，青岛海徕隧通，日本隧道钢筋测量系统等	隧道中轴线，隧道超欠挖，钢筋保护层厚度

① 瑞士 Leica-geosystems 公司产品 Leica Disto，公司官网：http://www.leica-geosystems.com.cn/
② 德国 Bosch 公司产品 Bosch GL 系列，公司官网：https://www.bosch.com
③ 深圳市迈测科技股份有限公司，官网：https://www.mileseey.com/
④ 基恩士公司，官网：https://www.keyence.com.cn/
⑤ 德国 Sick(西克)公司，官网：https://www.sick.com/cn/zh/about-sick/w/about-sick/
⑥ 美国 Trimble 公司，官网：https://www.trimble.com.cn/
⑦ 日本拓普康定位系统公司，官网：https://www.topconchina.cn
⑧ Sokkia 公司，官网：https://www.sokkiachina.cn/
⑨ 苏州一光仪器有限公司，官网：http://www.foif.com.cn/
⑩ 上海华测导航技术股份有限公司，官网：http://www.huace.cn/
⑪ 广州南方测绘科技股份有限公司，官网：http://www.southsurvey.com/
⑫ 德国 Zoller+Fröhlich 公司产品 Z+F 9012，公司官网：https://www.zf-laser.com
⑬ Faro 公司，官网：https://www.faro.com/zh-cn
⑭ Riegl 公司，官网：http://www.riegl.com/
⑮ Teledyne Optech 公司，官网：http://www.teledyneoptech.com
⑯ 广州思拓力测绘科技有限公司，官网：http://www.situoli.com/
⑰ 北京北科天绘科技有限公司，官网：https://www.youuav.com
⑱ 中科光绘(上海)科技有限公司，官网：http://www.shzkgh.com/

(续表)

仪器类型	部分供应商或代表性产品	技术参数	配套软件	应用场景
轨道移动激光扫描系统	日本计测检查株式会社 MIMM①，荷兰 Furgo Rila，瑞士 Leica SiTrack，瑞士 Amberg②，芬兰 Terra Tec③，中国铁道科学研究院④，中国铁路设计集团⑤，同岩检测车⑥，汉宁轨道⑦，上海勃发 TLSD	集成 POS 系统，线(面)阵相机，结构光或者其他传感器	配套控制软件，数据处理，成果管理和发布软件等	轨道交通场景点云数据获取

注：为表述方便，部分厂商名称使用简称。

1.3 点云处理软件

目前，国内外企业已开发了部分适用于轨道交通行业激光扫描的商业软件，如瑞士 Amberg TMS Office、瑞士 Leica Cyclone、成都天佑智隧 TK-PCAS、青岛海徕隧通、西安煤航隧宝、武汉汉宁轨道 rMMS 等激光扫描处理软件，相关软件详情可查阅相关企业网站。

对于以激光传感器为主要元件的检测系统，点云处理是一项基本功能。本节简要介绍了基于 GPL 开源协议的 3D 点云处理软件 CloudCompare 软件，基于 WebGL 的大规模点云数据可视化解决方案 Potree，大型跨平台开源 C++编程库 Point Cloud Library，以及用于公路或铁路的激光扫描数据计算软件 TcpScancyr。

1.3.1 CloudCompare

CloudCompare 软件⑧(图 1-18)是一款基于 GPL 开源协议的 3D 点云处理软件，支持 Windows、MacOS、Linux 系统。CloudCompare 提供开源源码，软件界面采用 Qt UI 库和

① 日本计测检查株式会社，官网：http://www.keisokukensa.co.jp/mimm/
② 瑞士 Amberg 公司，官网：https://ambergroup.com/
③ 芬兰 TerraTec 公司，官网：http://www.terratec.co
④ 中国铁道科学研究院集团有限公司，官网：https://www.rails.cn/
⑤ 中国铁路设计集团有限公司，官网：http://www.tsdig.com/
⑥ 上海同岩土木工程科技股份有限公司产品，公司官网：https://www.tjgeo.com/
⑦ 武汉汉宁轨道交通技术有限公司，官网：http://www.hirail.cn/
⑧ CloudCompare 网址 http://www.cloudcompare.org/

C ++语言开发,可自行编写 plugin 扩展软件功能,国内外已有一定数量的用户基于该源码进行自定义二次开发。软件提供点云的选择、放大、缩小、旋转、平移和多视角查看功能;具有多种投影方式,例如正交投影、侧视投影等;渲染模式多样化,例如颜色渲染、强度渲染、高程渲染等;可根据需要自由设置点的大小和显示范围。CloudCompare 软件支持多种数据格式输入(.las, .ptx, .fls, .pcd, .txt, .xyz 等),可实现简单的数据格式转换(.las 转.txt, .las 转.shp, .xyz 转.las 等),也可提供点云配准、距离量测、裁剪、分类等常用功能,例如点云重采样、高斯过滤、贝塞尔过滤等。

图 1-18 CloudCompare 界面

1.3.2 Potree

Potree① 由维也纳工业大学计算机图形与算法研究中心开发,可对点云数据进行多尺度的管理,在数据传输和可视化上都做了优化,是一种基于 WebGL 的大规模点云数据可视化解决方案。在浏览器中实现点云可视化的一个主要优点是,它允许用户共享他们的数据集,而不需要预先安装第三方应用程序和传输大量数据。

Potree 支持在多种浏览器(如 IE, Chrome, FireFox, MicroSoft Edge 等)中实时查看数十亿规模的点云数据集,由于浏览器中严格安全策略的限制,Potree 无法直接访问本地文件,只能通过 Web 服务器访问点云数据。Potree 可以使用多种方式(如测量角度、距离、面积、体积等)分析点云数据,或同步加载显示.shp、.obj、.json 等其他格式的数据。

① Potree Github 网址 https://github.com/potree/potree

PotreeConverter是Potree的数据转换软件，支持多种常见格式的点云文件(如.las，.laz，.binary，.ply，.xyz，.ptx等)，将上述点云文件转换为Potree支持的二进制压缩文件格式。PotreeConverter使用Poisson-disk采样方法(可修改为Random)和修改自MNO(可修改的嵌套八叉树)的数据结构，以不同分辨率存储原始数据子样本的分层结构，允许Potree剔除视锥体以外的点云区域，并且以较低的细节水平渲染远处的区域，实现在浏览器中实时预览大规模点云，并且不需要传输大量数据。

PotreeConverter 1.7版本中，执行数据转换会生成数以万计的小文件，不便于数据的存储和传输。PotreeConverter 2.0版本中，执行数据转换只会生成3个数据文件和1个Log文件，同时，转换速度相比上一代也有明显的提升(图1-19)。表1-2列出了不同版本PotreeConverter及同类产品的许可模式、生成文件数量和压缩方式。

表1-2　不同版本PotreeConverter及同类产品对比

版本	PotreeConverter 1.7	PotreeConverter 2.0	Entwine	Arena4D
许可模式	免费 BSD 2-clause	免费 BSD 2-clause	免费 LGPL	收费
生成文件数量	每节点 1个文件	3个数据文件 和1个Log文件	每节点 1个文件	1个数据文件
压缩方式	LAZ(可选)	无(待完善)	LAZ	保密

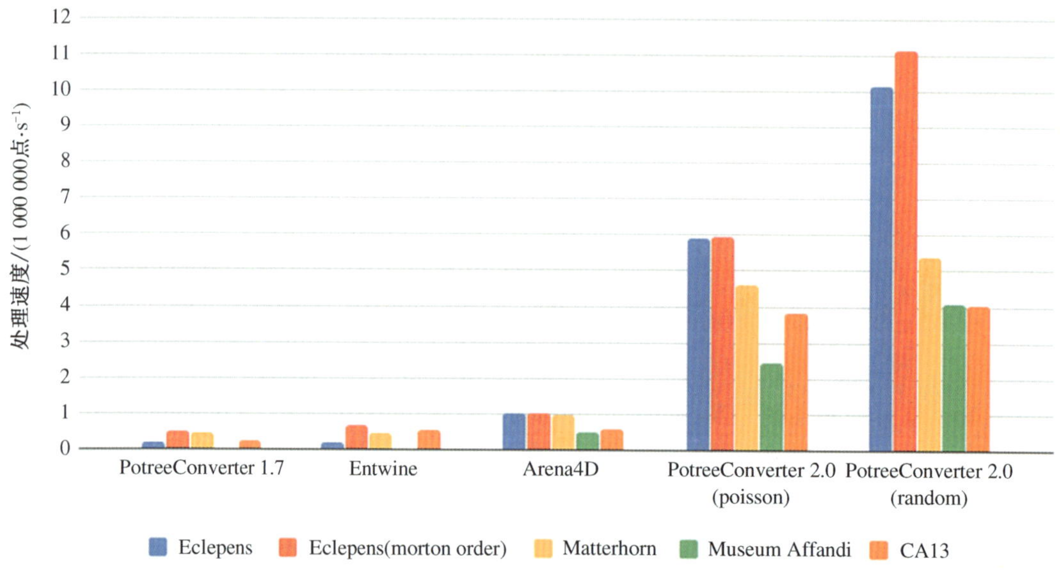

图1-19　PotreeConverter及同类产品点云处理速度对比

1.3.3 Point Cloud Library

Point Cloud Library 简称 PCL①,是一个大型跨平台开源 C++点云处理编程库,可提供高质量点云处理算法和高效数据文件访问功能,如点云滤波、特征估计、表面重建、点云注册、模型匹配分割等,使用者利用它的第三方库(如 Boost, Eigen, FLANN, VTK, CUDA, OpenNI 等)实现点云获取、滤波、分割、配准、检索、特征提取、识别、追踪、曲面重建、可视化等。PCL 库可以在 Windows、Linux、Android、MacOS X 等操作平台运行,开发者或使用者只需要调用相关的库即可完成常见点云操作,而不需要自己编写大量的代码。

1.3.4 TcpScancyr

TcpScancyr 软件②是西班牙 Aplitop 公司开发的一款专门面向隧道激光扫描应用的软件(图 1-20),利用激光扫描点云数据计算公路或铁路的隧道断面参数,并支持基于点云进行面积、体积、道路中心线计算和点云数据管理、浏览、查看、测量、噪声数据过滤、偏离误差色谱分析。

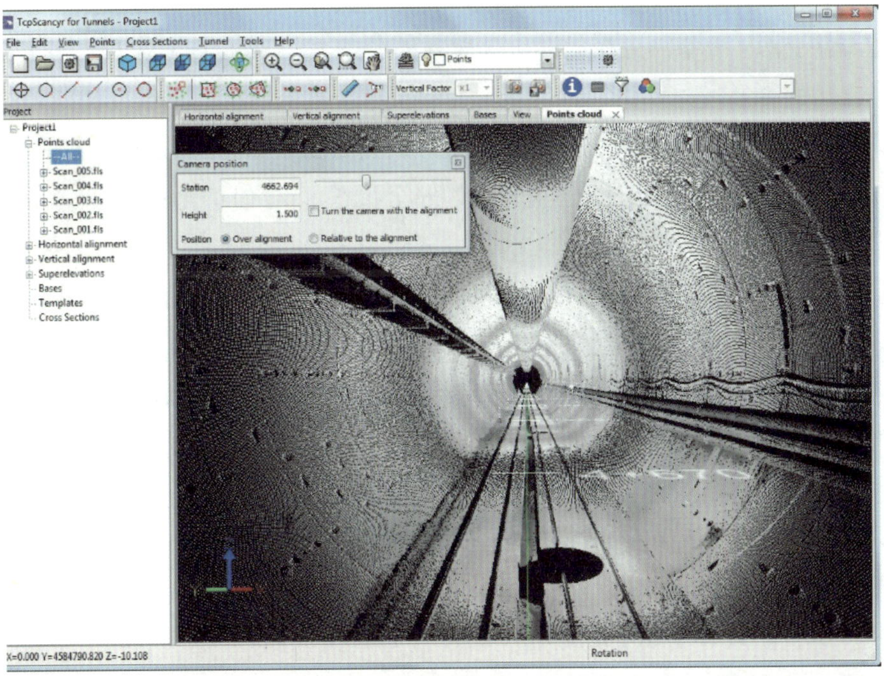

图 1-20 TcpScancyr 界面

① PCL 网址 https://pointclouds.org/

② TcpScancyr 详见 https://www.aplitop.com/products/tcp-scancyr-tunnels

1.4 激光扫描在轨道交通中的应用场景

轨道交通运营检测和铁路日常工务巡检主要关注轨道、隧道、接触网、边坡、设备等结构变形和病害。以隧道检测为例,激光扫描可获取隧道的最小限界断面、水平直径、椭圆度、错台、渗漏水(泥)病害等。随着大批铁路与地铁线路投入运营,隧道病害多样频发(如渗漏水、水泥剥落、裂缝等),造成侵入限界、列车受损甚至脱轨等危险性事故。参照国内外运营维护经验,随着线路里程快速增长、结构劣化发展、检修天窗紧张以及人力成本上升,迫切需要高效率、高精度、数字化、低成本的检修装备、软件系统和技术标准。

1.4.1 隧道变形

隧道结构变形主要指隧道在建设和运营期间,受环境、荷载、施工状态及列车震动所造成的几何结构的变形,包括沉降变形、断面变形及净空收敛等[3]。高精度的隧道结构变形测量成果,有利于评估隧道环片拼装施工质量和结构服役状态,尤其是在外部荷载变化、邻近施工扰动、区域地面沉降等工况下监控结构安全状态,指导信息化施工、运营养护和加固除险。

《地下铁道工程施工质量验收标准》(GB/T 50299—2018)[4]、《盾构法隧道施工与验收规范》(GB 50446—2017)[5]、《盾构法隧道结构服役性能鉴定规范》(DG/T 08—2123—2013)[6]等规范中,采用水平直径、椭圆度、错台量、拱顶沉降、道床沉降、固定测线收敛、水平位移等变形参数,进行评定验收和分级评定。

城市轨道交通隧道变形监测点位的设置,可参考《城市轨道交通设施结构检测技术规程》(DB11/T 1167—2015)[7]中给出的不同类型的横断面观测点位(图 1-21),直线段的断面间距为 5～20 m,曲线段则适当加密。平曲线的关键控制点(直缓点、缓圆点、曲中点、圆缓点、缓直点)、竖曲线变坡点处应增设观测断面。而在《高速铁路工程测量规范》(TB 10601—2009)[8]中,要求隧道竣工横断面应采用测距精度不低于 5 mm+2 ppm 的全站仪或断面仪进行测量,断面点测量中误差应≤10 mm。断面点应包括左右轨道中心线、隧道中心线、排水沟、电缆沟、内拱顶、起拱线以及轨顶以上 1.1 m, 3 m, 5.8 m 处的断面点。

近年来,随着激光扫描技术(架站式或轨道移动式)的快速发展和加速普及,逐环全覆

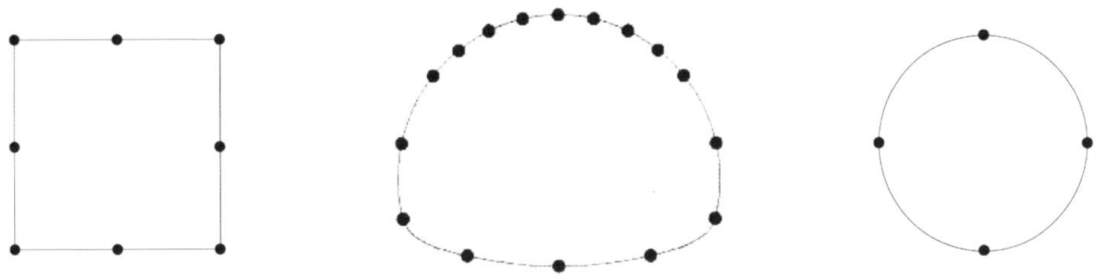

图 1-21 常见隧道断面测点布置示意图

盖、高密度、高精度的隧道变形监测已在工程实践中得到大量应用。以上海地铁通缝拼接盾构隧道(设计内径 5.500 m)水平直径测量为例,选取左右侧邻接块与标准块的接缝下 813 mm位置处两点间距离作为收敛直径,以设计内径偏差和多期变化量衡量隧道变形状态。采用测量机器人全断面测量方法时,按一定角度或距离间隔获取断面内 30～50 个测点,通过断面拟合方法求解水平直径、椭圆度、错台量等测量成果。

1.4.2 限界检测

限界是保障铁路或地铁安全运行、限制车辆断面尺寸、限制沿线设备安装尺寸及确定轨行区建筑结构有效净空尺寸的图形及坐标参数。限界应根据车辆断面尺寸和技术参数、受电方式、运行工况、线路及轨道特征、设备及管线布置、施工方法等因素,综合分析计算确定。根据不同的功能要求,限界分为车辆限界、设备限界和建筑限界,是工程建设、管线敷设和设备安装位置必须遵守的依据[9]。

《地铁设计规范》(GB 50157—2013)[10]、《铁路隧道设计规范》(TB 10003—2016)[11]、《地铁限界标准》(CJJ/T 96—2018)[12]等针对不同的列车车型、曲线半径、速度等级、线路类型、轨道超高、加宽(折减)尺寸等,对限界尺寸进行明确的规定,并给出铁路隧道建筑限界与地铁限界。任何沿线的永久性固定建筑物,包括施工误差值、测量误差值及结构永久变形量在内,均不得向内侵入。

地铁隧道受城市复杂地下环境限制,往往存在小曲率半径区段、盾构姿态超限调线调坡、沉降(变形)过大影响限界等情况,需特别注意在站台、曲线段、道岔、严重病害等重点位置,结合车辆尺寸、曲线半径、轨道超高和道岔类型等进行限界检测。根据《地铁限界标准》,建筑限界与设备限界之间的空间,应根据包含变形预留值后的设备和管线所需的安装尺寸、安装误差值、测量误差值和结构施工允许误差值确定。建筑限界和设备限界之间的最小间距不宜小于 200 mm。常见地铁隧道限界示意图见图 1-22。

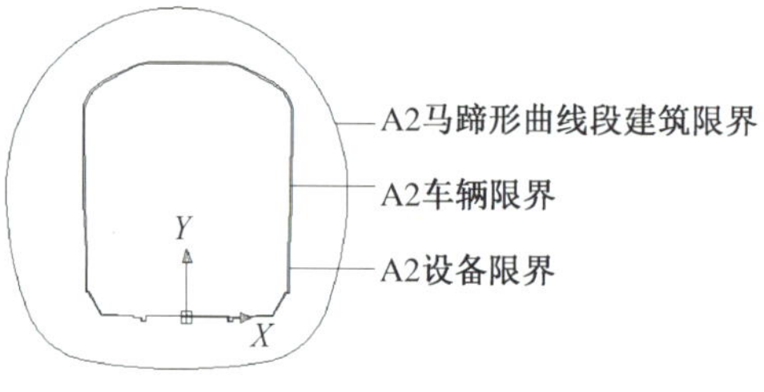

图 1-22　限界示意图

1.4.3　隧道病害

隧道衬砌病害是指隧道内出现影响衬砌使用寿命或列车行车安全的劣化状态，包括衬砌漏水、衬砌裂纹、衬砌剥落、衬砌腐蚀、整体道床破损、仰拱或地板裂损、基床软化及翻浆等。《铁路运营隧道衬砌安全等级评定暂行规定》(铁运〔2004〕174 号)[13]中列举了一些隧道衬砌病害量化的参考指标，如表 1-3 所示。美国、日本等国家也出台了相关的规范作为病害调查的标准。

表 1-3　隧道衬砌病害的量化指标

序号	病害类型	病害等级			
		1(轻微)	2(较严重)	3(严重)	4(极严重)
1	衬砌漏水	拱部有季节性滴水、边墙有季节性滴水	拱部有滴水、边墙有淌水	拱部滴水成线、边墙淌水流泥、隧底滴水、结冰侵限	拱部漏水直击接触网，影响正常运营
2	衬砌裂纹	衬砌有收缩裂纹或环向裂纹	裂纹多于 3 条、有交叉，裂纹长度小于 5 m、宽度小于3 mm	裂纹呈网状，有剥落掉块可能，裂纹长度 5～10 m，宽度 3～5 mm；裂纹错位长度小于 5 m、宽度小于 3 mm	裂纹呈网状，有剥落掉块，裂纹长度小于 10 m、宽度大于 5 mm；裂纹错位长度大于 5 m、宽度大于 3 mm
3	衬砌压溃或剥落	衬砌有局部风化剥落	拱部压溃范围小于 1 m^2，剥落掉块厚度小于 30 mm	拱部压溃范围大于1 m^2、小于 3 m^2，剥落掉块厚度 30～50 mm	拱部压溃范围大于 3 m^2，剥落掉块厚度大于衬砌设计厚度的 1/4
4	衬砌腐蚀	—	衬砌腐蚀厚度小于设计厚度的 1/5	衬砌腐蚀厚度大于设计厚度的 1/5，小于或等于 2/5	衬砌腐蚀厚度大于设计厚度的 2/5
5	整体道床破损	整体道床有局部轻微裂损	整体道床变形、错牙、下沉小于 3 mm	整体道床变形、错牙、下沉 3～5 mm，可能影响轨道稳定	整体道床变形、错牙下沉大于 5 mm，已影响轨道稳定
6	仰拱或底板破损	连续长度小于或等于 1 m	连续长度大于 1 m、等于或小于 3 m	连续长度大于 3 m、等于或小于 5 m	连续长度大于 5 m
7	基床软化、翻浆	基床局部软化、翻浆	基床软化、翻浆，轨道几何尺寸变化小	基床软化、翻浆较严重，轨道几何尺寸变化较大	基床软化、翻浆严重，轨道几何尺寸变化异常

《铁路桥隧建筑物劣化评定 第 2 部分：隧道》(Q/CR 405.2—2019)[14]中给出了隧道劣化等级划分及评定标准，具体内容如表 1-4、表 1-5 和表 1-6 所示。隧道劣化等级主要以结构功能对行车安全的影响程度进行划分。

表 1-4 铁路隧道劣化等级划分

劣化等级		对结构功能及行车安全的影响
A	AA(极严重)	结构功能严重劣化，危及行车安全
	A1(严重)	结构功能严重劣化，进一步发展会危及行车安全
B(较重)		结构功能劣化，进一步发展会升为 A 级
C(较轻)		影响较少

表 1-5 隧道渗漏水劣化评定

劣化等级		渗漏水状况
A	AA(极严重)	电力牵引区段，拱部渗漏水(泥)影响接触网正常供电； 射水，水(沙)突然涌入隧道
	A1(严重)	拱部滴水(或漏泥)成线，严寒地区边墙淌水、淌泥； 隧底冒水、涌水，翻浆冒泥严重，道床下沉，道床上拱
B(较重)		滴水、淌水、渗水至道床聚集或隧底排水不畅引起洞内局部道床翻浆冒起
C(较轻)		渗漏水使基床状态恶化，钢轨腐蚀，养护周期缩短，继续发展将会升至 B 级
D(轻微)		局部有渗水或溢水，但对列车运行安全无威胁，并且不影响隧道的使用功能

表 1-6 隧道衬砌裂损及渗漏水劣化

等级	衬砌变形或移动	衬砌开裂、错动	衬砌压溃	衬砌渗漏水
AA	山体滑动使衬砌移动、变形、下沉发展迅速，危及行车安全	开裂或错台长度 $L>10$ m，宽度 $\delta>5$ mm，且继续发展或拱部开裂呈块状，危及行车安全	拱顶压溃范围 $S>3$ m^2 或衬砌块最大厚度大于衬砌厚度的 1/4，危及行车安全	拱顶漏水直接传到接触网
A1	变形或移动速率 $V>10$ mm/年	① 开裂、错台长度 10 m $\geqslant L\geqslant 5$ m，宽度 $\delta>5$ mm； ② 开裂、错台使衬砌呈块状，且有发展	压溃范围 3 m$^2\geqslant S\geqslant$ 1 m^2 或有可能掉块	隧底冒水、拱部滴水成线、严寒地区边墙淌水，翻浆冒泥严重，道床下沉，不能保持轨道几何尺寸，影响正常运行
B	10 mm/年$\geqslant V\geqslant$ 3 mm/年，且有新的变形出现	开裂、错台长度 $L<5$ m 且宽度 5 mm$\geqslant\delta\geqslant$3 mm	压溃范围 $S<1$ m^2，剥落块体厚度小于 3 cm	隧道滴水、淌水、渗水及排水不良引起洞内局部道床翻浆冒泥
C	有变形，但速率 $V<3$ mm/年	开裂、错台长度 $L<5$ m，且宽度 $\delta<3$ mm 或一般龟裂或无发展状态	压溃范围很小	漏水使基床状态恶化，钢轨腐蚀，养护周期缩短，继续发展将会升至 B 级

衬砌裂缝是隧道常见也是最严重的病害之一，是其他病害（如渗漏水、掉块等）产生的直接或间接原因[15]。按裂缝方向，可分为环向裂缝、纵向裂缝、斜向裂缝三类。《铁路工务技术手册》[16]根据裂缝宽度最大值，将衬砌裂缝划分为四级（表 1-7）。

表 1-7　衬砌裂缝分级

裂缝宽度值/mm	裂缝等级
≤0.3	毛裂缝
0.3～2	小裂缝
2～20	中裂缝
>20	大裂缝

我国铁路隧道及高速铁路隧道衬砌裂缝评价标准分别如表 1-8、表 1-9 所示。

表 1-8　铁路隧道衬砌裂缝评价标准

等级	裂缝状态
AA（极严重）	长度 $L>10$ m，宽度 $a>5$ mm，且变形继续发展，拱部开裂呈块状，有可能掉落
A1（严重）	$L=5\sim10$ m，$a>5$ mm，开裂使衬砌呈块状，在外力作用下有可能崩塌或剥落
B（较重）	$L<5$ m 且 5 mm$\geqslant a\geqslant$3 mm，裂缝有发展，但速度不快
C（中等）	$L<5$ m 且 $a<3$ mm
D（轻微）	一般龟裂或无发展状态

表 1-9　高速铁路隧道衬砌裂缝评价标准

等级	裂缝状态
3A（危险）	长度 $L>10$ m，宽度 $a>5$ mm，且变形继续发展，拱部开裂呈块状，有可能掉落
2A（极严重）	长度 $L=5\sim10$ m，宽度 $a>5$ mm，开裂使衬砌呈块状，在外力作用下有可能崩塌或剥落
A（严重）	长度 $L<5$ m 且 5 mm$\geqslant a\geqslant$3 mm，裂缝有发展，但速度不快
B（较重）	长度 $L<5$ m 且 0.5 mm$<a<$3 mm
C（中等）	长度 $L<5$ m 且 0.2 mm$<a<$0.5 mm
D（轻微）	宽度 $a<0.2$ mm，一般龟裂或无发展状态

《高速铁路桥隧建筑物修理规则（试行）》（铁运〔2011〕131 号）中针对高速铁路桥隧建筑物的劣化评定标准给出了《高速铁路桥隧建筑物状态评定标准》，对隧道衬砌变形或移动、衬砌开裂或错动、衬砌压溃、衬砌渗漏水给出与表 1-10 比较相似的评定标准。

表 1-10 高速铁路隧道拱墙衬砌表观型劣化等级评定

<table>
<tr><th colspan="2">劣化等级</th><th>变形或移动</th><th>开裂或错动</th><th>压溃或掉块</th></tr>
<tr><td rowspan="2">A</td><td>AA
（极严重）</td><td>衬砌移动、变形、下沉发展迅速；
变形或移动速率 $V>10$ mm/年</td><td>开裂或错台长度 $L>5$ m，宽度 $\delta>5$ mm，且继续发展；
拱部开裂呈块状，有掉落可能</td><td>拱顶压溃；
衬砌剥落、掉块</td></tr>
<tr><td>A1
（严重）</td><td>10 mm/年$\geq V\geq 3$ mm/年，且有新的变形出现</td><td>$L<5$ m，且 5 mm$\geq\delta\geq 3$ mm，裂缝有发展</td><td>—</td></tr>
<tr><td colspan="2">B(较重)</td><td>有变形，但速率 $V<3$ mm/年</td><td>$L<5$ m，且 $\delta<3$ mm</td><td>—</td></tr>
<tr><td colspan="2">C(较轻)</td><td>—</td><td>一般龟裂</td><td>—</td></tr>
</table>

铁路隧道将渗漏水定性地分为润湿、渗水、滴水、漏水、射水、涌水六级[17]。一些学者[18,19]综合分析我国隧道渗漏水的实际情况，借鉴日本、美国渗漏水灾害分类的经验，根据渗漏水量大小和状态分为渗润、滴水、流水、喷水和淋瀑，根据渗漏部位和形式分为集中涌水点、点漏、面漏、缝漏和基底水害。参考对漏水程度的划分，《地下工程防水技术规范》(GB 50108—2008)[20]用定性和定量相结合的方法将地下工程的防水等级划分为四级，见表1-11。

表 1-11 地下工程防水标准

防水等级	防水标准
一级	不允许渗水，结构表面无湿渍
二级	不允许漏水，结构表面可有少量湿渍。 除工业与民用建筑外的地下工程：总湿渍面积不应大于总防水面积的 2/1 000；任意 100 m^2 防水面积上的湿渍不超过 3 处，单个湿渍的最大面积不大于 0.2 m^2。其中隧道工程还要求平均渗水量不大于 0.05 L/(m^2 · d)，任意 100 m^2 防水面积上的渗水量不大于 0.15 L/(m^2 · d)
三级	有少量漏水点，不得有线流和漏泥沙。 任意 100 m^2 防水面积上的漏水或湿渍点数不超过 7 处，单个漏水点的最大漏水量不大于 2.5 L/d；单个湿渍的最大面积不大于 0.3 m^2
四级	有漏水点，不得有线流和漏泥沙。 整个工程平均漏水量不大于 2 L/(m^2 · d)；任意 100 m^2 防水面积上的渗水量不大于 0.15 L/(m^2 · d)

1.4.4 轨旁设施检查

根据《高速铁路隧道工程施工质量验收标准》(TB 10753—2018)[21]与《城市轨道交通设施结构检测技术规程》(DB11/T 1167—2015)，隧道外观检查对象包括主体结构、联络通道、排水设施、通风土建工程、疏散救援设施、电缆槽、综合接地、附属洞室、弃渣场等设施。同时检查主体结构、联络通道、风道等结构是否存在裂缝、孔洞、压溃、蜂窝、麻面、掉块、露筋、锈蚀、渗漏水、变形缝错台、变形缝填塞物脱落、变形缝渗漏水等现象。盾构隧道还应检查有无管片错台、连接螺栓松动、连接螺栓锈蚀，止水胶条是否脱落、老化等。国外相关标准要求对隧道通风系统、空调、控制系统、供暖管道、排水系统、消防系统等进行检查①。

1.4.5 接触网检测

接触网是铁路沿线架设的向列车供电的输电线路，主要由接触悬挂、支持装置、支柱和基础等组成[22]。接触网检测是城市轨道与高速铁路日常检测的重要内容。接触网动态几何参数测量包括动态拉出值、接触网高度、线岔和锚段关节处接触线的相互位置等；接触网悬挂状态检测包括接触线几何参数、接触网接触悬挂、绝缘部件、线路开关、拉线、横跨、上跨桥及线夹、吊弦、定位管等技术状态检测[23]。高速铁路线路采用综合检测列车进行接触网检测，检测内容包括接触网运行状态与悬挂状态检测、受电弓滑板监测、接触网及供电设备地面监测等。城市轨道交通多采用小型专用测量仪器，对接触网的导高、拉出值等进行人工检测。

中国国家铁路集团有限公司对接触网几何参数静态测量的测量范围与精度有明确的要求[24]（表 1-12），除此之外，为真实细致地反映接触网的平顺性[25]，要求检测数据的采样间隔控制在 250 mm 以内。

表 1-12　接触网几何参数的测量范围与精度

序号	参数名称	测量范围/mm	测量精度/mm
1	接触线高度	5 100～6 600	10
2	接触线拉出值	−600～600	25
3	双支接触线高度差	0～200	25
4	双支接触线横向距离	0～800	25

《城市轨道交通接触网检测车通用技术条件》（GB/T 20908—2007）[26]等技术规范对接触网检测车、检测项目和检测精度作出明确规定，常见接触网几何测量项目见表 1-13。

表 1-13　接触网检测几何测量项目

序号	检测项目	测量范围	分辨率	允许误差
1	导线高度	3 900～5 000 mm	5 mm	±10 mm
2	导线高度变化率	0～10%	—	<10%
3	拉出值	±600 mm	10 mm	±10 mm
4	接触导线间水平距离	0～800 mm	2 mm	±2 mm

① 详见 http://www.bv.transports.gouv.qc.ca/mono/1016104.pdf

（续表）

序号	检测项目	测量范围	分辨率	允许误差
5	接触导线间垂直距离	0～800 mm	2 mm	±2 mm
6	定位管坡度	0～1/5		<2%
7	跨距	0～80 m	0.1 m	<1%
8	里程	0～100 km	1 m	1%

根据《普速铁路接触网运行维修规则》(TG/GD 116—2017)[27]、《高速铁路接触网运行维修规则》(TG/GD 124—2015)[28]给出的标准值、警示值以及限界值(表 1-14)对接触网导高和拉出值进行评判。设计值一般根据线路速度、外部环境等因素由设计院给定。

表 1-14　接触网部分几何参数评判标准

项目	标准值	标准状态	警示值	限界值
接触网导高	设计值	标准值±30 mm	标准值±60 mm(高速铁路)；标准值±100 mm(普速铁路)	标准值±100 mm 且小于 6 500 mm(高速铁路)；标准值±200 mm 且小于 6 500 mm,且任何情况不低于该区段允许的最低值(普速铁路)
接触网拉出值	设计值	标准值±30 mm	400 mm	450 mm

1.4.6　竣工验收

《地下铁道工程施工质量验收标准》(GB/T 50299—2018)[4]、《盾构法隧道施工与验收规范》(GB 50446—2017)[5]中对成型隧道的竣工验收给出了明确的指标项(表 1-15),验收方法包括目视调查、拍照记录、仪器测量、雷达探测等。激光扫描成像测量技术具有无需光照、全隧道覆盖、影像可量测、适配各断面类型等优势,避免抽测验证的随意性、缺失、遗漏等,有利于完整记录竣工验收节点时刻的隧道现状。

表 1-15　《盾构法隧道施工与验收规范》中部分竣工验收指标项

缺陷	缺陷描述	等级
露筋	管片内钢筋未被混凝土包裹而外露	严重缺陷
蜂窝	混凝土表面缺少水泥砂浆而形成石子外露	严重缺陷
空洞	混凝土内孔穴深度和长度均超过保护层厚度	严重缺陷
疏松	混凝土中局部不密实	严重缺陷
裂缝	可见的贯穿裂缝	严重缺陷
	长度超过密封槽、宽度大于 1 mm 且深度大约 1 mm 的裂缝	严重缺陷
	非贯穿性干缩裂缝	严重缺陷

（续表）

缺陷	缺陷描述	等级
外形缺陷	棱角磕碰、飞边等	一般缺陷
外表缺陷	密封槽部位在长度 500 mm 的范围内存在直径大于 5 mm、深度大于 5 mm 的气泡超过 5 个	严重缺陷
	管片表面麻面、掉皮、起砂、存在少量气泡等	一般缺陷

1.5 本书主要内容

第 1 章，介绍轨道移动激光测量系统的需求背景、国内外相关的产品、点云处理软件和具体应用场景。

第 2 章，介绍轨道交通检测中常用的激光扫描仪、组合导航系统、全景相机和其他传感器等，同时介绍了各种搭载平台、集成方案和时空同步方式。

第 3 章，介绍工程应用中涉及的坐标系定义、坐标转换、曲线要素的基本概念，以及曲线拟合、插值等基本算法。

第 4 章，介绍轨道移动测量系统适用的点云生成、分类识别、噪声处理、要素分割等基本算法。

第 5 章，介绍轨道中线提取、圆形断面变形、错台检测、限界检测等几何参数解算方法。

第 6 章，介绍利用点云强度和深度信息生成隧道正射纠正影像的基本算法以及影像超分辨率重建、目标识别、差异分析和病害检测的基本内容。

第 7 章，介绍自主研发的轨道移动激光测量与检测系统（TLSD）的硬件组成、作业流程、软件功能等。

第 8 章，介绍铁路工程应用案例，包括铁路三维数据获取、站台限界及雨棚变形测量、接触网几何参数检测、隧道设备与表观病害调查等。

第 9 章，介绍地铁工程应用案例，包括盾构法隧道施工期监控测量、盾构法和矿山法隧道变形监测、竣工验收测量等。

第 10 章，总结轨道移动测量系统在测量精度、作业效率、检测成果和综合运用成本等方面的优势，探讨当前工程应用待解决的问题，展望进一步研究内容和发展趋势。

参考文献

[1] 中国城市轨道交通协会.2021 年中国内地城轨交通线路概况[R].北京：中国城市轨道交通协会,2022.

[2] SUN H L, XU Z W, YAO L B, et al. Tunnel monitoring and measuring system using mobile laser scanning: design and deployment[J]. Remote Sensing, 2020, 12(4): 1-19.

[3] 李家平,卢中贺.基于盾构隧道激光扫描点云的收敛直径定点计算方法[J].工程勘察,2016,44(12): 52-55, 64.

[4] 中华人民共和国住房和城乡建设部.地下铁道工程施工质量验收标准：GB/T 50299—2018[S].北京：中国建筑工业出版社,2018.

[5] 中华人民共和国住房和城乡建设部.盾构法隧道施工与验收规范：GB 50446—2017[S].北京：中国建筑工业出版社,2017.

[6] 上海市建筑建材业市场管理总站.盾构法隧道结构服役性能鉴定规范：DG/T 08—2123—2013[S].上海,2013.

[7] 北京市质量技术监督局.城市轨道交通设施结构检测技术规程：DB11/T 1167—2015[S].北京：2015.

[8] 中华人民共和国铁道部.高速铁路工程测量规范：TB 10601—2009[S].北京：中国铁道出版社,2010.

[9] 上海市住房和城乡建设管理委员会.城市轨道交通设计规范：DG/TJ 08—109—2017[S].上海：同济大学出版社,2017.

[10] 中华人民共和国住房和城乡建设部.地铁设计规范：GB 50157—2013[S].北京：中国建筑工业出版社,2014.

[11] 国家铁路局.铁路隧道设计规范：TB 10003—2016[S].北京：中国铁道出版社,2017.

[12] 中华人民共和国住房和城乡建设部.地铁限界标准：CJJ/T 96—2018[S].北京：中国建筑工业出版社,2018.

[13] 国家铁路局.铁路运营隧道衬砌安全等级评定暂行规定：铁运函〔2004〕174 号[EB/OL].(2018-04-24).http://www.nra.gov.cn/xxgkml/xxgk/xxgkml/201908/t20190830_87673.shtml.

[14] 中国国家铁路集团有限公司.铁路桥隧建筑物劣化评定 第 2 部分:隧道:Q/CR 405.2—2019[S].2019.

[15] 黄宏伟.隧道结构非接触式快速检测与健康评估[M].上海：同济大学出版社,2018.

[16] 铁道部工务局.铁路工务技术手册[M].北京：中国铁道出版社,1997.

[17] 高鹤江,刘修炜.铁路桥隧病害检查观测方法[M].北京：中国铁道出版社,1987.

[18] 罗鑫,夏才初.隧道病害分级的现状及问题[J].地下空间与工程学报,2006,2(5): 877-880.

[19] 潘海泽,黄涛,杨海静,等.运营隧道渗漏水灾害分类和等级评定方法[J].干旱区地理,2009,32(1): 145-151.

[20] 中华人民共和国住房和城乡建设部.地下工程防水技术规范：GB 50108—2008[S].北京：中国计划出版社,2009.

[21] 国家铁路局.高速铁路隧道工程施工质量验收标准：TB 10753—2018[S].北京：中国铁道出版社,2018.

[22] 吴积钦.受电弓——接触网系统电接触特性研究[D].成都：西南交通大学，2009.

[23] 何华武.高速铁路运行安全检测监测与监控技术[J].中国铁路，2013(3)：1-7.

[24] 中国铁路总公司.接触网悬挂状态检测监测装置(4C)暂行技术条件：TJ/GD 006—2014[Z].2004：31-32.

[25] 吴立群.关于接触网几何参数检测的研究与应用[D].北京：中国铁道科学研究院，2020.

[26] 中国国家标准化管理委员会.城市轨道交通接触网检测车通用技术条件：GB/T 20908—2007[S].北京：中国标准出版社，2010.

[27] 中国铁路总公司.普速铁路接触网运行维修规则：TG/GD 116—2017[S].北京：中国铁道出版社，2017.

[28] 中国铁路总公司.高速铁路接触网运行维修规则：TG/GD 124—2015[S].北京：中国铁道出版社，2015.

2

硬件组成及搭载平台

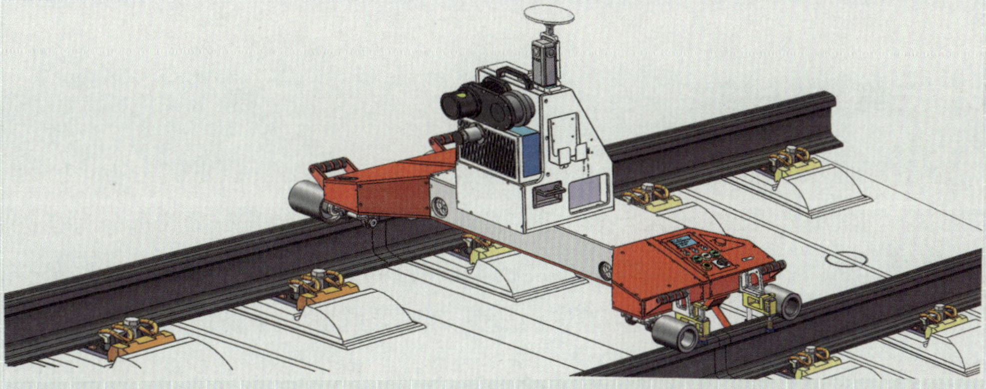

激光扫描技术是一种非接触式主动快速获取物体表面密集点云的技术，已成为高时空分辨率对地观测的一种主要手段[1]，广泛应用于地形测量、历史建筑保护、建筑测量与建模、隧道工程、基础测绘、自动驾驶等多个领域。按测量作业模式，可分为固定式三维激光扫描和移动式激光扫描两种。

面向轨道交通行业应用需求，以高精度激光断面扫描传感器为主体、集成多型传感器（组合导航定位系统、里程计、全景相机、轨距传感器等）、搭载于轨道车辆上运行的移动激光扫描测量系统，称为“轨道移动激光测量系统”。针对天窗时间短、暗黑作业环境、测量精度要求高、测量要素种类多等应用需求，充分发挥激光扫描技术在测量精度（毫米级）、测量速度（≥100 万点/s）、暗黑环境成像、设备小型化和多传感器系统集成等优势，以满足轨道交通行业在点云采集、处理和应用方面的需求。

2.1 传感器

2.1.1 三维激光扫描仪

按测距原理，激光扫描仪可分为脉冲式、相位式、三角测量式、TOF（Time of Flight，飞行时间）等，测量距离从数米到几千米不等。按激光发射方式，激光扫描仪可分为高速单点激光测距仪、单线机械旋转式扫描仪、多线机械旋转式扫描仪、多线面阵固态激光扫描仪等。按行业用途，激光扫描仪可分为精密测量型、驾驶导航型、工业防护型等。

国外激光扫描仪生产厂商主要包括：Z＋F（德国）、Faro（美国）、Riegl（奥地利）、Leica（瑞士）、Topcon（美国）、Trimble（美国）、Optech（加拿大）、Velodyne（美国）、Sick（德国）等。我国激光扫描生产厂商主要包括：北科天绘、海达数云、大疆、禾赛等。图 2-1 为常见的三维激光扫描产品，表 2-1 是对应的技术参数。

表 2-1　常见的三维激光扫描仪参数

技术参数	仪器厂商				
	Faro	Leica	Z＋F	Trimble	Topcon
典型型号	Focus^s 350	P50	5016	x7	GLS－2000
测距原理	相位式	相位式	相位式	TOF	脉冲式
测距范围	0.6～350 m	0.4 m～1 km	0.3～365 m	0.6～80 m	1～500 m

（续表）

技术参数	仪器厂商				
	Faro	Leica	Z+F	Trimble	Topcon
测距精度	±1 mm	1.2 mm+ 10 ppm （270 m 模式）	1.2 mm	2 mm	3.5 mm
测角精度（垂直角及水平角）	19″	8″	0.24″	21″	6″
点频率最大测量速度/（百万点·s^{-1}）	50 @614 m 100 @307 m	>100	<109.4	500 kHz	0.3
最大垂直扫描速度	97 Hz	—	100 Hz	—	—
视场角	V：300° H：360°	V：90° H：360°	V：320° H：360°	V：282° H：360°	V：270° H：360°
数据来源	Faro 官网①	Leica 官网②	Z+F 官网③	Trimble 官网④	Topcon 官网⑤

注：部分扫描仪官方数据中未给出垂直扫描速度。

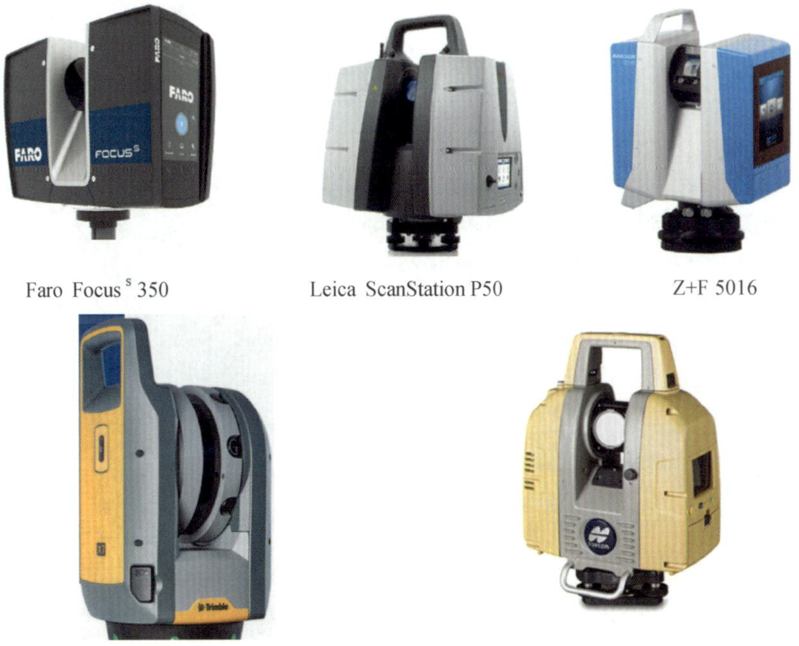

Faro Focus^{S} 350　　Leica ScanStation P50　　Z+F 5016

Trimble x7　　Topcon GLS-2000

图 2-1　三维激光扫描仪产品

① Faro 详见 https://www.faro.com/zh-CN/Resource-Library/Tech-Sheet/techsheet-faro-focus-laser-scanners

② Leica 详见 http://www.leica-geosystems.com.cn/zh/productdetails.aspx? id=648

③ Z+F 详见 https://www.zf-laser.com/Z-F-IMAGER-R-5016.184.0.html? &L=1

④ Trimble 详见 https://geospatial.trimble.com/x7-scanner

⑤ Topcon 详见 https://topconchina.cn/index/think-tank/cid/107/sid/118

2.1.2 激光断面仪

激光断面仪(二维激光扫描仪)以二维断面扫描模式工作,在轨道移动激光测量系统集成中被广泛应用。二维激光扫描仪的扫描视场角、线扫描频率、开发接口及价格更具优势,适合多传感器集成。本节主要介绍 Z+F Profiler 9012、Sick LMS5XX 系列、HOKUYO 激光雷达和 Rigel VUX-1HA。

1. Z+F Profiler 9012

Z+F Profiler 9012(以下简称"Z+F 9012")二维激光扫描仪的扫描视野为 360°,最高扫描频率为 200 Hz,每秒可采集 101.6 万个点,具有 6 个同步接口,如图 2-2 所示。

图 2-2 Z+F Profiler 9012 扫描仪

表 2-2 给出了 Z+F Profiler 9012 的标称参数指标。

表 2-2 Z+F Profiler 9012 标称参数指标

性能指标	参数值
测距/距离分辨率	最短 0.3 m,最长 119 m/0.1 mm
测距噪声标准差	0.5 m(1.3 mm), 1 m(1.0 mm), 2 m(0.8 mm), 5 m(0.6 mm), 10 m(0.5 mm), 25(1.1 mm), 50 m(3.1 mm)
线性误差	2 mm
工作方式	旋转棱镜,360°视野
旋转速度	50~200 Hz
数据获取速度	最大 101.6 万点/s
角度分辨率/角度精度	0.008 8°/0.02°RMS
内存	内置 128 G,外置两个 32 G USB 闪存
同步接口	外置里程计、GPS、PPS 秒脉冲同步信号电子、同步马达等 LEMO 接口
供电/功耗	220 V AC/280 W
工作环境	-10~+45℃

2. Sick LMS5XX

早期车载移动测量系统中，考虑到成本、测量精度与采样率等因素，使用德国 Sick 公司生产的 LMS5XX 系列激光断面扫描仪（表 2-3）。LMS511-20100 Pro 激光断面扫描仪（图 2-3）适用于室外的激光点扫描，防护等级达到 IP57 标准，最大测量距离 80 m，角度分辨率最高能达到 0.166°，最高测量频率能达到 100 Hz，能够较好地满足道路信息采集需求。扫描频率与角度分辨率的可选择组合如表 2-4 所示。

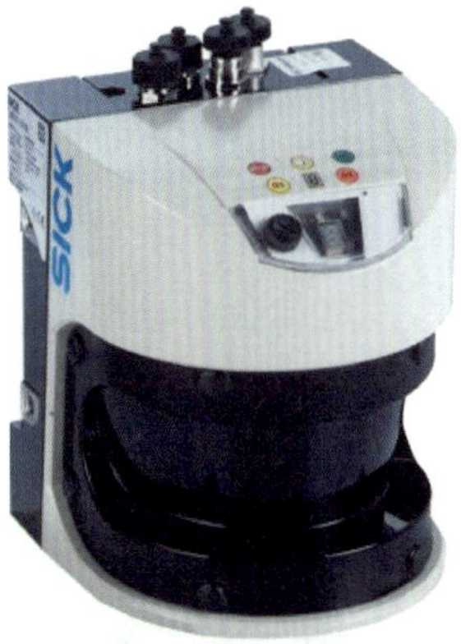

图 2-3 Sick LMS511-20100 Pro 激光断面扫描仪

表 2-3 Sick 激光断面扫描仪

参数	室外标准型		室外高分辨率型	
型号	LMS511-11100 Lite	LMS511-10100 Pro	LMS511-21100 Lite	LMS511-20100 Pro
最远距离	80 m/65 m			
10%反射率	40 m	40 m	26 m	26 m
检测回波技术	2 次回波	5 次回波	2 次回波	5 次回波
角度/分辨率	190°/0.25°	190°/0.166°	190°/0.25°	190°/0.166°
扫描频率	25～75 Hz	25～100 Hz	25～75 Hz	25～100 Hz
通信接口	RS232/422/Ethernet/USB			
接线方式	插拔接头			
区域设置	3 个	10 个	3 个	10 个
开关量输出	3 个	6 个	3 个	6 个

表 2-4 Sick LMS511-20100 Pro 扫描频率与角度分辨率组合

扫描频率/Hz	25	25	35	35	50	50	75	75	100	100
角度分辨率/(°)	0.167	0.25	0.25	0.50	0.33	0.50	0.50	1	0.667	1

3. HOKUYO

HOKUYO是日本北阳公司开发的一款低成本的二维激光雷达(图2-4)。它可以实现室内30 m测距范围内的270°扫描,具有高精度、高分辨率、宽视场等特点;产品整体设计紧凑,可节约安装空间,适合用在室内小型载体上;质量较小以及低功耗的特性使得该扫描仪续航能力更强;多回波功能使扫描仪在灰尘、雾霾等环境下也能很正常工作。详细参数见表2-5。该产品在室内机器人、自动导航车辆(Automated Guide Vehicle, AGV)、平面图绘制以及环境建模等方面有着广泛的应用。

图2-4　HOKUYO UTM_30LX-EW激光雷达

表2-5　HOKUYO激光雷达参数指标

性能指标	参数值
电源	12VDC±10%
激光光源	半导体激光二极管
波长/nm	905
扫描频率/Hz	40
扫描距离/m	30
扫描角度/(°)	270
角分辨率/(°)	0.25
噪声/dB	<25
质量/g	370
接口	Ethernet 100BASE-TX

4. Rigel VUX-1HA

Rigel VUX-1HA移动激光雷达是一款高速、无需接触、使用狭窄的红外激光束的激光测量系统(图2-5),能实现360°高速线扫描。基于Rigel的回拨数字化和在线波形处理技术,在空气条件不佳的情况下也可以获得高质量的测量结果,并且可识别多目标回波;产品采用超高速旋转镜扫描产生完全线性、单向、平行的扫描线,进而获得均匀分布的点云数据;这是一款结构紧凑的轻型激光扫描仪,可在有限的空间条件下以任意角度安装在载体平台上。详细参数见表2-6。

图2-5　Rigel VUX-1HA移动激光雷达

表 2-6 Rigel VUX-1HA 移动激光雷达参数指标①

性能指标	参数值
视场角	360°
扫描速度	10～250 线/s
角度分辨率	0.001°
激光发射频率	100 万点/s
测量精度	5 mm
重复精度	3 mm
尺寸	227 mm×180 mm×125 mm
质量	3.5 kg
内置存储器	1 TB 固态硬盘
最小测量距离	1.2 m

2.1.3 组合导航系统

组合导航系统通常由多个不同导航技术的子系统构成，利用不同导航技术迥异的误差特性并结合其优势，通过连续工作的组合导航系统来提供连续、完整的导航参数[3]。GNSS/INS 是最常见的组合导航系统，集成了 GNSS(Global Navigation Satellite System，全球导航卫星系统)的定位技术与 INS(Inertial Navigation System，惯性导航系统，以下简称“惯导”)的航位推算技术。一方面，使用 GNSS 的误差不随时间累积的导航结果或观测数据来修正 INS 的导航结果，可以控制其误差随时间的迅速累积；另一方面，短时间内高精度、高稳定的 INS 导航结果又可以很好地解决 GNSS 信号在受到遮挡时的导航定位问题，而且更有利于发现 GNSS 观测值中的粗差，从而提高整个导航系统的鲁棒性。此外，组合导航还可以将 INS 的加速度计零偏、陀螺仪零偏等常值误差项估计出来并反馈校正 INS 的加速度计、陀螺仪输出，实现对 INS 的在线标定[4,5]。

轨道移动激光测量系统使用的组合导航系统一般采用 IMU(Inertial Measurement Unit，惯性测量单元)与 GNSS 集成，用于获取系统的空间位置与姿态。其中，惯性测量单元是测量物体姿态的传感器，由三个加速度计和三个陀螺仪组成，负责测量载体的加速度

① 参数来自中测瑞格测量技术(北京)有限公司，网址 http://ilidar.com/product/8.html

和角速度，即空间姿态信息，并将这些信息发送给信息处理电路，信息处理电路利用惯性测量单元测得的加速度和角速度进行导航解算，同时以 GNSS 板卡接收的卫星导航信息作为基准，进行组合导航，对惯导的导航误差进行修正，通过信息接口单元输出导航信息。组合导航系统的工作原理如图 2-6 所示。

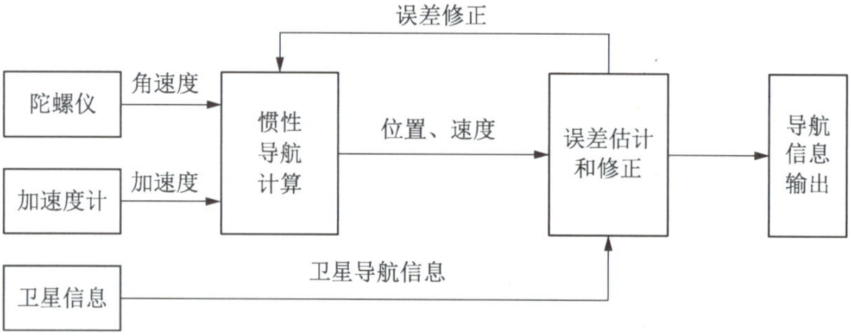

图 2-6　组合导航系统工作原理示意图

以 XD300A-DGI 光纤组合导航系统（图 2-7、表 2-7）为例，该系统由闭环光纤陀螺仪、加速度计和 GNSS 板卡组成，可测量载体瞬时的加速度、角速度和姿态角，结合接收到的卫星导航信息作为位置基准，通过多传感器的数据融合及导航解算算法实现位置和姿态数据的解算，可满足厘米级精度的移动测量系统、大型无人机等应用领域对姿态、航向及位置等信息的精确测量要求。

图 2-7　XD300A-DGI 光纤组合导航系统

表 2-7　XD300A-DGI 光纤组合导航系统的主要技术参数

指标			参数	备注
航向	测量范围		0°～360°	
	精度 1	精度	3°	纯惯性寻北
			1°	对准时载体按要求进行方位转动，对准时间 15 min
		启动时间	10 min	在冷态启动下用于陀螺预热
		初始对准	5 min	
	精度 2		0.5°	失锁 30 min
	精度 3		0.05°	RTK，后处理
	精度 4		0.2°(1 m 基线)	双天线时

（续表）

指标		参数	备注
姿态	测量范围	横滚±180°，俯仰±90°	
	精度	0.05°（动态）	
		0.015°（后处理）	
位置	水平定位精度 1	1.2 m	GNSS 单点
	垂直定位精度	3 m	GNSS 单点
	水平定位精度 2	10 m	失锁 1 min，后处理； 失锁 30s，实时
速度精度		0.05 m/s	RTK，后处理
陀螺仪	量程	400(°)/s	
	零偏稳定性	0.5(°)/h	
加速度计	量程	5 *g*	
	零偏稳定性	5×10^{-5}	
其他指标	工作温度	−40～+60℃	
	输入电压	18～36VDC	
	功耗	<20 W	
	电气接口	RS422/232	
	外形尺寸	160 mm×160 mm×119.5 mm	
	质量	<4 kg	(3.2 kg)

XD300A-DGI 光纤组合导航系统具有惯性/卫星组合导航模式和纯惯性模式。在惯性/卫星组合导航模式下，能够利用 GNSS 接收机接收到的卫星定位信息进行组合导航，对所在的位置、速度和姿态信息进行解算，其中俯仰角、横滚角和航向角精度较高，短时间内具备一定的航向保持功能和米级定位精度。在组合导航模式下，能够输出后处理信息数据，可采用 NovAtel 的 Inertial Explorer 后处理软件进行轨迹解算，可达到厘米级定位精度。纯惯性模式（即通电后从未进行过 GNSS 信息融合，如果融合后再次失锁，则属于组合导航模式）启动后，具备精确的姿态测量功能，能输出俯仰角、横滚角和航向角，且纯惯性模式可静态寻北。

2.1.4 其他传感器

轨道移动激光测量系统可结合不同任务需求，集成里程计、轨距测量仪、倾角仪、全景相机等多种传感器。

1. 里程计

轨道移动激光测量系统可采用角度编码器与可编程逻辑控制器(Programmable Logic Controller，PLC)或单片机结合的方式构建里程计，用以进行测量数据的相对定位，也可使用工业笔记本电脑直接与角度编码器进行通信。

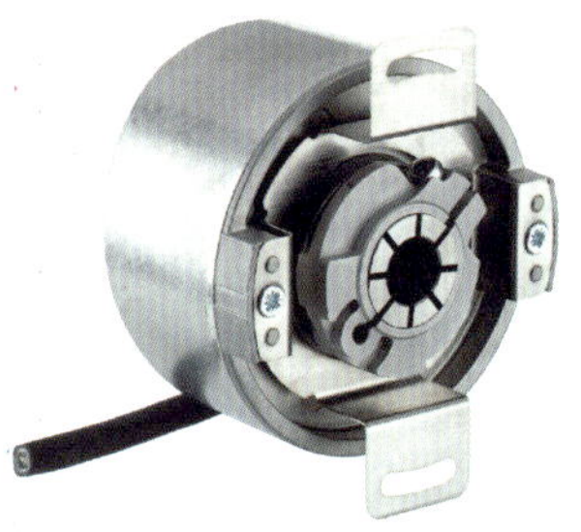

图 2-8　DFS60B 角度编码器

图 2-8 为德国 Sick 公司的 DFS60B 高分辨率增量型角度编码器，将旋转的机械信号转换成电信号由 PLC 记录下来，从而实现里程记录功能。DFS60B 角度编码器主要技术参数如表 2-8 所示。

表 2-8　DFS60B 主要技术参数

技术参数	规格
每转的脉冲	10 000
测量脉冲宽度偏差，非“二进制”脉冲数	±0.01°
误差限值	±0.05°

2. 轨距传感器

轨距测量可以借助磁性伸缩位移传感器、激光测距仪、超声波测距仪等传感器实现。GH 型 MTS 位移传感器属于磁性伸缩位移传感器，即利用非接触技术监测活动磁铁的位移，能够在极其恶劣的工业环境下正常工作。图 2-9 为 GH 型 MTS 磁性伸缩位移传感器，可集成到轨检小车上进行轨距测量。GH 型 MTS 位移传感器精度指标如表 2-9 所示，标称重复测量精度可达±0.002 5 mm。

图 2-9　GH 型 MTS 位移传感器

表 2-9 GH 型 MTS 位移传感器技术参数

参数	规格
输出	
模拟	电压或电流
数字	Start/Stop 脉冲或 PWM 脉宽调制
更新时间	模拟：一般<1 ms
	数字：最少=[量程(in)+2.5 in+零区]×10 μs/in×循环次数
精度	
测量数据	位置
量程	25 mm
分辨率	模拟：无限(取决于控制器 D/A 与电源波动)
	数字：1/[梯度×内置频率(MHz)×阅读次数](可达 0.005 mm)
非线性度	满量程的±0.02%或 0.05 mm(以较大者为准)
重复精度	满量程的±0.001%或±0.002 5 mm
滞后	<4 μm
波动	<满量程的 0.01%
工作条件	
磁铁速度	任意
耗电	一般 100 mA
工作温度	−40～+80℃(最高达+85℃)
湿度	90%

3. 倾角传感器

倾角传感器常用于静态测量轨道横向倾角，结合轨距计算轨道超高量。BWS2000 全温补数字双轴倾角传感器(图 2-10)采用 RS232 串口通信协议进行访问，以 5～100 Hz 的频率实时读取 X、Y 轴角度，可通过开发指令设置通信速率、输出角度模式，其性能指标如表 2-10所示。

表 2-10 BWS2000 倾角传感器的精度指标

技术参数	测量范围/(°)	响应频率/Hz	分辨率/(°)	精度/(°)	波特率
规格	±30	100	0.000 5	0.005	2 400～115 200

图 2-10　BWS2000 全温补数字双轴倾角传感器

图 2-11　PointGrey Ladybug5 全景相机

4. 360°全景相机

激光扫描仪一般不带 CCD 影像传感器，无法提供点云的色彩数据。许多应用需要使用到色彩信息，如站台的设施、道路的白线和黄线的区分等，需要在测量系统中加入相机，为点云赋予色彩信息提供数据基础。全景相机较好地解决了多镜头时间同步和拼接问题，被广泛应用于移动测量系统中。

PointGrey 公司的 Ladybug5 360°全景相机（图 2-11）由 6 个超广角相机镜头组合而成，每个镜头都能采集 500 万像素的照片，最终能合成一张 3 000 万像素的全景照片，该相机的具体参数如表 2-11 所示。

表 2-11　Ladybug5 部分参数

技术参数	规格
模数转换器	12bit
数据输出	实时输出 12 bit Raw 或 JEPG 压缩图像
快门速度	全局快门，0.02 ms～2 s
Gamma	0.50～4.00
HDR(高动态范围图像)	4 周增益和曝光预设
数据接口	USB 3.0
传输速率	5 Gbit/s
GPIO 口	12pin GPIO，可用于外触发、外部电源
尺寸	直径 197 mm，高 160 mm
质量	3.0 kg
电能消耗	12～24 V，13 W
光学器件	6 个 4.4 mm 焦距镜头
视场角	90%全景
对焦距离	200 cm

Ladybug5 全景相机以 10 帧/s 的速度采集未压缩的 12 bit 照片原始数据，通过 USB3.0 接口传输到电脑的存储介质上。采集的无损原始图像经后处理拼接为全景照片或 6 个摄像头照片单独保存。图 2-12 给出某一时刻 Ladybug5 相机获取的一张覆盖率 90%的全景照片。

图 2-12 Ladybug5 全景照片样张

5. GPS 卫星时钟

多传感器系统集成需要高精度的统一时间基准，可采用 NTP 协议 GPS 卫星时钟，如图 2-13 所示。考虑到移动测量系统的移动性与易安装性，可选择尺寸较小、功耗较低(如 2 W 以下)的 GPS 卫星时钟，其安装方便，兼容性强，脉冲小于 0.1 μs，串口时间精度为 10 μs，12 V 电瓶供电可长时间工作，适合车载移动测量系统集成使用。当时钟 GPS 天线接收到 4 颗以上卫星的信号时，时间锁定，时钟开始授时，通过路由器将该时钟与笔记本电脑、激光扫描仪等连接授时。典型 GPS NTP 授时系统见图 2-13①。

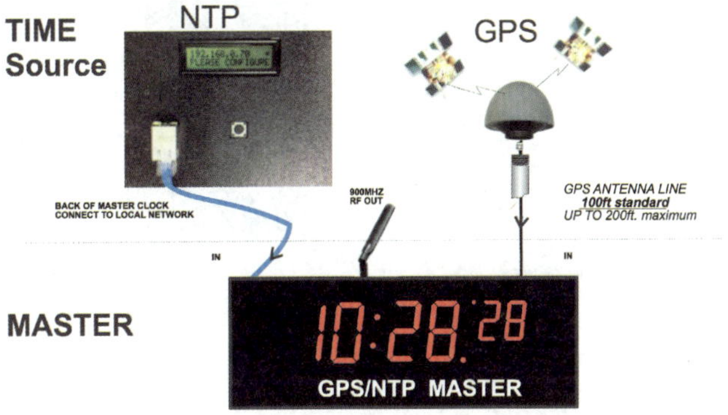

图 2-13 GPS 时钟授时示意图

① https://digitaldisplay.com/network-clock/master-clock/gps-vs-ntp-master-clock/

2.2 搭载平台

激光扫描技术广泛应用在轨道交通行业中，为提升扫描效率以及测量精度，常采用仪器台将设备搭载在移动载体上，在载体运动过程中进行快速动态扫描。常用的搭载平台包括小型检测车（手推式或电动式）、中型检测车（载人式或无人式）和大型工务检测车。

2.2.1 小型检测车

小型检测车的体型较小、重量较轻、便于搬运和随时上下道，作业速度为 0.5～6 km/h，可以看作是非荷载状态下的检测。小型检测车有手推式（图 2-14）和电动式（图 2-15）两类。轮距参考运行轨道尺寸设计（如标准轨距 1 435 mm），载体上除了有激光扫描工作台外，还会配有控制平台（如工控机、平板电脑或笔记本电脑等）。根据实际检测需求，可选配里程计、组合导航系统、结构光传感器、线阵相机和供电系统等（图 2-16）。有些场景根据扫描区域要求，可集成一个或多个扫描仪（图 2-17）。

图 2-14　手推式检测系统

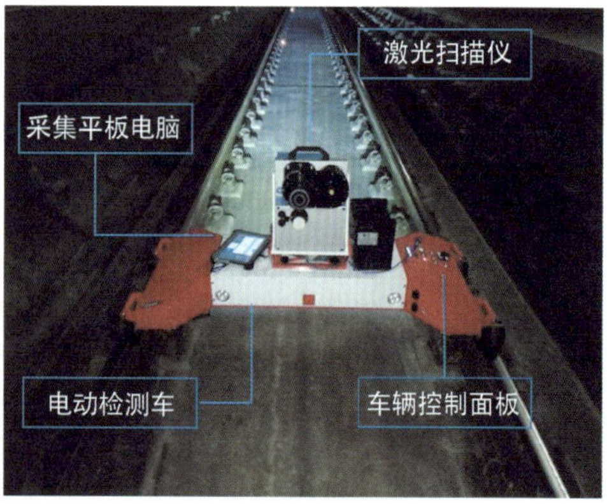

图 2-15　电动式检测系统

轨道交通工程竣工验收和运营维护中多采用电动检测车，具有作业灵活、运输方便等优点。电动检测车可结合其尺寸空间结构设计功能区和工具箱，其中，功能区包括控制开关、照明灯、前进后退、紧急制动、清零里程等功能。电动检测车一般应具备以下基本功能：

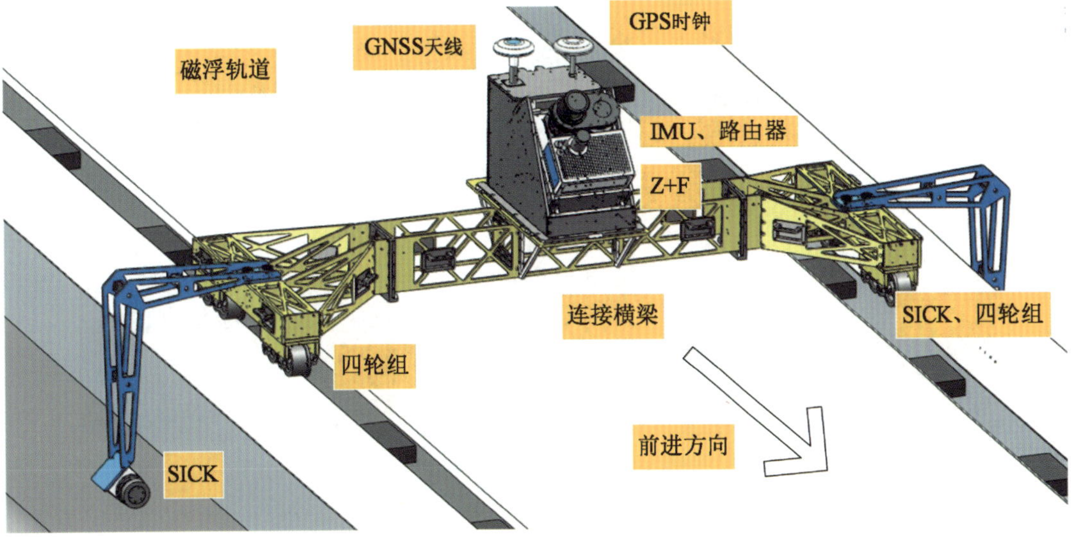

图 2-16　磁浮轨道限界与障碍物检测

图 2-17　多台扫描仪联合式轨道检测系统设计图(左)与实物图(右)

(1) 通过车身按钮或遥控器(图 2-18)控制,多档速度可调,紧急情况下可快速停止;

(2) 液晶屏幕显示当前挡位速度、累计里程数据、电池电量、轨距、超高等;

(3) 里程/轨距等传感器数据,通过串口输出或保存至车内存储卡内;

(4) 设置前后照明和警示装置,车体各组件可独立快速装拆;

(5) 大容量锂电池供电,满足现场连续作业需求;

(6) 车体保证左右轨绝缘,能正常通过各类道岔;

(7) 整车总质量控制在 50 kg 以内,便于两个人搬运;

(8) 配备专用运输箱,便于远距离转场搬运;

(9) 兼容不同扫描仪(图 2-19)。

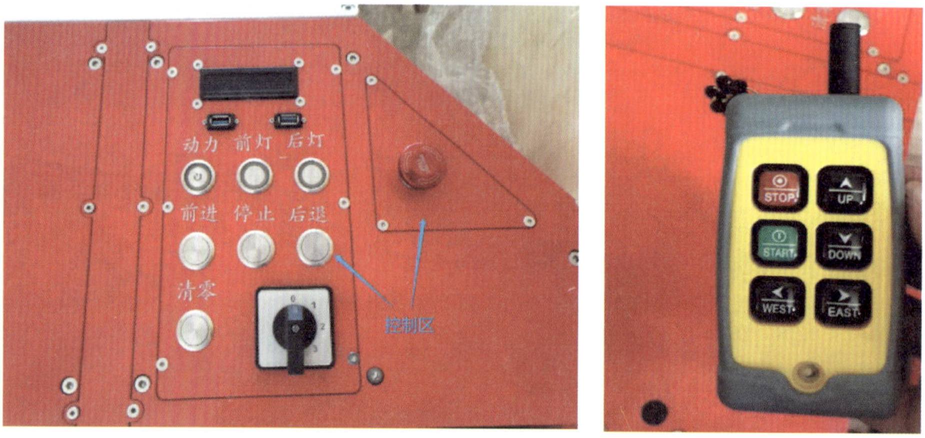

图 2-18　电动检测车控制区按钮和遥控器

图 2-19　电动检测车搭载 Faro 扫描仪

图 2-20　载人电动检测车

2.2.2　中型检测车

小型电动车受结构和载重量限制，无法搭载巡检作业人员。铁路（地铁）工务部门和轨道探伤车企业设计了载人电动车（图 2-20），该车可提供 4 个工位供作业人员乘坐，提供扫描仪等设备安装工作台，最高运行速度为 20 km/h。

2.2.3　大型工务检测车

铁路（地铁）大型工务检测车作业时，为提高天窗利用效率或不影响正线运输计划，要求采用较高的运行速度。将移动激光扫描测量系统搭载在大型检测车上（图 2-21），以 15～80 km/h 或更高时速获取铁路三维点云数据，为铁路资产管理三维数字化提供数据支持。

图 2-21　Furgo Rila(左)和 Riegl VMX(右)搭载于铁路大型车辆

电力管廊检修作业车、盾构隧道管片运输车辆、磁浮检修车等特种轨道作业车辆，也可搭载激光扫描测量系统开展作业。图 2-22 中采用 Faro 激光扫描仪完成某电力管廊隧道的扫描作业。

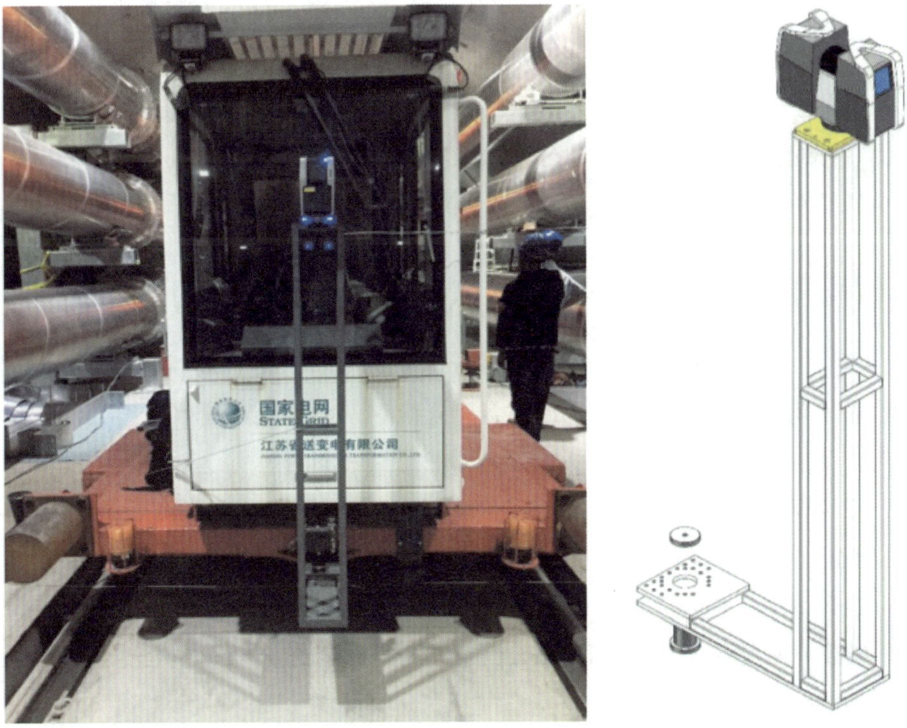

图 2-22　电力管廊施工车辆及专用仪器台

2.3 集成方案

根据应用需求，可选择集成组合导航或无惯导两种作业模式。集成组合导航系统，适用于卫星信号良好的场景，借助卫星定位与惯导系统获取位置和姿态数据，与激光扫描数据融合处理获取真实三维坐标。无惯导作业模式，采用里程计、匀速检测小车和百米桩校核等辅助里程定位，以断面为解算单元获取相对点云，系统体积小、重量轻，可降低运用成本。

2.3.1 空间同步

多传感器集成测量系统需要明确各传感器的空间坐标系定义，标定多传感器之间的位置姿态。一般可采用靶球、反射片、棱镜等建立公共点，借助全站仪测量坐标系，建立激光扫描仪与车体间的相对位置关系，即可实现激光扫描仪的标定。载体坐标系的建立可以根据 GNSS 天线中心位置、车体运行方向以及惯性导航在车体上的姿态进行定义，从而实现系统多传感器的坐标系统一，以便进行场景点云数据、移动测量系统位置与姿态数据的融合处理，得到具有绝对坐标的三维空间点云数据。

2.3.2 时间同步

轨道移动激光测量系统数据采集过程中，各传感器的采样频率、起止时间、时间基准、授时精度、输出频率、通信延迟等不一致，需建立统一的时间同步基准，从而保证采集系统协同工作，以反映出同一时刻的测量对象。

以 Z+F 9012 激光扫描仪[2]与组合导航集成为例，说明移动激光测量系统时间同步原理。组合导航系统 GNSS 天线接收卫星信号后，通过接口 RX232_TXD 和 SYN_OUT 帧口能够分别发出 GPS 时间信息和 PPS 脉冲，作为移动测量系统的时间基准。Z+F 9012 激光扫描仪同步接口(P8 接口)可以接收 GPS 信息的 9 号帧口和 PPS 脉冲信息的 3 号帧口，作为时间信息的接收端。具体接收时间信息的帧口定义见图 2-23。

根据线缆传输的数据种类进行帧口对应连接，统一数据的接收端口、统一数据的传输频率、调整数据的波特率等，完成时间信息传输配置，并通过对扫描仪接收连接端口的设置，完成 Z+F 9012 扫描仪的时间同步配置条件，实现与时间同步的信号接收，扫描仪的相

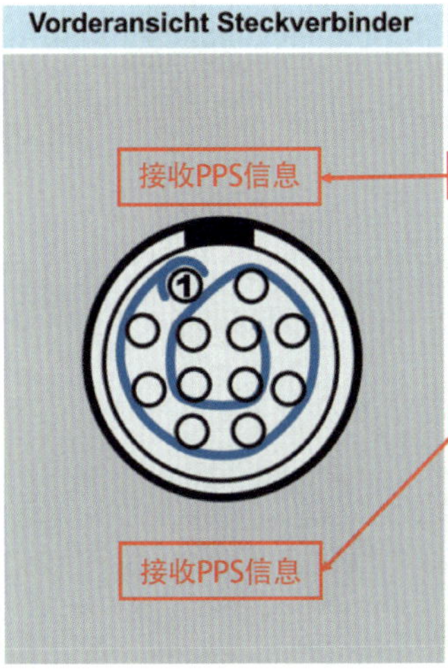

Pin	Beschreibung
1	RS232_TX (ttyS3)
2	UART_TX (5V ttyS4)
3	Counter 1A / PPS (5V TTL in)
4	Counter 2A (5V TTL in)
5	Linesync (5V TTL out)
6	Trigger (5V TTL out)
7	UART_RX (5V ttyS4)
8	RS232_RX (ttyS3)
9	Gnd
10	Gnd
11	Gnd
12	+5V (out / 0,7A max. A)

图 2-23　Z+F 9012 P8 接口接收数据的帧口定义

关设置见图 2-24。Z+F 扫描仪配有两个“counter”，用于与 PPS 脉冲配合，其中，counter1 用于对输入脉冲信号的检测和记录，接收并存储时间信息；counter2 则是在扫描仪启动的时候，从零开始记数，在每个扫描文件数据流的头文件中存储对应的计数值，而每个扫描点的时刻则通过对相邻 counter 值的插值获取。

GPS				
2132	1		(0 - 1 - 1)	*GPS enable*
gps_port	ttyS3		(ttyUSB0)	*GPS sio port ttyUSB0 for USB-RS232-connection or ttyACM0 for USB-connection*
gps_baud	115200		(300 - 19200 - 500000)	*GPS sio baudrate (GPS-18 has 19200 most other has 9600)*
gps_min_satelit	0	n	(1 - 3 - 20)	*GPS minimum satelit for good signal*
gps_max_age	5.0000000000	sec	(1. - 5. - 120.)	*GPS maximum age of signal*
gps_utc_cmd	zda		(zda)	*GPS command for get time information (lowercase zda or topal or pubx or gga or timea or gppps)*
gps_utc_cmd_delay	0	ms	(0 - 0 - 1000)	*GPS delay for reset counter*

图 2-24　Z+F 9012 接收时间信息时 GPS 端口设定

将不同数据源的数据流中每一帧添加一个时间戳，将传感器的时间信息统一为 UTC 时间基准，考虑到数据接收和传输等多方面的影响因素，时间信息发射频率可能不是很高，如 1 Hz，而 Z+F 扫描仪的转速最高可达到 200 Hz，所以需要根据时间标签对多源传感器的数据进行插值，最终实现多源数据的时间基准统一。

激光扫描仪采用独立工作的方式，无需集成组合导航系统，可适用于隧道场景中的相对点云数据采集。这种方式下激光扫描仪获取的原始数据是二维断面点云，需通过一定的线路信息进行展开，形成三维数据，一般可以集成里程计或借助电动载体系统的运行速度与行程，进行二维断面位置赋值。这种工作方式获取的隧道点云数据不具备隧道真实线形特征[图 2-25(a)]，需借助联测控制点、轨道测量数据或设计数据等后处理方法，进行数据真实线形的恢复[图 2-25(b)]。

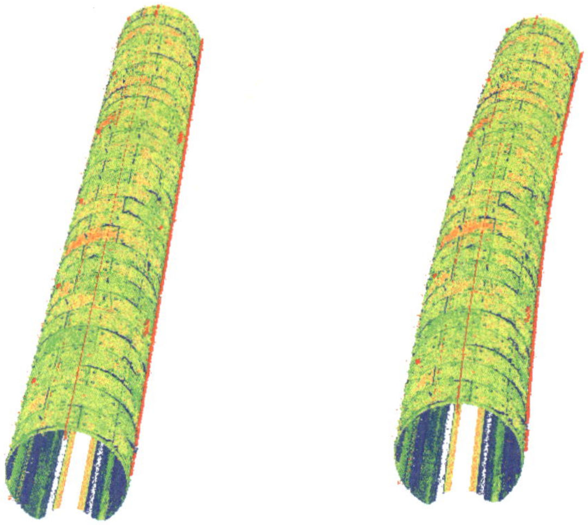

(a) 线形恢复前　　(b) 线形恢复后

图 2-25　隧道线形恢复结果

2.4 本章小结

轨道移动激光测量系统通常由软硬件组成，本章主要介绍了相关的硬件，包括不同的搭载平台以及传感器，介绍了几款激光扫描仪和组合导航系统等传感器的技术参数以及里程计、位移计、倾斜仪等其他传感器的技术指标。不同传感器的组合复杂多样，需结合实际应用需求进行设计与匹配选型，其中组合导航系统有利于提供绝对位置，可以为激光扫描仪、轨距、倾角等提供地理参考，特别是在勘测设计等需要绝对坐标的应用中具有不可或缺的作用。

参考文献

[1] 杨必胜，梁福逊，黄荣刚.三维激光扫描点云数据处理研究进展、挑战与趋势[J].测绘学报，2017，46(10)：1509-1516.

[2] Z+F PROFILER 9012 User Manual V1.12[M]. Wangen im Allgäu：Zoller+Fröhlich GmbH，2013.

[3] 刘帅，孙付平，陈坡，等.GPS/INS 组合导航系统时间同步方法综述[J].全球定位系统，2012，37(1)：53-56.

[4] bynav 北云.组合导航科普(2)：组合导航是如何实现的？[EB/R]. https://www.bynav.com/cn/resource/bywork/healthy-work/652.html.

[5] 刘帅.GPS/INS 组合导航算法研究与实现[D].郑州：解放军信息工程大学，2012.

3

轨道工程测量基础

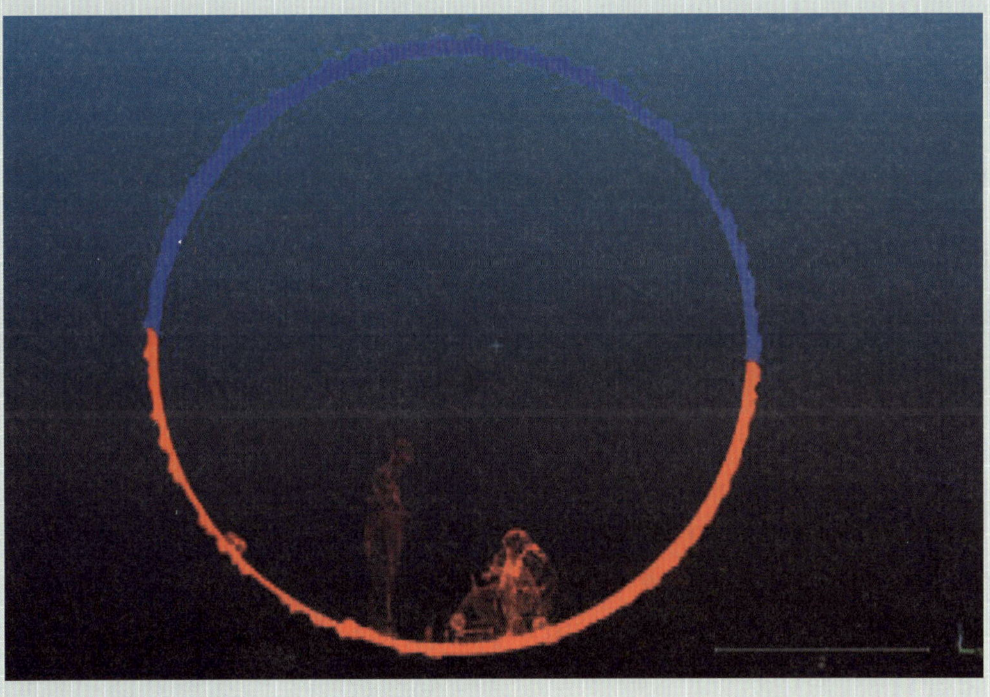

轨道移动激光测量系统是一个多传感器集成系统，各传感器有独立的坐标系统，传感器数据的协同处理涉及多个坐标系统的统一。系统获取的轨道交通场景三维数据需结合线路信息进行里程定位，结合隧道断面特征进行相关结构参数解算与曲线拟合分析。本章将介绍轨道移动激光测量系统工作过程中涉及的坐标系统、曲线要素、曲线(面)插值拟合等基本理论。

3.1 坐标系统及其转换

地面和空间点位的确定总是要参照某一给定的坐标系。轨道移动激光测量系统工作和数据解算过程中涉及大地坐标系、投影平面坐标系、隧道断面坐标系，以及与传感器相关的激光断面坐标系、载体坐标系、惯导坐标系等，集成系统进行空间同步过程中涉及二维坐标系与三维坐标系的坐标转换。

3.1.1 大地坐标系

采用组合导航定位系统进行三维绝对坐标测量时，卫星定位观测得到的测量点坐标属于大地坐标系(地心坐标系)，如集成GPS定位系统的测量点位是在WGS－84坐标系下，而与工程坐标系统相对应的是参心椭球与参心坐标系。

1. WGS－84坐标系

WGS－84坐标系，又称世界大地坐标系[1,2](World Geodetic System)，是一种国际上采用的地心坐标系，坐标原点为地球质心，Z轴指向BIH(Bureau International de I'Heure，国际时间服务机构)1984.0定义的协议地球极(Conventional Terrestrial Pole，CTP)方向，X轴指向BIH 1984.0的零子午面和CTP赤道的交点，Y轴与Z轴、X轴垂直构成右手坐标系。集成组合导航系统的轨道移动激光测量系统中的GPS定位模块得到的位置坐标都是基于WGS－84坐标系的经纬度和高程信息。

WGS－84坐标系采用的地球椭球参数为大地测量学与地球物理联合会(IUGG)第17届大会推荐值的4个参数(表3-1)。

2. CGCS2000

2000国家大地坐标系是我国当前最新的国家大地坐标系[3]，英文名称为China Geodetic Coordinate System 2000(简称CGCS2000)。2000国家大地坐标系的原点为包括海洋和大气的整个地球的质量中心，Z 轴由原点指向历元 2000.0 的地球参考极的方向，X 轴由原点指向格林尼治参考子午线与地球赤道面(历元 2000.0)的交点，Y 轴与 Z 轴、X 轴垂直构成右手正交坐标系。2000 国家大地坐标系采用的地球椭球参数如表 3-2 所示。

表 3-1　WGS-84 坐标系采用的地球椭球常数

常数	数值
长半轴 a/m	6 378 137
扁率 f	1/298.257 223 563
地心引力常数 GM/($\mathrm{m^3 \cdot s^{-2}}$)	$3.986\ 004\ 418\times10^{14}$
自转角速度 ω/($\mathrm{rad \cdot s^{-1}}$)	$7.292\ 115\times10^{-5}$

表 3-2　2000 国家大地坐标系采用的地球椭球参数

常数	数值
长半轴 a/m	6 378 137
扁率 f	1/298.257 222 101
地心引力常数 GM/($\mathrm{m^3 \cdot s^{-2}}$)	$3.986\ 004\ 418\times10^{14}$
自转角速度 ω/($\mathrm{rad \cdot s^{-1}}$)	$7.292\ 115\times10^{-5}$

3.1.2　隧道断面坐标系

隧道设计图纸通常会定义隧道断面坐标系，标注隧道设计内径、断面尺寸、拱顶高度、拱肩间距、管片尺寸、道床尺寸、限界加宽、三维中轴线等。以圆形隧道为例，隧道断面定义为垂直于隧道中轴线的二维断面，坐标系原点为断面中心，Y 轴方向为竖直向上，X 轴方向为面向隧道大里程方向水平向右，Y 轴与 X 轴垂直构成右手系，如图 3-1 所示。

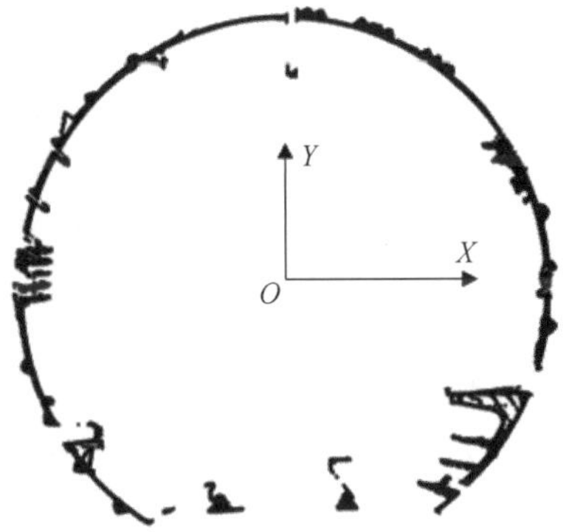

图 3-1　隧道断面坐标系

采用架站扫描方式获取的点云数据，可结合工程坐标系下的设计轴线提取指定里程桩号的隧道断面点云切片。采用移动激光测量系统获取点云数据，当扫描频率较高(50～200 Hz)、载体速度较慢(1～5 km/h)时，激光扫描螺旋线可近似简化为垂直于轨道的二维断面。

3.1.3　激光扫描仪坐标系

激光断面扫描仪在工作时，由机内激光发生装置产生激光，经过一个全反射棱镜改变激光的方向，使激光束能从仪器前端发射出去。全反射棱镜安装在一个高转速马达上，通过马达高速的转动，改变激光发射出去的角度，使得断面扫描仪能以较高频率(>100 Hz)获取数据。扫描仪的某一帧所采集到的数据均处于一个断面内，以该断面为基准的二维坐标系被称为激光扫描仪坐标系。激光扫描仪坐标系的原点 o 为激光束在全反射棱镜上的反射点，x 轴在扫描平面内指向扫描仪正前方，即扫描断面的中心方向，y 轴也在扫描平面内并与 x 轴垂直，构成左手坐标系，以 Sick LMS511-20100 Pro 断面扫描仪[图 3-2(a)]为例，其激光扫描仪坐标系定义方式如图 3-2(b)所示。

(a) Sick LMS511-20100 Pro 断面扫描仪

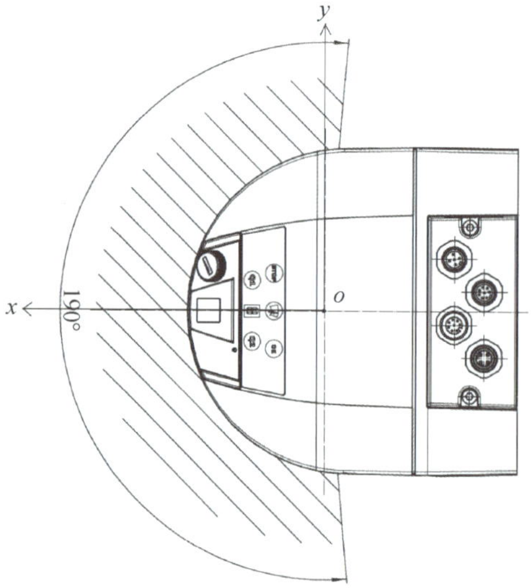

(b) 扫描仪坐标系定义

图 3-2 断面扫描仪和扫描仪坐标系定义

3.1.4 高斯投影坐标系

高斯投影是我国地图投影主要采用的方式。为降低投影误差，高斯投影坐标系需做分带处理。1∶2.5 万～1∶50 万地形图常采用经差 6°带作为投影带，1∶1 万及更大比例尺地形图常采用 3°带。城市与工程控制网应根据具体情况选用坐标系统，选择高斯正形投影统一 3°带平面直角坐标系、抵偿坐标系或任意带坐标系等[4]。

城市与工程坐标系的选择一般应遵循实测平距与由坐标反算所得的两点间边长的差值小于 1/40 000 的原则，即

$$\left|\frac{H_m}{R_m}-\frac{(y_m+\Delta y)}{R_m^2}\right|<\frac{1}{40\,000} \tag{3-1}$$

式中，H_m，R_m，y_m，Δy 分别表示投影点正常高、椭球半径、投影后横坐标和横坐标变化值。

3.1.5 惯导坐标系

惯导单元一般根据设备设计框架定义三维坐标轴，x 轴与 y 轴其中一个指向系统的前方，另一个指向系统的左侧或右侧，z 轴向下或向上。图 3-3 为 NovAtel 公司生产的 SPAN IMU-FSAS 惯导坐标系。

图 3-3　SPAN IMU-FSAS 惯导坐标系定义

3.1.6 载体坐标系

移动激光测量系统集成组合导航时，需解决激光扫描仪与组合导航系统、载体空间相对位置关系的标定，为此定义一个固连在传感器集成框架上的坐标系，称为载体坐标系。载体坐标系的坐标原点 O 可设在 GNSS 天线的相位中心，X 轴指向载体行进方向，Y 轴垂直于 X 轴，指向行进方向右侧，Z 轴垂直于 XOY 平面并构成左手坐标系（图 3-4），部分场景也可定义为右手坐标系。为方便载体平台姿态确定，一般惯导单元在载体上安装的方式会结合其三个坐标轴的定义来表达平台的横滚角、俯仰角和航向角，即载体坐标系（X，Y，Z）参考惯导坐标系（x，y，z）进行设置，如图 3-5 所示。

图 3-4　载体坐标系

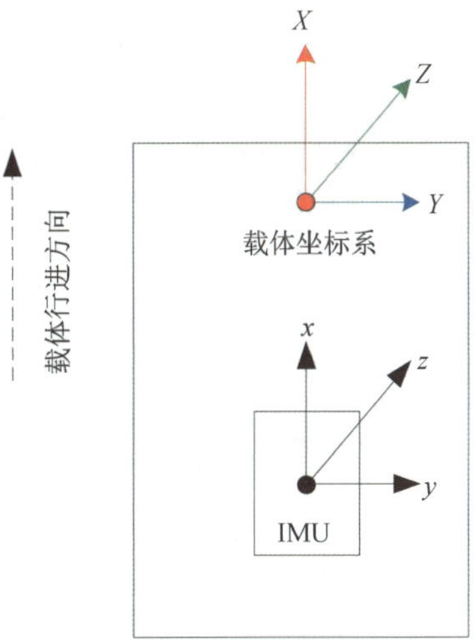

图 3-5　载体坐标系与惯导坐标系

3.1.7 二维坐标转换

平面坐标系之间的转换需要一定数量的公共控制点（至少 2 个），求解出转换参数后才能进行坐标转换。平面坐标转换的数学模型一般可分为相似变换和仿射变换。下面给出相似变换坐标转换参数求解过程，仿射变换坐标转换参数的求解过程不作赘述。

$$\begin{bmatrix} X^{\text{II}} \\ Y^{\text{II}} \end{bmatrix} = (1+\delta\mu) \begin{bmatrix} \cos\alpha & -\sin\alpha \\ \sin\alpha & \cos\alpha \end{bmatrix} \begin{bmatrix} X^{\text{I}} \\ Y^{\text{I}} \end{bmatrix} + \begin{bmatrix} X_0 \\ Y_0 \end{bmatrix} \tag{3-2}$$

式中，$\begin{bmatrix} X^{\text{II}} \\ Y^{\text{II}} \end{bmatrix}$ 为新坐标系（$O_2-X_2Y_2$）中的坐标。$\begin{bmatrix} X^{\text{I}} \\ Y^{\text{I}} \end{bmatrix}$ 为旧坐标系（$O_1-X_1Y_1$）中的坐标。尺度变化 $\delta\mu$ 和旋转角 α 及 O_1 在新坐标系（$O_2-X_2Y_2$）中的坐标 $\begin{bmatrix} X_0 \\ Y_0 \end{bmatrix}$ 合称为两个坐标系之间的转换参数。称 $\begin{bmatrix} X_0 \\ Y_0 \end{bmatrix}$ 为平移参数，α 为旋转参数，$\delta\mu$ 为尺度参数。

设 $a=X_0$，$b=Y_0$，$c=(1+\delta\mu)\cos\alpha$，$d=(1+\delta\mu)\sin\alpha$，则式(3-2)可变换为

$$\begin{bmatrix} X^{\text{II}} \\ Y^{\text{II}} \end{bmatrix} = \begin{bmatrix} a \\ b \end{bmatrix} + \begin{bmatrix} c & -d \\ d & c \end{bmatrix} \begin{bmatrix} X^{\text{I}} \\ Y^{\text{I}} \end{bmatrix} \tag{3-3}$$

设两坐标系下有 n 个公共点（X_i^{I}，Y_i^{I}）和（X_i^{II}，Y_i^{II}），则可列出误差方程：

$$\begin{bmatrix} V_{X_1^{\text{II}}} \\ V_{Y_1^{\text{II}}} \\ V_{X_2^{\text{II}}} \\ V_{Y_2^{\text{II}}} \\ \vdots \\ V_{X_n^{\text{II}}} \\ V_{Y_n^{\text{II}}} \end{bmatrix} = \begin{bmatrix} 1 & 0 & X_1^1 & -Y_1^1 \\ 0 & 1 & Y_1^1 & X_1^1 \\ 1 & 0 & X_2^1 & -Y_2^1 \\ 0 & 1 & Y_2^1 & X_2^1 \\ \vdots & \vdots & \vdots & \vdots \\ 0 & 1 & X_n^1 & -Y_n^1 \\ 1 & 0 & Y_n^1 & X_n^1 \end{bmatrix} \begin{bmatrix} a \\ b \\ c \\ d \end{bmatrix} - \begin{bmatrix} X_1^{\text{II}} \\ Y_1^{\text{II}} \\ X_2^{\text{II}} \\ Y_2^{\text{II}} \\ \vdots \\ X_n^{\text{II}} \\ Y_n^{\text{II}} \end{bmatrix} \tag{3-4}$$

即

$$\boldsymbol{v} = \boldsymbol{A}\boldsymbol{x} - \boldsymbol{l} \tag{3-5}$$

则转换参数的最或然解：

$$\hat{\boldsymbol{x}} = (\boldsymbol{A}^{\mathrm{T}}\boldsymbol{P}\boldsymbol{A})^{-1}\boldsymbol{A}^{\mathrm{T}}\boldsymbol{P}\boldsymbol{l} \tag{3-6}$$

式中，$\boldsymbol{P}$ 为由坐标中误差确定的权矩阵，一般取 $\boldsymbol{P}$ 为单位矩阵。

3.1.8 三维坐标转换

在实际铁路（地铁）工程中，需首先确定大地坐标系与工程坐标系之间的坐标转换参数、投影变形误差并确定转换精度，利用等级控制点对移动测量系统解算获取的轨迹或点云数据进行坐标转换、投影纠正和精度验证。三维坐标转换精度，关键取决于所选取的公

共点(或控制点)精度、空间分布位置和转换模型选取。

如图 3-6 所示,设两个空间直角坐标系 $O_1-X_1Y_1Z_1$ 和 $O_2-X_2Y_2Z_2$ 的原点 O_1 和 O_2 不重合,坐标轴不平行,尺度也不一致,设 $O_1-X_1Y_1Z_1$ 的尺度为 1,$O_2-X_2Y_2Z_2$ 的尺度为 $1+\delta\mu$。首先将坐标系 $O_1-X_1Y_1Z_1$ 的原点平移与 $O_2-X_2Y_2Z_2$ 的原点重合,通过三次旋转,即首先绕 Z_1 轴从坐标轴正向看逆时针旋转 ε_z,使得 Y_1 轴平行于 $Y_2O_2Z_2$ 平面;绕 Y_1 轴从坐标轴正向看逆时针旋转 ε_y,使得 Z_1 轴平行于 $Y_2O_2Z_2$ 平面,此时 X_1 轴与 X_2 轴平行;绕 X_1 轴从坐标轴正向看逆时针旋转 ε_x,使得 Y_1 轴、Z_1 轴与 Y_2 轴、Z_2 轴分别平行。因此,任意点在两个坐标系间的关系为

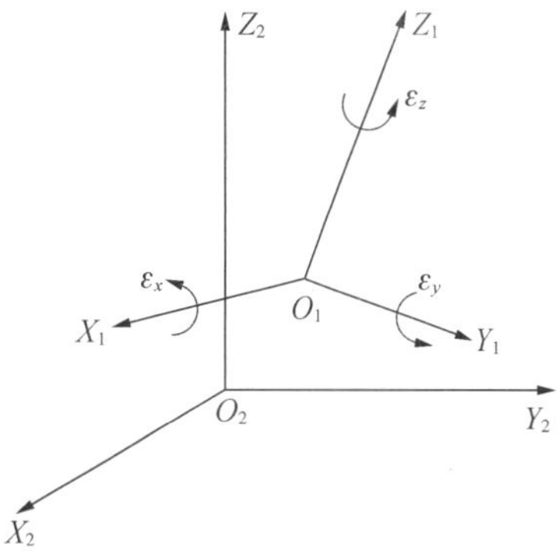

图 3-6 空间直角坐标系转换

$$\begin{bmatrix} X^{\mathrm{II}} \\ Y^{\mathrm{II}} \\ Z^{\mathrm{II}} \end{bmatrix} = \begin{bmatrix} X_0 \\ Y_0 \\ Z_0 \end{bmatrix} + (1+\delta\mu)\boldsymbol{R}_X(\varepsilon_x)\boldsymbol{R}_Y(\varepsilon_y)\boldsymbol{R}_Z(\varepsilon_z)\begin{bmatrix} X^{\mathrm{I}} \\ Y^{\mathrm{I}} \\ Z^{\mathrm{I}} \end{bmatrix} \tag{3-7}$$

其中,

$$\boldsymbol{R}_X = \begin{bmatrix} 1 & 0 & 0 \\ 0 & \cos\varepsilon_x & \sin\varepsilon_x \\ 0 & -\sin\varepsilon_x & \cos\varepsilon_x \end{bmatrix},\ \boldsymbol{R}_Y = \begin{bmatrix} \cos\varepsilon_y & 0 & -\sin\varepsilon_y \\ 0 & 1 & 0 \\ \sin\varepsilon_y & 0 & \cos\varepsilon_y \end{bmatrix},\ \boldsymbol{R}_Z = \begin{bmatrix} \cos\varepsilon_z & \sin\varepsilon_z & 0 \\ -\sin\varepsilon_z & \cos\varepsilon_z & 0 \\ 0 & 0 & 1 \end{bmatrix}$$

式中,$\begin{bmatrix} X^{\mathrm{II}} \\ Y^{\mathrm{II}} \\ Z^{\mathrm{II}} \end{bmatrix}$ 为新坐标系($O_2-X_2Y_2Z_2$)中的坐标,$\begin{bmatrix} X^{\mathrm{I}} \\ Y^{\mathrm{I}} \\ Z^{\mathrm{I}} \end{bmatrix}$ 为旧坐标系($O_1-X_1Y_1Z_1$)中的坐标。尺度变化 $\delta\mu$ 和旋转角 $\begin{bmatrix} \varepsilon_x \\ \varepsilon_y \\ \varepsilon_z \end{bmatrix}$ 及 O_1 在新坐标系($O_2-X_2Y_2Z_2$)中的坐标 $\begin{bmatrix} X_0 \\ Y_0 \\ Z_0 \end{bmatrix}$ 合称为两个坐标系之间的转换参数。称 $\begin{bmatrix} X_0 \\ Y_0 \\ Z_0 \end{bmatrix}$ 为平移参数,$\begin{bmatrix} \varepsilon_x \\ \varepsilon_y \\ \varepsilon_z \end{bmatrix}$ 为旋转参数,$\delta\mu$ 为尺度参数。

3.2 线形设计要素

线路、轨道或其他专业技术人员通常使用平曲线和竖曲线设计轨道线路，通过曲线要素定义线路的空间坐标、转弯半径、平顺性等参数。

3.2.1 平曲线

平曲线一般包括直线段、缓和曲线段和圆曲线段，使用缓和曲线连接直线段和圆曲线段，起到在线路转角处平稳过渡的作用，如图 3-7 所示。铁路轨道缓和曲线采用三次抛物线形[5]。当设计线路转角较小时，也可以直接用圆曲线连接两段直线段。总之，从铁路行驶的安全性考虑，通过搭配线形，保证平曲线的平滑性，从而确保铁路行驶安全性。

直线和缓和曲线的连接点叫作直缓点（ZH）或缓直点（HZ），缓和曲线和圆曲线的连接点叫作缓圆点（HY）或圆缓点（YH），在一个“直线—缓和曲线—圆曲线—缓和曲线—直线”的区间中，直线到圆曲线过渡的缓和曲线称为“第一缓和曲线”，圆曲线再过渡到下一直线的缓和曲线称为“第二缓和曲线”。直线和圆曲线的连接点称为直圆点（ZY）或圆直点（YZ）。圆曲线两边相邻直线的延长线的交点称为圆曲线的交点（JD）。

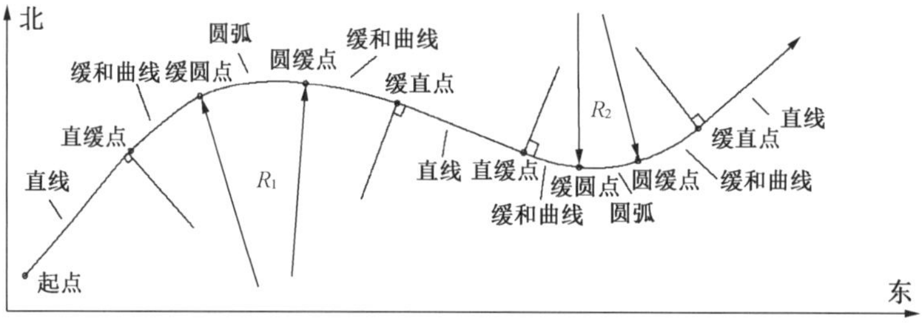

图 3-7 平曲线

缓和曲线是圆弧段与直线段之间的过渡曲线，在高速铁路或地铁隧道设计中必不可少。若无缓和曲线对轨道提供缓冲，当列车直接从直线轨道驶入圆弧轨道时，瞬间产生的巨大离心力容易损坏轨道侧面铁轨，严重时会导致列车脱轨。缓和曲线轨道可以使离心力从零开始逐渐增大，同时便于超高的过渡。确定一条缓和曲线，需要给出缓和曲线的起点和终点坐标、缓和曲线长度以及连接的圆弧半径。缓和曲线上任意一点遵循半径与到缓和曲线起点的距离的乘积保持不变的特性，即 $R \cdot l = A^2$（A^2 为常数），其中 l 是任意一点到缓和曲线起点的距离，即 $K = \frac{1}{R} = \frac{l}{A^2}$，也就是说，曲率是长度 l 的函数，$K = f(l)$。

平曲线设计数据一般包括里程、坐标 X、坐标 Y、线形、方位角、半径，有些还会给出当前区段线形弧长。在平曲线线形中，直线段和圆曲线段相对简单，缓和曲线的计算相对复杂，在已知里程的情况下，利用曲线要素可以计算出对应的平面坐标。表 3-3 所示为平曲线设计数据示例。

表 3-3　平曲线设计数据示例

里程/m	X/m	Y/m	线形	方位角/rad	半径/m
14 251.440	31 200.382 5	13 399.032 2	2	2.465 261 85	350.150
14 311.440	31 151.538 2	13 433.844 4	0	2.550 939 42	0.000
14 538.489	30 962.956 7	13 560.288 7	2	2.550 939 42	0.000
14 598.489	30 914.112 9	13 595.101 5	1	2.465 225 13	−350.000
14 692.649	30 849.445 1	13 663.152 2	2	2.196 196 56	−350.000

注：0，1，2 分别代表直线、圆曲线和缓和曲线。

3.2.2　竖曲线

竖曲线是指在线路纵断面上，以变坡点为交点，连接两相邻坡段的曲线。铁路设计中，当纵坡发生变化时，为保证行车视距、排水要求、行驶舒适安全以及线形美观，需要设置竖曲线。

竖曲线线形一般不设缓和曲线，只有直线和圆曲线两种。圆曲线根据其形状又可以分为凹曲线和凸曲线两种。当竖曲线变坡点在竖曲线上方，为凸曲线，竖曲线半径为负；当竖曲线变坡点在竖曲线下方时，为凹曲线，竖曲线半径为正。竖曲线线形如图 3-8 所示。

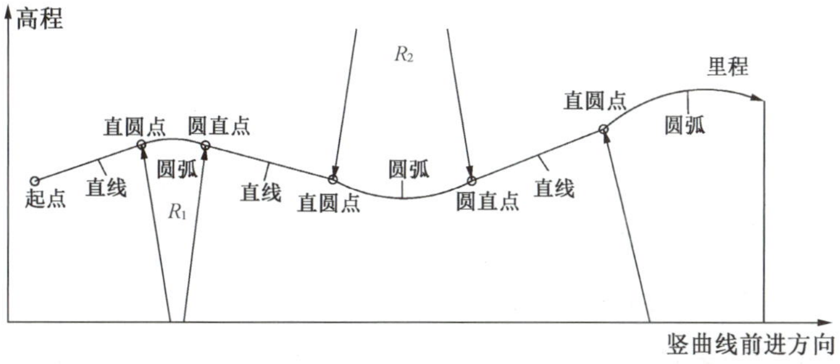

图 3-8　竖曲线

《高速铁路无砟轨道线路维修规则(试行)》规定,设计行车速度 200～250 km/h(不含)区间正线最大坡度不应大于 20‰,设计行车速度 250～350 km/h 区间正线最大坡度不宜大于 20‰,困难条件下不应大于 30‰。正线最小坡段长度应符合表 3-4 的规定。一般条件下的最小坡段长度不宜连续采用,困难条件下的最小坡段长度不得连续采用。

表 3-4　高速铁路线路最小坡段长度

设计行车速度/(km·h^{-1})	一般条件下/m	困难条件下/m
350	2 000	900
300	1 200	900
250	1 200	900
200	800	600

《高速铁路设计规范》(TB 10621—2014)[5]规定,正线相邻坡段的坡度差大于或等于 1‰时,应采用圆曲线进行竖曲线连接,最小竖曲线半径应根据所处地区远期设计速度按表 3-5 选用,最大竖曲线半径不应大于 30 000 m。表 3-6 所示为竖曲线设计数据示例。

表 3-5　最小竖曲线半径

设计行车速度/(km·h^{-1})	最小竖曲线半径 R_{sh}/m
350	25 000
300	25 000
250	20 000

表 3-6　竖曲线设计数据示例

里程/m	高程/m	半径/m
13 945.000	−21.077 0	0
14 195.000	−22.452 0	0
14 557.000	−24.335 0	0
14 707.000	−25.200 5	3 000
14 800.000	−25.361 0	0

3.2.3　超高

超高(水平)是指两根铁轨表面中心线在竖直面内的高差。直线段线路同一里程处的左右两条轨道顶面的高差应为 0,因此直线段线路的超高又叫“水平”。曲线超高在轨道底座上设置,超高设置以内轨轨顶面为基准,采用外轨抬高方式,并在缓和曲线范围内线性过渡。超高设计数据多数参考平曲线设计数据的里程进行设计,也有一些线路考虑到隧道类型(如圆形或矩形),超高线的变化趋势不完全参考设计平曲线。

超高设置方式分为低轨降低半超高、高轨抬高半超高等,如果设置方式为低轨不变、高轨抬高超高时,那么对应的低轨超高值为 0。表 3-7 所示为某段超高线设计数据示例。

表 3-7　超高线设计数据示例

里程/m	左超高/m	右超高/m	平曲线类型
14 251.440	0.060	−0.060	2
14 311.440	0.000	0.000	0
14 538.489	0.000	0.000	2
14 598.489	−0.043	0.043	1
14 692.649	−0.043	0.043	2

注:0,1,2 分别代表直线、圆曲线和缓和曲线。

3.2.4 断链

断链是因局部改线或分段测量等原因造成的线路里程不连续的现象。断链可分为长链和短链,新里程比老里程大(新路线比老路线长)的叫“长链”,新里程比老里程小(新路线比老路线短)的叫“短链”。断链处理就是通过线路中间某处里程中断,而不牵动全线里程,即仅在改动处用新里程,其他不变动处仍用老里程,并就近在直线段选一个是整桩的老里程作为断链里程。在同一断链上分别标明新老两种里程及相互关系。

例如,某设计线路中右线某处里程 K27+359.345 因故调整为 K27+360.000,该处断链是长链,在图纸上一般表示成如下格式:

$$长链\ 0.655=\frac{右\ K27+360.000}{右\ K27+359.345} \tag{3-8}$$

3.3 曲线、曲面拟合

在轨道交通检测数据处理中,常采用曲线、曲面的插值与拟合,例如,利用激光点云数据进行隧道结构变形分析时,借助实测散点进行隧道断面拟合,获取一系列断面中心后进行曲线或曲面拟合。

插值与拟合方法是用有限个函数值去推断或表示函数的方法，是数值分析最重要的内容之一[6]。拟合是指将平面或空间上一系列的点，用一条光滑的曲线连接起来，拟合得到的这条光滑曲线不要求严格经过所有计算点，而是在一定原则下保证与计算点的偏差较小(图 3-9 中红色曲线)。插值是指在离散数据的基础上拟合连续函数，使得这条连续曲线通过全部给定的离散数据点(图 3-9 中绿色曲线)。插值和拟合都属于函数逼近范畴。在测量领域，测量数据往往都是含有误差的，所以多用拟合方法来建立近似函数。

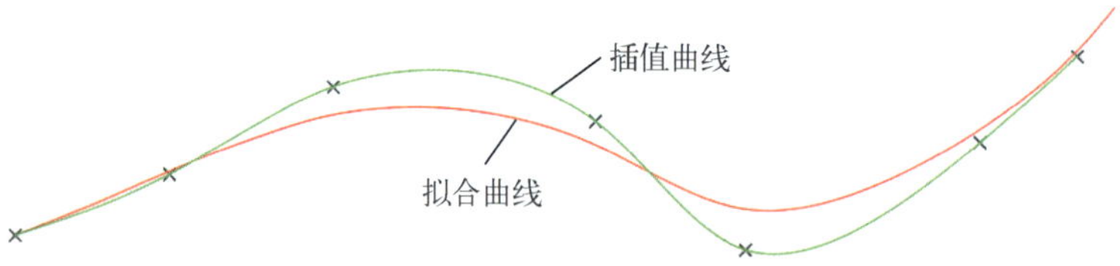

图 3-9　拟合曲线与插值曲线

3.3.1　三次样条拟合

轨道移动激光测量系统获取的轨道交通场景点云数据，常常需要进行轨道中线的解算。根据铁路和地铁轨道中线平曲线和竖曲线设计，线形均可用三次多项式来表达。为准确拟合提取的轨道中心线点集，并保证轨道线形的平滑，避免多项式节点过多，有时会在两端产生激烈的震荡，出现函数不收敛的现象，可以采用分段三次样条函数来拟合。利用一段离散轨道中线点云进行拟合时，假设有 N 段，每段曲线用一个 $y=a_1x^3+b_1x^2+c_1x+d_1$ 来逼近，那么总的未知数个数为 $4N$，样条要求离每个点最近，可列出 N 个误差方程。为保证拟合曲线平滑，需保证段间连续、一阶导数连续、二阶导数连续，增加了 $3(N-1)$ 个方程。另外可增加边界条件，常用的有三种边界条件，即自然边界、固定边界、周期性边界。自然边界即指定端点二阶导数为 0；固定边界即指定端点一阶导数；周期性边界即插值起点与终点的函数值、一阶导数值、二阶导数值均相等。边界条件增加两个方程，一共有 $N+3(N-1)+2$ 个方程，极限条件下 N 与点数相同，即方程个数与未知数个数相同，采用解方程思想求解参数，其他情况下方程的个数绝对超过了未知数个数，可以采用带约束的间接平差进行样条函数系数求解。

3.3.2　椭圆拟合

隧道断面设计为一个标准的圆面，受到外力作用后，产生变形而成为扁率很小的椭圆，用平面二次曲线的一般方程[7,8]可以表示为

$$F(\boldsymbol{m},\boldsymbol{n})=\boldsymbol{m}\cdot\boldsymbol{n}=ax^2+bxy+cy^2+dx+ey+f=0 \tag{3-9}$$

式中，$\boldsymbol{m}=[a, b, c, d, e, f]$，$n_i=[x_i^2, x_i y_i, y_i^2, x_i, y_i, 1]^{\mathrm{T}}$。

$$D_{\min}=\sum_{i=1}^{N} F(\boldsymbol{m}, n_i)^2=\min \tag{3-10}$$

按照上述数学准则，若所有测定点均处在二次曲线上，则对于任意点均应满足二次曲线的一般方程。文献[10]中，对不满足方程的点作最小二乘拟合，列出各点的误差方程：

$$v_i=x_i^2\delta a+x_i y_i\delta b+y_i^2\delta c+x_i\delta d+y_i\delta e-l_i \tag{3-11}$$

$$l_i=-a x_i^2-b x_i y_i-c y_i^2-d x_i-e y_i-f \tag{3-12}$$

组成法方程求解，迭代至收敛即可得到系数 $\boldsymbol{m}=[a, b, c, d, e, f]$，然后按照解析几何[8]中的方法求得椭圆的中心点坐标 (x_0, y_0)、长半轴 a_e、短半轴 b_e 和旋转角 θ。

按照文献[9]中的模型解算时，由于粗差的存在会降低拟合精度，甚至会偏离拟合结果为椭圆的初衷。并且式(3-14)中必须限定 $b^2-4ac<0$ 才能保证拟合结果为椭圆，否则拟合结果有可能是抛物线或者双曲线的某一支[10]。

假定各点观测值独立，引入权函数 $\boldsymbol{P}=\boldsymbol{\Lambda}^2$（$\boldsymbol{P}$ 为对角阵），令 $\boldsymbol{B}=[\boldsymbol{n}_1^{\mathrm{T}}\boldsymbol{n}_2^{\mathrm{T}}\cdots\boldsymbol{n}_i^{\mathrm{T}}]^{\mathrm{T}}$。引入新的椭圆拟合准则如下：

$$\boldsymbol{E}\,\|\boldsymbol{\Lambda B m}\|^2=\min \tag{3-13}$$

$$b^2-4ac<0 \tag{3-14}$$

新准则既采用了平差理论中的“权”作为求极值时更准确的表达式，同时引入了二次曲线的参数限制条件 $b^2-4ac<0$ 作为图形限定条件，利用上一次拟合后的改正数大小来定权，从而逐步减小粗差对拟合精度的影响，达到既能提高拟合精度，也能保证拟合结果一定为椭圆的效果。因 $b^2-4ac<0$ 不是一个等式限制条件，在实际求解时由于 Kuhn-Tucker 条件[9]并不能保证有解，故引入限制条件 $b^2-4ac=-1$，矩阵形式表达为

$$\boldsymbol{m}^{\mathrm{T}}\boldsymbol{C}\boldsymbol{m}=1 \tag{3-15}$$

其中，

$$\boldsymbol{C}=\begin{bmatrix}0 & 0 & 2 & 0 & 0 & 0\\ 0 & -1 & 0 & 0 & 0 & 0\\ 2 & 0 & 0 & 0 & 0 & 0\\ 0 & 0 & 0 & 0 & 0 & 0\\ 0 & 0 & 0 & 0 & 0 & 0\\ 0 & 0 & 0 & 0 & 0 & 0\end{bmatrix}_{6\times 6}$$

具体求解过程如下：

引入 Lagrange 算子并求导得：

$$2(\boldsymbol{\Lambda B})^{\mathrm{T}}(\boldsymbol{\Lambda B})\boldsymbol{m}-2\lambda\boldsymbol{Cm}=0 \tag{3-16}$$

令 $\boldsymbol{S}=(\boldsymbol{\Lambda B})^{\mathrm{T}}(\boldsymbol{\Lambda B})$，式(3-16)改写为

$$\boldsymbol{Sm}=\lambda\boldsymbol{Cm} \tag{3-17}$$

对于式(3-17)，可按广义特征值和广义特征向量的方法求解出 6 组对应的特征值 λ_i 和特征向量 $\boldsymbol{u}_i$。 对于条件限制矩阵 $\boldsymbol{C}$，其特征值为$\{-2, -1, 2, 0, 0, 0\}$，仅有一个特征值为正。根据文献[11]中的证明，仅有唯一的广义特征值 $\lambda\in R^{+}$ 和广义特征向量 $\boldsymbol{u}$ 作为椭圆拟合解。对于任意 $k\in R^{+}$ 而言，应使 $(\lambda, k\boldsymbol{u})$ 满足式(3-18)，即 $k^2\boldsymbol{u}^{\mathrm{T}}\boldsymbol{Cu}=1$，则

$$k=\sqrt{\frac{1}{\boldsymbol{u}^{\mathrm{T}}\boldsymbol{Cu}}}=\sqrt{\frac{1}{\boldsymbol{u}^{\mathrm{T}}\boldsymbol{Su}}} \tag{3-18}$$

唯一解：

$$\hat{\boldsymbol{m}}=k\boldsymbol{u} \tag{3-19}$$

计算各点二次曲线一般方程的残差改正数绝对值：

$$v_i=|\hat{\boldsymbol{m}}\cdot\boldsymbol{n}| \tag{3-20}$$

计算权函数[12, 13]：

$$\mathrm{diag}(P_i)=\begin{cases}1, & v_i\leqslant k_0m_0\\ \mathrm{e}^{-\frac{v_i^2}{2m_0^2}}, & v_i>k_0m_0\end{cases} \tag{3-21}$$

式中，$m_0=\sqrt{\dfrac{\boldsymbol{V}^{\mathrm{T}}\boldsymbol{PV}}{n-t}}$，$n$ 为观测个数，t 为必要观测数。

上述求解迭代进行，式(3-21)中 $\mathrm{diag}(P_i)$ 第一次迭代全部取为 1.0，第 2，3，4 次迭代取 $k_0=1$，以后取 $k_0=3$，迭代至各点权值基本不变为止。

以解析几何方法[11]求解出椭圆的参数 (x_0, y_0)，a_e，b_e，θ。 限制条件式(3-18)也可设为：$\boldsymbol{m}^{\mathrm{T}}\boldsymbol{Cm}=\sigma^2$，其中 $(\sigma\neq 0, \sigma\in R)$，将式(3-18)改写为

$$k=\sqrt{\frac{\sigma^2}{\boldsymbol{u}^{\mathrm{T}}\boldsymbol{Cu}}}=\sqrt{\frac{\sigma^2}{\boldsymbol{u}^{\mathrm{T}}\boldsymbol{Su}}} \tag{3-22}$$

椭圆各点拟合后的残差改正数 $v_i'=\sqrt{x'^2+y'^2}-\sqrt{a_e^2\cos^2\delta+b_e^2\sin^2\delta}$，其中 (x', y') 为经平移旋转为标准椭圆坐标系后的实测点坐标，δ 为点 (x', y') 与椭圆坐标系 x 轴正方向的夹角。单位权中误差 $m_0'=\sqrt{\dfrac{\boldsymbol{V}'^{\mathrm{T}}\boldsymbol{PV}'}{n-t}}$，$n$ 为断面测点个数，t 为拟合椭圆的必要观测数，取 $t=3$。

文献[9]中,当未引入权函数 P_i 且噪声水平相当时,直接拟合的结果稳定,精度高。这一优良特性非常有利于稳健估计函数定权,也不需要迭代计算二次曲线系数,通过合理的定权从而实现快速、准确剔除粗差,提高拟合精度的效果。权函数也能适应多种图形条件和粗差分布情况下定权的需要,算法的稳健性良好。

3.3.3 NURBS 曲面

NURBS(Non-Uniform Rational B-Splines,非均匀有理 B 样条)曲面是一种非常优秀的建模方式,可以比传统的网格建模方式更好地控制物体表面的曲线度,从而能够创建出更逼真、生动的造型。“非均匀”指节点向量的值与间距可以为任意值,这样可以在不同区间上得到不同的混合函数形状,为自由控制曲线形状提供了更大的自由。“有理”是指每个 NURBS 物体都可以用有理多项式来定义。“B 样条”是指用路线来构建一条曲线,在一个或更多的点之间以内插值替换。NURBS 造型总是由曲线和曲面来定义的,可以用它做出各种复杂的曲面造型和表现特殊的效果,如人的皮肤、面貌或流线形的跑车等。图 3-10 所示为对隧道点集重构的表面模型。

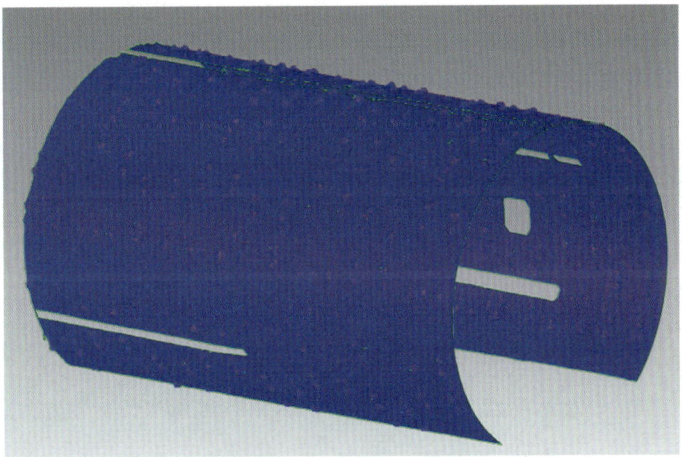

图 3-10 隧道表面重建模型

NURBS 曲面可用于隧道表面模型表达,该曲面常由隧道点云经泊松表面重建方法构建。泊松表面重建过程大体分为以下四个步骤:

(1) 设置函数空间。基于采集的隧道点云坐标信息构造八叉树,并将所选函数与树的每个节点相关联,同时向量场 $\mathbf{V}$ 表示为各节点函数的线性和。

(2) 创建向量场。为提高八叉树叶节点的精度,避免将点的位置固定到叶节点的中心,使用三维线性插值法将点分布在八个最近的节点上,从而定义指标函数的梯度,而 $\mathbf{V}$ 是指示函数梯度平滑后的最佳近似值。

(3) 求解泊松方程。创建向量场$\boldsymbol{V}$,根据泊松方程求解指示函数χ,使二者梯度最为接近。

(4) 提取等值面。首先选择一个等值,然后从得出的指标函数χ中提取相应的等值面,以获得重建的曲面。

3.4 本章小结

本章主要介绍了轨道交通应用场景中涉及的坐标系统及坐标转换方法、曲线要素(平曲线、竖曲线)和曲线、曲面拟合等相关基本理论,给出了轨道移动激光测量系统相关的坐标系定义、坐标转换方法、曲线要素类型与定义等,并介绍了三次样条、椭圆拟合、NURBS曲面等计算方法。

参考文献

[1] 许其凤.GPS卫星导航与精密定位[M].北京:解放军出版社,1989.

[2] 边少锋,柴洪洲,金际航.大地坐标系与大地基准[M].北京:国防工业出版社,2005.

[3] 程鹏飞,文汉江,成英燕,等.2000国家大地坐标系椭球参数与GRS 80和WGS 84的比较[J].测绘学报,2009,38(3):189-194.

[4] 施一民.现代大地控制测量[M].北京:测绘出版社,2008.

[5] 国家铁路局.高速铁路设计规范:TB 10621—2014[S].北京:中国铁道出版社,2014.

[6] 王兵团,张作泉,赵平福.数值分析简明教程[M].北京:北京交通大学出版社,清华大学出版社,2012.

[7] 许正文,姚连璧.基于稳健估计的直接最小二乘椭圆拟合[J].大地测量与地球动力学,2008(1):77-80.

[8] 潘国荣,谷川,施贵刚.空间圆形物体检测方法与数据处理[J].大地测量与地球动力学,2007(3):28-30.

[9] ANDREW F, et al. Direct least square fitting of ellipses[J]. Tern Analysis and Machine Intelligence, 1999, 21(5): 476-480.

[10] 陈俊平,王解先.工程测量中的曲线拟合[J].工程勘察,2003(5):59-61.

[11] 丘维声.解析几何[M].北京:北京大学出版社,1999.

[12] 姚连璧.应用稳健估计方法计算道路线形参数[J].同济大学学报(自然科学版),2002(11):1350-1354.

[13] 樊功瑜.误差理论与测量平差[M].上海:同济大学出版社,1998.

4

轨道移动激光测量点云生成与分类

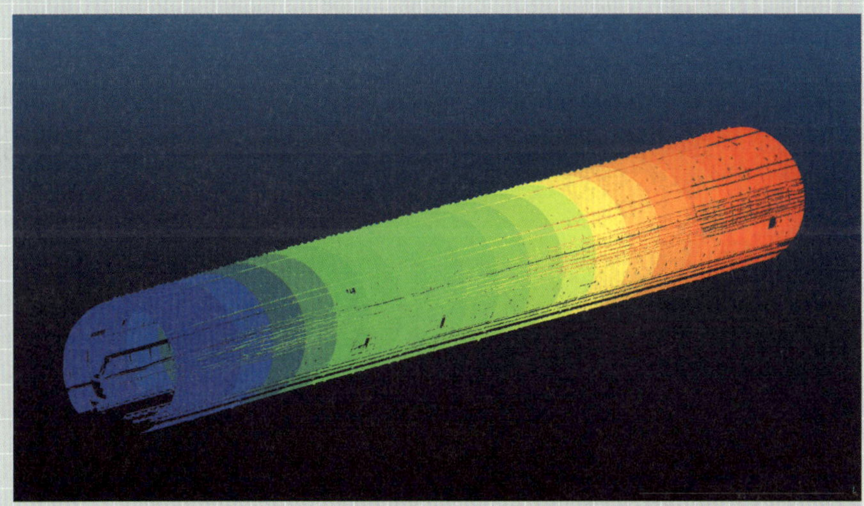

受环境因素、载体振动、器件精度、标定参数等综合因素影响，轨道移动激光测量系统所获取的原始点云不可避免地会存在一些噪声。利用点云进行结构变形分析之前，需要先剔除噪声，并借助一定的规则建立点云索引，以方便数据组织和管理。获取的点云数据可以依据结构、强度等信息特征，借助深度学习方法实现点云分类，以满足不同场景的检测需求。

4.1 轨道移动激光测量系统点云生成

集成组合导航系统的轨道移动激光测量系统，需进行系统运行轨迹解算，建立激光扫描仪、惯性导航、GNSS与车体统一坐标系，实现多传感器集成时数据的时间与空间同步，将激光点云数据最终转换到大地坐标系或工程坐标系。

4.1.1 结合里程定位的点云生成

移动激光测量系统中激光扫描仪采用二维断面模式工作，直接获取的点云数据是二维螺旋线数据(图4-1)。当载体移动速度较慢、激光扫描线频率较高时，螺旋扫描线数据可简化为独立二维断面。

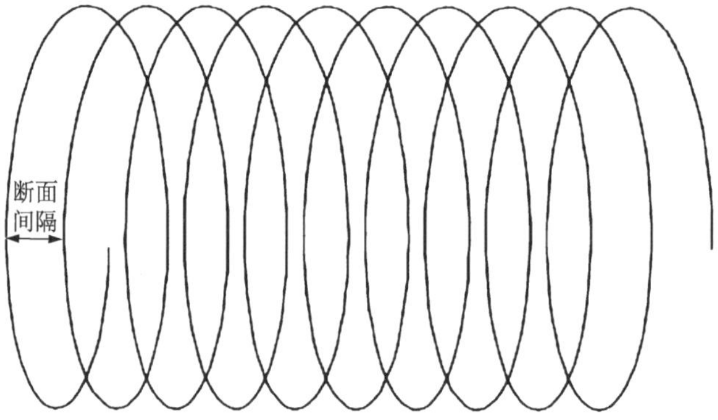

图4-1 点云断面示意图

采用激光断面扫描仪或仅集成里程编码器的移动激光测量系统，由于激光扫描仪直接获取二维断面，可按行进里程展开或借助里程与设计曲线推算产生近似三维点云(图4-2)，在局部范围内也可取得一定测量精度。

图 4-2 相对点云数据

4.1.2 集成组合导航系统的点云生成

轨道移动激光测量系统的点云数据需经历从扫描仪坐标系到高斯坐标系的转换过程。该过程可分为两部分，其一为扫描仪坐标系转到载体坐标系，其二为载体坐标系转到高斯坐标系。当然，首先要解决移动测量系统的时间同步问题，并结合系统各坐标系之间的关系，借助全站仪等设备进行系统标定，实现空间同步。其次，基于移动测量系统的定位与定姿模块提供的载体位置和姿态，从而得到载体坐标系到高斯坐标系的转换参数。本节主要介绍定位定姿系统的组合导航原理及定位、定姿过程，并简述移动测量系统三维点云生成的方法。

在轨道移动激光测量系统中使用的组合导航系统多为 GNSS/INS 组合导航系统，主要用于系统位置和姿态数据获取。

GNSS/INS 组合导航系统按组合模式可分为基于结果域的松组合、基于观测域的紧组合以及基于信号域的深组合。松组合模式直接采用 GNSS 接收机输出的经过处理后的信息和惯性导航组合，结构简单，相对容易实现，在保证导航解算可靠的同时具有解算效率高的优势；紧组合模式是在伪距、伪距率级别上的耦合，可以充分利用 GNSS 观测信息，在观测卫星数量较少时的解算稳健性更好；深组合模式在硬件上实现 INS 辅助 GNSS 接收机对信号的捕获和跟踪，抗干扰性能更好[1-4]。

集成 GNSS/INS 组合导航系统的轨道移动激光测量系统的定位、定姿数据可利用 NovAtel 公司 Waypoint 产品组研发的 Inertial Explorer（简称 IE）后处理软件进行数据后处理,根据作业需求不同,自主选择不同的解算模式。组合解算提供了紧耦合和松耦合两种机制对 GNSS 和 INS 数据进行有效融合,通常紧耦合精度最高,松耦合精度次之。基于现有硬软件基础与各组合模式的效果,轨道移动激光测量系统主要使用紧耦合模式对定位信息进行解算。

IE 后处理软件的解算流程主要包括:原始数据转换、参数设置、GNSS/INS 组合解算、解算平滑以及输出结果,具体如图 4-3 所示。

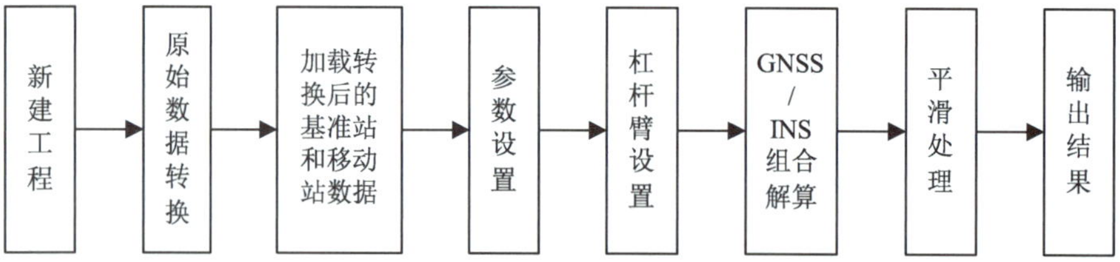

图 4-3 Inertial Explorer 后处理软件解算流程图

在采集好定位、定姿相关数据后,首先是原始数据的转换,将仪器采集的数据转换成该软件可处理的.gpb 格式,数据包括基准站的静态观测数据与 IMU 采集的移动站原始数据;数据转换完成后,将转换好的基站数据文件(Master File)和移动站数据文件(Remote File)添加进去,并设置好基站点的已知坐标,供解算时的差分处理使用;对解算过程中所用到的误差模型和参数进行设置,并设置好 IMU 中心到 GNSS 天线相位中心的杠杆臂数值;参数设置完毕后,开始进行 GNSS/INS 组合解算,并在解算结束后对数据进行平滑处理,最后输出解算好的定位、定姿数据文件(图 4-4)。

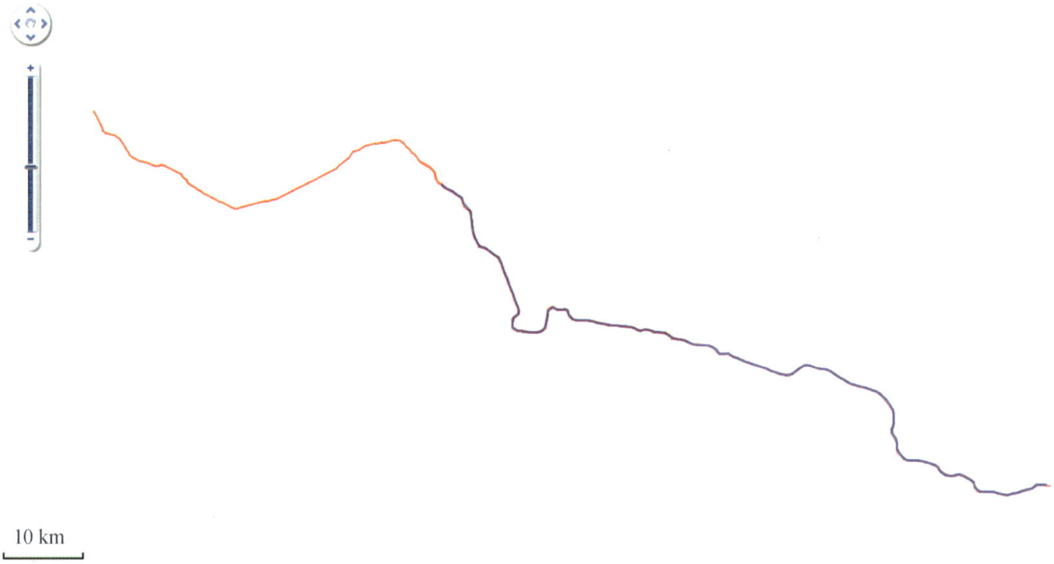

图 4-4 定位与定姿处理结果

移动激光测量系统轨迹计算后，结合系统标定参数以及与组合导航姿态信息时间同步的扫描断面点云，可以将二维相对点云转到地理坐标系下，获得三维点云数据(图 4-5)。

图 4-5 隧道三维点云数据

4.1.3 融合里程与设计曲线的点云生成

利用隧道设计数据和相关算法将处于扫描仪坐标系下的各隧道断面转换到统一的设计线路坐标系下，从而恢复隧道三维空间坐标[5,6]。

采用里程数据进行各断面沿轨道方向的定位，确保单个断面内的断面点具有相同的里程信息，同时各断面对应的轨道中心点均位于轨道中线上，因此坐标转换过程中以单个隧道横断面为基元，将各断面对应的轨道中心点作为旋转和平移的基准点，通过计算各基准点实测坐标和设计绝对坐标的对应关系，计算出各断面在两个坐标系下的 3 个旋转分量和 3 个平移分量，进而构建三维旋转矩阵和平移矩阵，实现各断面数据的旋转和平移，最终将所有点云数据转换到设计对应的坐标系，完成隧道实测横断面的统一定位。式(4-1)和式(4-2)即为隧道各实测横断面的坐标转换模型。

$$\begin{bmatrix} X_{\mathrm{U}ij} \\ Y_{\mathrm{U}ij} \\ Z_{\mathrm{U}ij} \end{bmatrix} = \boldsymbol{R}_i \begin{bmatrix} X_{\mathrm{L}ij} \\ Y_{\mathrm{L}ij} \\ Z_{\mathrm{L}ij} \end{bmatrix} + \begin{bmatrix} \Delta X_i \\ \Delta Y_i \\ \Delta Z_i \end{bmatrix} = \begin{bmatrix} 1 & \alpha_{\mathrm{P}i} & -\alpha_{\mathrm{H}i} \\ -\alpha_{\mathrm{P}i} & 1 & \alpha_{\mathrm{M}i} \\ \alpha_{\mathrm{H}i} & -\alpha_{\mathrm{M}i} & 1 \end{bmatrix} \begin{bmatrix} X_{\mathrm{L}i} \\ Y_{\mathrm{L}i} \\ Z_{\mathrm{L}i} \end{bmatrix} + \begin{bmatrix} \Delta X_i \\ \Delta Y_i \\ \Delta Z_i \end{bmatrix} \tag{4-1}$$

$$\boldsymbol{R}_i = \boldsymbol{R}(\alpha_{\mathrm{M}i}) \cdot \boldsymbol{R}(\alpha_{\mathrm{H}i}) \cdot \boldsymbol{R}(\alpha_{\mathrm{P}i}) \tag{4-2}$$

模型中，j 为横断面 i 中的任意一个断面点；$[X_{\mathrm{U}ij}, Y_{\mathrm{U}ij}, Z_{\mathrm{U}ij}]^{\mathrm{T}}$ 为横断面 i 的第 j 个断面点在设计线路坐标系中的坐标；$[X_{\mathrm{L}ij}, Y_{\mathrm{L}ij}, Z_{\mathrm{L}ij}]^{\mathrm{T}}$ 为横断面 i 的第 j 个断面点在断面对应的扫描仪坐标系中的坐标；$\alpha_{\mathrm{M}i}$、$\alpha_{\mathrm{H}i}$ 和 $\alpha_{\mathrm{P}i}$ 分别为横断面 i 在两个坐标系之间分别绕 X 轴、Y 轴和 Z 轴旋转的旋转角，同时，$\boldsymbol{R}(\alpha_{\mathrm{M}i})$、$\boldsymbol{R}(\alpha_{\mathrm{H}i})$ 和 $\boldsymbol{R}(\alpha_{\mathrm{P}i})$ 为旋转矩阵。其中，$[\Delta X_i$，

ΔY_i，$\Delta Z_i]^{\mathrm{T}}$ 为横断面 i 在两个坐标系之间的平移向量。图 4-6 所示为第 i 个断面的坐标转换流程。

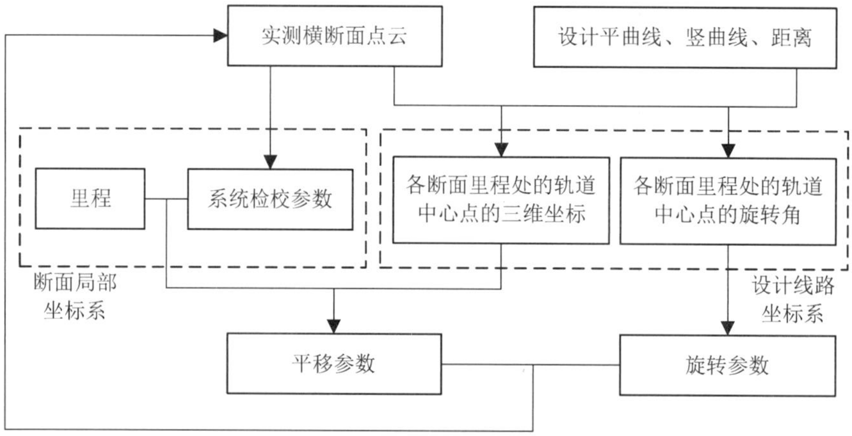

图 4-6　第 i 个断面的坐标转换流程

具体的计算过程如下。

1. 平面坐标计算

图 4-7 中，曲线上任意两个主点 A、B（即任意相邻缓和曲线、直线和圆曲线之间的交叉点）之间的部分均可视为一个曲线元。如果已知隧道设计平曲线中各桩点的平面坐标、方位角、曲线线形和半径等信息，结合曲线上任意一点的里程，则可以采用一个统一的 Gauss-Legendre 公式计算每个隧道断面点对应的轨道中心点 P 在曲线元上的平面坐标 (X_P, Y_P) 和方位角 α_P。

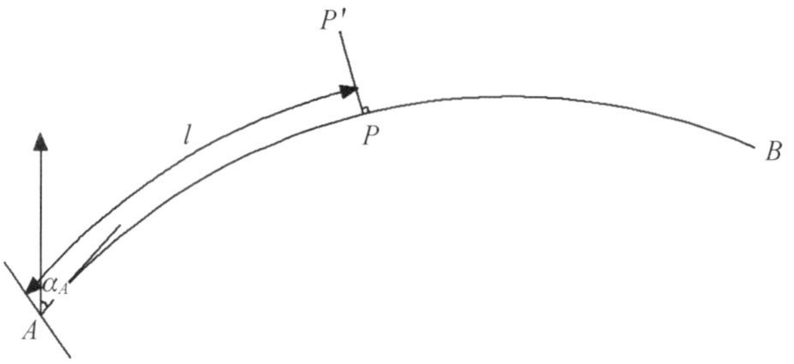

图 4-7　轨道点与中线的相对关系

该计算过程实际上是正交 Legendre 多项式的高斯积分，见式(4-3)和式(4-4)。

$$\begin{cases} X_P = X_A + l\sum_{i=1}^{4} R_i \cos\left\{\alpha_A + c\left[K_A V_i l + \dfrac{(K_B - K_A)V_i^2}{2L_S} l^2\right]\right\} \\ Y_P = Y_A + l\sum_{i=1}^{4} R_i \sin\left\{\alpha_A + c\left[K_A V_i l + \dfrac{(K_B - K_A)V_i^2}{2L_S} l^2\right]\right\} \end{cases} \tag{4-3}$$

$$\alpha_P = \alpha_A + c\left[K_A l + \frac{(K_B - K_A)}{2L_S} l^2\right] \tag{4-4}$$

式中，(X_A, Y_A)为曲线元AB的起点A的坐标，B为曲线元的终点。K_A和K_B分别为A点和B点的曲率，同时$K_{AB}=K_B-K_A$。l为任意一点P在线路设计坐标系中的里程。α_A为A点的坐标方位角。c为曲线元偏向的符号，其中，曲线元向右偏等于$+1$，向左偏等于-1。L_S为曲线元的弧长。α_P为曲线元AB上任意一点P的坐标方位角。角标i是公式中常量的数量，R_i和V_i分别是数值积分过程中的积分系数与积分节点。一般情况下，积分节点数越多，计算精度越高，但相应的公式展开项也越多，使得计算越复杂。当节点数为4时，可满足各类轨道线坐标计算的精度要求。为此，参考文献[7]，在计算过程中将R_i和V_i设置为以下常数：

$$\begin{cases} R_1 = R_4 = 0.173\,927\,422\,6;\ R_2 = R_3 = 0.326\,072\,577\,4 \\ V_1 = 0.069\,431\,844\,2;\ V_2 = 0.330\,009\,478;\ V_3 = 0.669\,990\,521\,8;\ V_4 = 0.930\,568\,155\,8 \end{cases}$$

在实际计算过程中，应首先根据实测断面的里程确定断面所处曲线的里程区段和曲线线形，然后获取设计平曲线各区段的半径、起止点的坐标和方位角。若断面所处的曲线段为直线，则A点和B点的曲率都为0；若断面处于第一缓和曲线区段，则A点的曲率为0，B点的曲率为圆曲线半径的倒数；若断面处于圆曲线区段，则A点和B点的曲率都为圆曲线半径的倒数；若断面处于第二缓和曲线区段，则A点的曲率为圆曲线半径的倒数，B点的曲率为0。

2. 高程计算

通过设计竖曲线可计算各断面轨道中心点在设计线路坐标系中的高程。线路竖曲线一般由直线和圆曲线构成。在坐标计算过程中，首先根据实测断面数据的里程确定断面所处的竖曲线的里程区段、竖曲线的线形，然后从设计竖曲线数据中获取各曲线区段的坡度和半径。如果实测断面在竖曲线的直线区段上，其轨道中心点的高程可直接根据曲线的长度、曲线起止点的高程和实测断面的里程，按照里程比例内插得到。如果实测断面位于竖曲线的圆曲线区段，则采用一种严密解算方法来计算其轨道中心点的高程。图4-8所示为任意与曲线正交的横断面上的轨道中心点高程的计算方法。该方法首先利用两个坐标系之间的转换参数获取圆曲线的圆心坐标，并依据圆心到曲线上任意待计算点的距离为圆曲线的半径这一定理进行轨道中心点高程的计算。

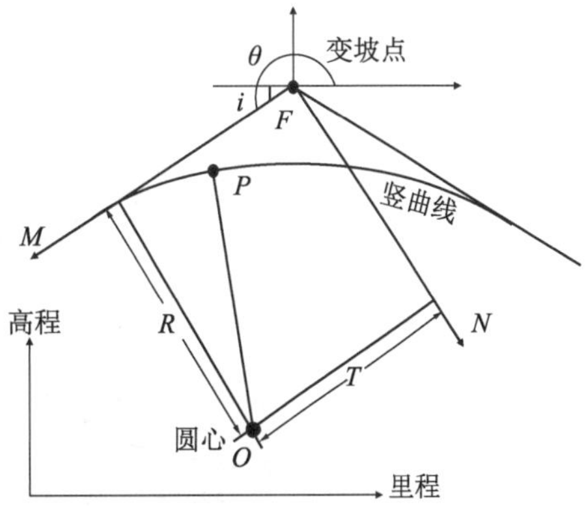

图4-8 竖曲线的圆曲线段轨道中心设计高程计算方法

如图 4-8 所示，以隧道的横断面所在曲线区段的竖曲线上的变坡点 F 为原点，以变坡点一侧的坡度线为 M 轴，N 轴垂直于 M 轴，建立右手坐标系，则竖曲线的圆心 O 在 FMN 坐标系下的坐标为（T，R），其中 T 为圆曲线的切线长，R 为圆曲线的半径。FMN 坐标系和里程-高程坐标系之间的旋转角 θ 可通过坡度线的坡度 i 来计算，且两个坐标系的平移向量为变坡点在里程-高程坐标系下的坐标（$Mile$，H），通过式（4-5）计算圆曲线的圆心（$Mile_O$，H_O）在里程-高程坐标系下的坐标，最后通过 P 点的里程 $Mile_P$ 和式（4-6）计算 P 点的高程 H_P。

$$\begin{bmatrix} Mile_O \\ H_O \end{bmatrix} = \begin{bmatrix} Mile \\ H \end{bmatrix} + \begin{bmatrix} \cos(\theta) & -\sin(\theta) \\ \sin(\theta) & \cos(\theta) \end{bmatrix} \begin{bmatrix} T \\ R \end{bmatrix} \tag{4-5}$$

$$H_P = -k\sqrt{R^2 - (Mile_P - Mile_O)^2} + H_O \tag{4-6}$$

式（4-6）中，当曲线为凹曲线时，$k=-1$；当曲线为凸曲线时，$k=1$。

实测各断面在扫描仪局部坐标系下的三个方向上的方向角均为 0°，因此只需利用设计数据计算各断面在设计线路坐标系中的坐标方位角 α_P、轨道横向倾角 α_H 和竖向偏转角 α_M，即旋转参数。其中，坐标方位角 α_P 可通过曲线元的统一解算模型计算得到，轨道横向倾角 α_H 和竖向偏转角 α_M 的具体计算方法如下。

1. 轨道横向倾角的计算

曲线上各点的轨道横向倾角可通过各曲线区段起点和终点的超高计算，且计算方法根据曲线线形有所不同。计算之前需要首先根据实测断面的里程数据，确定断面所在超高线的区段。

若断面处于直线区段，超高一般恒为 0，轨道横向倾角也恒为 0°。

若断面处于圆曲线区段，其超高恒为常数，且与该区段曲线起点的超高值相同，如图 4-9 所示，该曲线段横向倾角 α_H 可根据超高基准和该断面的超高常数 $cant$ 利用式（4-7）计算。

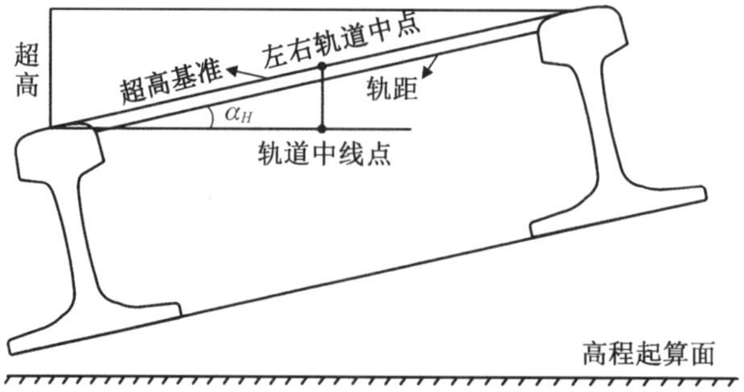

图 4-9　轨道几何参数示意图

$$\alpha_H = \mathrm{asin}\left(\frac{cant}{cantbase}\right) \tag{4-7}$$

若断面处于缓和曲线区段，直缓点(或缓直点)的超高 $cant1$ 一般为 0，缓圆点(或圆缓点)的超高 $cant2$ 等于圆曲线的超高，则曲线上各点的轨道横向倾角的计算过程如下。

首先，利用式(4-8)计算缓和曲线区段的轨道横向倾角 α_0：

$$\alpha_0 = \mathrm{asin}\left(\frac{cant2 - cant1}{cantbase}\right) \tag{4-8}$$

其次，根据式(4-9)计算缓和曲线区段上任意里程处轨道的横向倾角 α_H：

$$\alpha_H = \mathrm{atan}\left(\frac{\tan\alpha_0}{L_S} \times L_1\right) \tag{4-9}$$

式中，$cantbase$ 为超高基准，一般等于 1 500 mm；L_S 为缓和曲线总长度；L_1 为待计算轨道中心点的里程到缓和曲线区段起点的里程差。其中，$\frac{\tan\alpha_0}{L_S}$ 可称为缓和曲线区段轨道横向倾角的正切比例常数。

2. 竖向偏转角的计算

各断面竖向偏转角的计算可利用设计竖曲线来完成，若断面处于竖曲线的直线区段，则竖向偏转角为 0°。若断面处于竖曲线的圆曲线区段，其竖向偏转角即其在线路坐标系中的坡度值，而在里程-高程坐标系中，坡度值同样可以利用竖曲线的统一解算模型来推算得到。

如图 4-10 所示，M 是与隧道设计竖曲线正交的任意断面对应的轨道中心点，则 M 点的切线与水平方向的夹角 i_M 即为 M 点的坡度值，同 M 点在线路坐标系中与高程方向的夹角 β_M 之和等于 90°。由前述内容可知，在里程-高程坐标系中，若已知圆曲线的半径 R、起点与高程方向的夹角 β_P 以及圆曲线上待计算点相距于圆曲线起点的里程 l，可参考平曲线方位角计算原理[式(4-4)]，借助圆曲线中弧长、圆心角、半径及曲率的关系计算竖曲线上待定点与高程方向的夹角 β_M，进而计算出基准点的坡度值 i_M，即为该点的竖向偏转角。

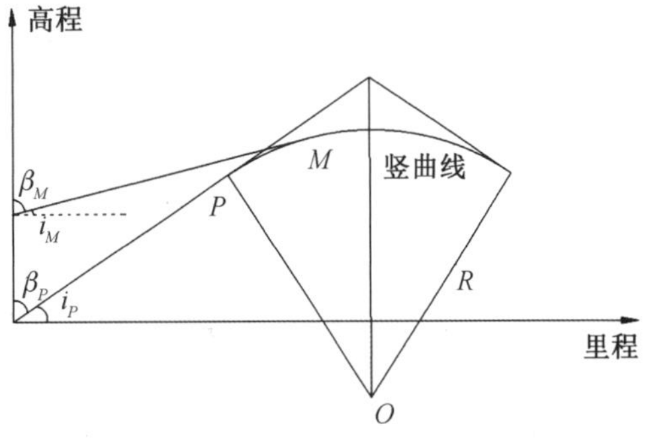

图 4-10　竖曲线偏转角计算方法

借助设计参数与实测里程，可对移动激光测量系统获取的隧道相对点云数据赋予较合理的位置和姿态(图4-11左)。为验证本方法恢复隧道线形的坐标精度，将经过断面统一定位后的移动隧道点云与采用站式激光扫描方式获取的隧道点云进行套合显示。图 4-11 中右图所示绿色点为经过线形恢复后，转换到设计线路坐标系的移动激光扫描方式获取的点云数据，红色点为采用站式激光扫描方式实测的具有绝对坐标的隧道点云数据，二者线形基本一致。

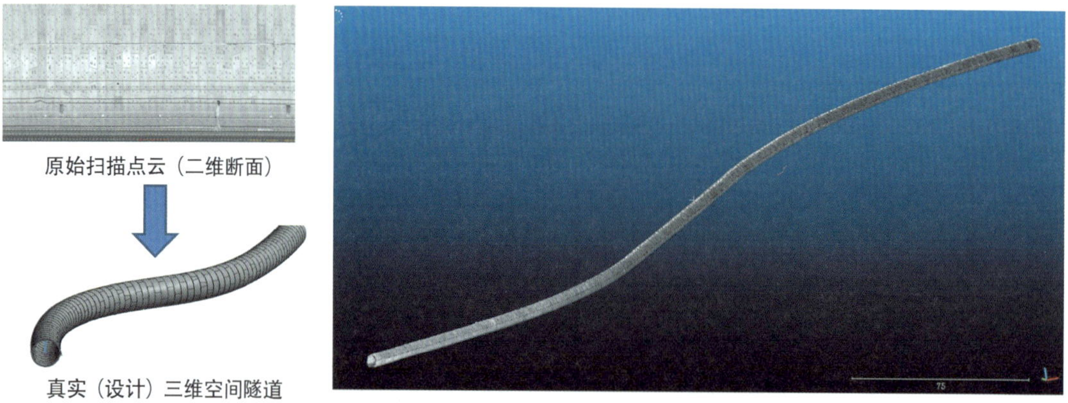

图 4-11　隧道恢复三维线形结果

4.1.4　点云可视化

利用移动激光测量系统获取点云后，可结合展示、量测、变形分析、三维建模等不同需求，进行点云及其切片可视化。点云文件的可视化(图 4-12)，可将点云重采样抽稀为“1024 点/线，5～10 线/s”进行显示，使用 DirectX 或 OpenGL 等技术实现，一次显示 1 个文件内的点云。

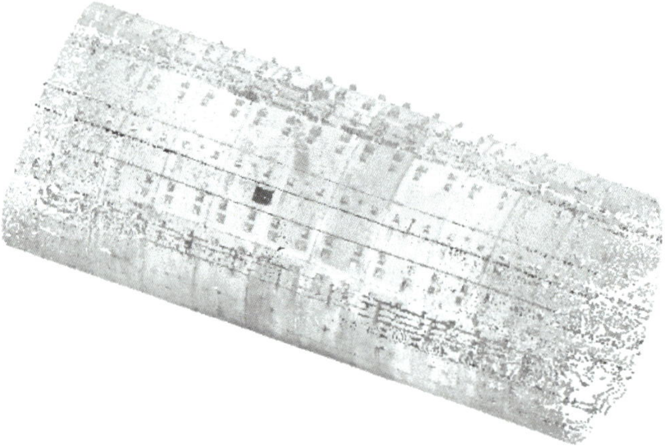

图 4-12　点云文件可视化样例

点云切片可视化(图 4-13)时，可以指定扫描范围内的任意里程，从点云文件中抽取该里程切片的点云，并导出 AutoCAD 图形文件，以便于设计单位使用或作其他用途。

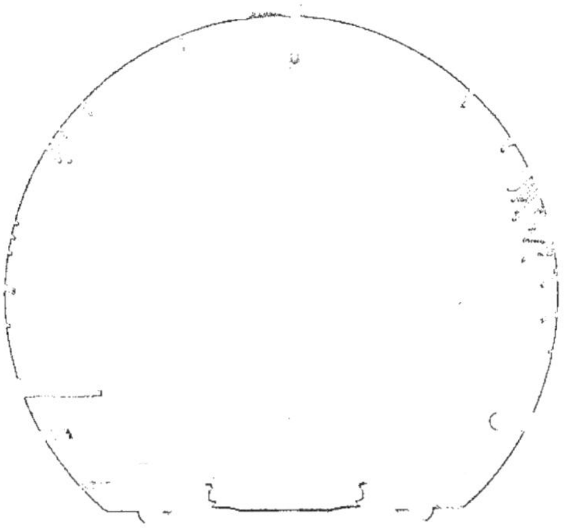

图 4-13 点云切片可视化样例

4.2 点云预处理

激光扫描过程中,因扫描仪自身、载体平台振动、外界环境等综合因素影响,点云数据成果包含噪声点、离群飞点等干扰数据,需借助一定的滤波或拟合方法进行数据去噪。针对车载、机载移动激光扫描点云的去噪方法,不完全适用于轨道移动激光扫描场景。针对轨道移动激光测量系统获取的点云数据主要进行噪声来源分析、离群噪声剔除、隧道与道床分离、断面点云滤波等预处理工作。

4.2.1 噪声来源分析

轨道移动激光扫描数据的噪声源主要包括:天空背景噪声、轨道光面、接触网、高反射里程牌、玻璃材质(屏蔽门、声屏障)、水雾粉尘、载体平台振动等。

离群飞点是明显偏离测量对象的点,分为远离群点和近离群点。扫描仪根据图像亮度与周围像素亮度差识别激光条纹,离群点产生的根本原因是错误地识别了激光条纹点。当被扫描物体外表较为明亮或有尖锐边缘部分时,就可能将这些反射回来的激光识别成激光条纹点,从而产生离群飞点。如果不满足标定好的光平面方程,被称为远离群点。图像的激光条纹边存在毛刺,会使所反射像素点在真实位置附近跳动,则被称为近离群点。

轨道光面是由轨道头部与车轮长久的接触摩擦造成,当扫描仪采集轨道数据时,被磨光的轨道会发生镜面反射,返回扫描仪的反射光会变少或产生离散点,无法进行高精度的测量。

天空背景光是大气层对太阳光、地面反射光的散射和折射产生的,当镜头扫描天空、受太阳光直射时,就很容易受到天空背景光的干扰,影响测量精度。

接触网光亮、高反射里程牌和测量反射片等会产生镜面反射或异常离群点,扫描仪采集数据时会产生明显的离群飞点,导致数据质量差。

图 4-14 所示为点云噪声。

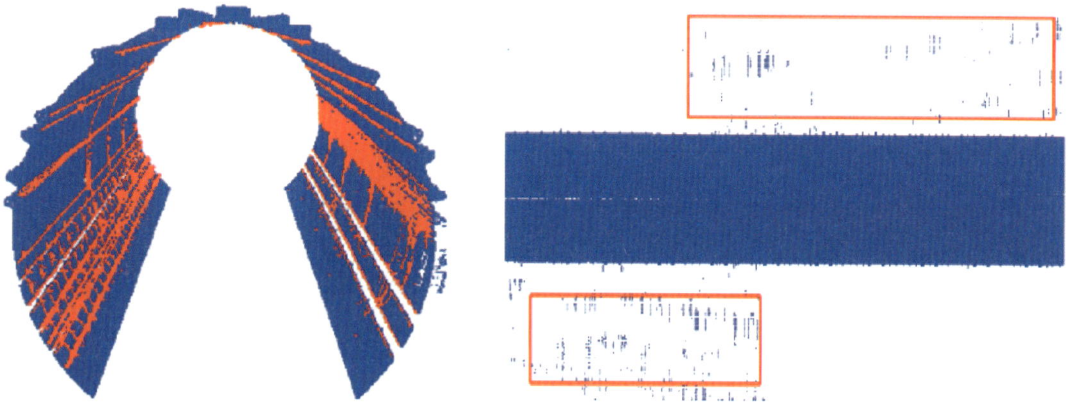

(a) 信号与噪声　　(b) 随机噪声点

图 4-14　点云噪声

4.2.2　离群噪声剔除

由于测量区域复杂环境的影响,如视线遮挡、密集障碍物等,点云数据中也会存在一些离主要测量对象较远的离散点。通常,不同的测量设备和测量方式获取的点云噪声结构也有所不同,有的可以进行空洞修复、信息损失最小海量点云数据压缩处理等。在预处理过程中将噪声点和离群点、空洞和数据压缩等按照要求进行处理,方可为后续处理提供符合要求的数据源。

稀疏离群点会对点云数据后续处理产生不利影响。例如,在估计点云局部特征时,噪声点会导致运算过程中产生错误的估值,进而影响点云滤波等后期处理。因此需要对这些离群的噪声点进行修剪,剔除这些不符合标准的点。通常的去噪思路如下:对于输入的点,计算其到邻近点的距离分布;对于目标点,计算其到邻近点的平均距离。假定得到的结果服从高斯分布,平均距离在标准范围之外的点,可以定义为离群点并将其从数据集中剔除。

明显的离群噪声点,可结合实际场景结构距离,通过对扫描角度、距离、激光反射强度等设置阈值进行简单过滤。其他噪声点,可结合坐标与强度进行欧氏距离计算,完成欧氏聚类后,对分割后的聚类按照聚类中的点云数量从大到小排序,并设定聚类点云数量阈值,在点云数量少于设定的数量阈值时(如至少 2 个点),则认定为扫描噪声点并进行剔除(图4-15)。

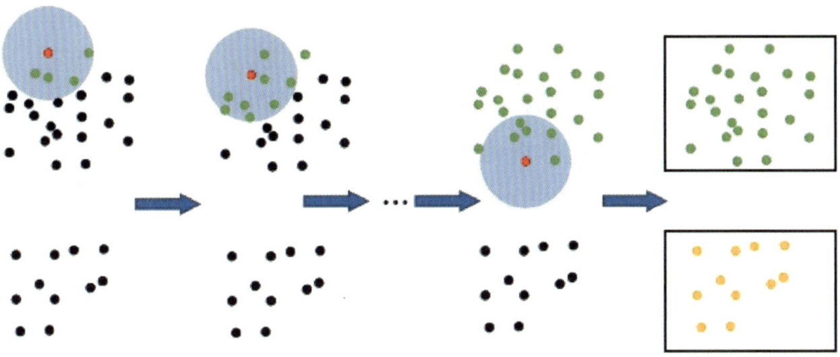

图 4-15 点云欧氏聚类

4.2.3 隧道与道床分离

为减少轨道点云对隧道要素的干扰，减小数据量，加快数据处理进程，需要将隧道与轨道点云进行分离。分离方法参考了轨道和隧道的数据点位分布角度，称为“角度分离法”，即针对每个隧道截面，以圆心 (x_0, y_0) 为坐标原点建立隧道断面直角坐标系，通过式(4-10)计算出每个点在该坐标系中的角度 A 作为过滤阈值。

$$A=\begin{cases}\arctan\left(\dfrac{y-y_0}{x-x_0}\right), & x>x_0, y>y_0\\ \arctan\left(\dfrac{y-y_0}{x-x_0}\right)+2\pi, & x>x_0, y<y_0\\ \arctan\left(\dfrac{y-y_0}{x-x_0}\right)+\pi, & x<x_0\end{cases} \tag{4-10}$$

图 4-16 中，某隧道轨道数据经验角度值 A 为 240°～300°。

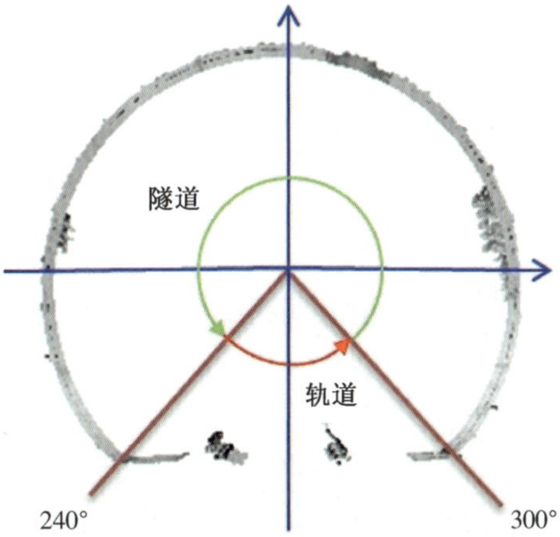

图 4-16 点云数据的隧道、轨道角度分布

4.2.4 断面点云滤波

圆形盾构隧道受外力作用变形后，其断面可近似假定为椭圆，通过 RANSAC(随机采样一致性)椭圆拟合方法可剔除隧道内壁附着物及接触网等。

首先对含有噪声的隧道断面进行初始的椭圆拟合，计算出椭圆的初始参数(包括椭圆方程的系数、圆心坐标、长短半轴等)，然后计算断面点到椭圆的最短距离 d_i，进而组成距离点集 $d=\{d_1, d_2, \cdots, d_n\}$，并根据式(4-11)和式(4-12)计算点集 d 的均值 d_{mean} 和标准差 σ：

$$d_{\text{mean}}=\frac{\sum_{i=1}^{n} d_i}{n} \tag{4-11}$$

$$\sigma=\sqrt{\frac{\sum_{i=1}^{n}(d_i-d_{\text{mean}})^2}{n}} \tag{4-12}$$

规定当 $|d_i-d_{\text{mean}}|>2\sigma$ 时，断面点为噪声，应剔除或降低权值。经稳健估计选权迭代，剔除非隧道壁点并得到断面拟合结果。试验表明，在迭代去噪过程中，当迭代次数为 10 次时，能够有效剔除断面的噪声且较好地保留隧道结构本体扫描点(图 4-17)。

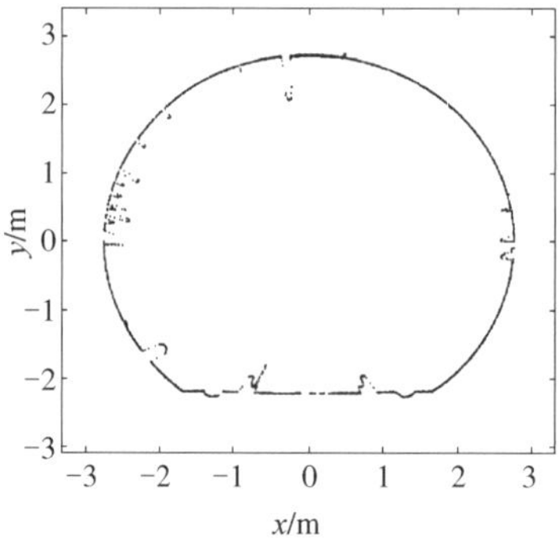

(a) 原始点云

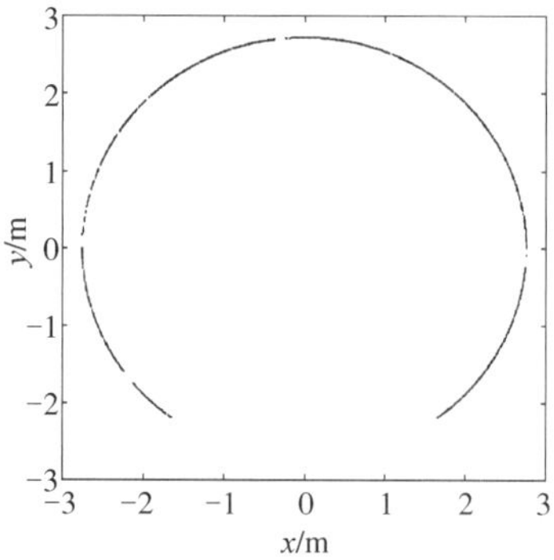

(b) 去噪后的点云

图 4-17 圆形断面点云去噪

4.3 点云分类

点云分类的目的是将激光点云按相似或相同的属性进行分类，如隧道点云中的隧道壁、轨道、线缆、结构缝、螺栓孔等类别。点云数据在空间分布上的无序性和旋转不变性使点云分割工作面临着不同于图像分割的挑战，无法将通用图像分割算法直接应用于点云数据。

4.3.1 PointNet 网络介绍

利用深度学习模型进行点云分类，是点云处理的热门研究方向之一。PointNet 深度神经网络模型是由斯坦福大学的 Qi 等在 2016 年提出的一种点云分割框架，它能够直接处理无序的点云数据，在点云的分类分割工作上取得了开创性的成果，在 ModelNet40 上的分类精度达到了 89.20％[8]。

PointNet 模型出现之前，点云分类的解决方法主要有两种：一是将点云数据以某些特定的视角投影到二维平面，再将不同视角的影像相结合，以此实现点云的分割。这种方法的局限性在于二维影像本身就会丢失点云的部分三维结构信息，同时，又不能无限制地使用各个视角的投影影像，否则会进一步造成信息的丢失。二是将点云体素化，再通过三维卷积等方式进行处理，这种方法不仅增加了工作量，延长了训练时间，同时也会丢失部分局部数据特征。PointNet 网络模型利用对称函数和 T-Net 网络来适应点云的无序性和旋转不变性，取得了良好的效果。

原始点云数据是一系列无序点的集合，一个拥有 N 个三维点的点集就会有 $N!$ 种排列组合方式，模型就会有 $N!$ 种输入数据。需要利用一个输出值与输入数据顺序无关的函数来解决这个问题，该函数也被称为对称函数，包括最值函数、均值函数等。PointNet 网络模型选择最大值函数作为对称函数，即网络中的 Maxpooling 层，具体如式(4-13)所示：

$$f(x_1, x_2, \cdots, x_n)=\gamma \circ g[h(x_1), h(x_2), \cdots, h(x_n)] \tag{4-13}$$

式中，x_1，x_2，…，x_n 表示输入的数据点集；γ 和 h 代表提取特征的多层感知机网络；g 表示 Maxpooling 层，它对所有输入的特征值进行比较，保留最大值并舍弃其余值。

无论点云顺序如何改变，最大值结果都不会变，保证特征提取结果不受点云顺序变换的影响。

T-Net 网络架构是 PointNet 网络中一个实现点云和特征对齐的子网络，它能够根据输入的点云或特征数据进行学习，得出与输入数据维度相同的空间变换矩阵，并将变换矩阵与原始输入数据相乘，完成空间变换操作，实现数据对齐。PointNet 中一共包含两个 T-Net 网络，针对点云数据的 T-Net(3)和针对特征数据的 T-Net(64)。

PointNet 网络结构如图 4-18 所示，输入的原始数据集是包含 N 个(x, y, z)的三维点云，原始数据经过 T-Net(3)网络，计算出 3×3 的点云空间变换矩阵 $\boldsymbol{T}(3)$，$\boldsymbol{T}(3)$与原始数据相乘，将点云旋转到更利于分割的角度，实现数据的对齐，对齐后的数据通过一个双层感

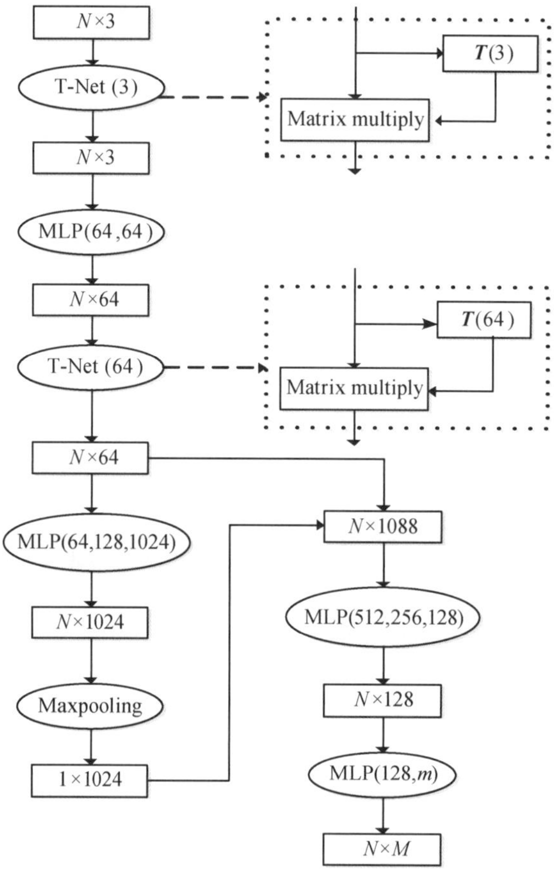

图 4-18 PointNet 网络结构

知机模型 MLP(64, 64)进行以点为单位的特征提取,每个点提取出 64 维的特征,$N\times64$ 大小的特征数据再通过 T-Net(64)网络,计算出 64×64 的特征空间变换矩阵 $\boldsymbol{T}(64)$,作用于特征数据上,完成特征的对齐。对齐后的特征数据,继续利用三层感知机 MLP(64, 128, 1024)进行以点为单位的特征提取,使每个点的特征维度达到 1024 维,最后再通过 Maxpooling 层提取出每一维特征的最大值,作为点云的全局特征向量。

将 1024 维的全局特征与对齐后的 64 维点的特征进行拼接,得到 1088 维的特征向量,向量经过一个三层感知机 MLP(512,256,128),将特征维数降为 128 维,再经过分类器 MLP(128,m)输出每个点分别对应的 m 个类别的概率,按照概率大小实现点云类别的分割。

4.3.2 隧道典型要素标注

训练数据集的建立是深度学习优化训练的重要组成部分。为构建隧道点云数据集,可利用 CloudCompare 软件对盾构隧道点云数据进行典型要素标注，图 4-19 所示为一段长度约为 43 m 的盾构隧道数据完成标注后的视觉效果图，该段盾构隧道点云被分为四类，即隧道壁背景、螺栓孔、纵向接缝、环向接缝（图 4-19 中绿色为螺栓孔，紫色为纵向接缝，红色为环向接缝）。

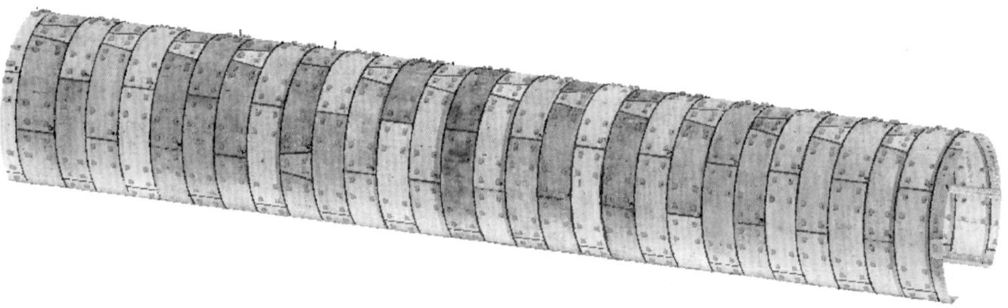

图 4-19 标注典型结构要素的隧道点云

标注完成后各要素在点云数据总样本中的占比如表 4-1 所示。

表 4-1 隧道各要素占比

要素类别	环向接缝	纵向接缝	螺栓孔
比例/%	6.6	2.3	5.1

由表 4-1 可知，在环向接缝、纵向接缝、螺栓孔等 3 种隧道典型要素中，环向接缝的占比是最高的，其次是螺栓孔，纵向接缝最低。3 种要素占总样本的比例均低于 10%，由于隧道其他类别要素如注浆孔、电箱等所占的比例非常低，因此，除了这 3 种典型要素之外，其余点云数据大部分都是隧道壁样本，由此可以看出隧道壁与接缝和螺栓孔之间存在着明显的类别不平衡问题。

4.3.3 优化 PointNet 的要素分割结果

深度学习模型优化的过程往往需要通过损失函数作为学习准则，即通过最小化损失函数求解和评估模型。PointNet 网络模型采用交叉熵损失函数，衡量概率分布信息差异。对于交叉熵损失函数而言，每一个样本的 loss（损失函数）值权重都是相同的。由于隧道样本数据类别分布不平衡，占比最大的隧道壁样本的 loss 值会淹没其他类别 loss 值的影响，对最终总 loss 值起到主要的贡献作用，进而主导梯度的更新方向，使网络无法学习到足够的针对其他类别的信息，不利于样本的准确分类。为此，可考虑在交叉熵损失函数的基础上进行加权，即利用 Focal loss 函数来替代交叉熵损失函数，提高模型中少数类别样本以及难学习样本的权重，对 PointNet 网络进行优化，缓解隧道样本类别不平衡所带来的影响。

为验证基于 Focal loss 函数优化后 PointNet 盾构隧道点云典型要素分割模型的有效性，将该模型应用于某段盾构隧道点云数据。选择通过直观的要素分割成功率来判定 3 种要素的分割结果是否满足需求，如图 4-20(a)所示，16 个环向接缝中有 15 个被完全分割出来，剩下的 1 个有约 1/4 缺失，分割成功率约为 98.4%。图 4-20(b)显示的是螺栓孔的分割结果，576 个螺栓孔中有 545 个是分割成功的，成功率约为 94.6%。图 4-20(c)中分割出的 74 个纵向接缝占其总数的 92.5%。3 种要素的分割结果表明要素分割模型的成功率较高，能够满足地铁运营维护的实际需要，并为隧道可视化和模型分析提供支持。

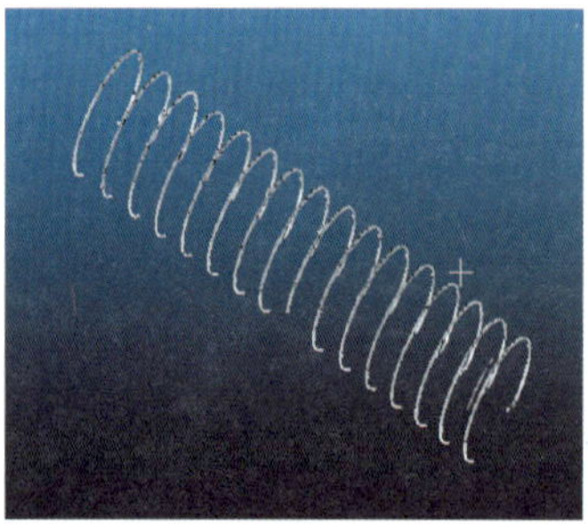
(a) 环向接缝

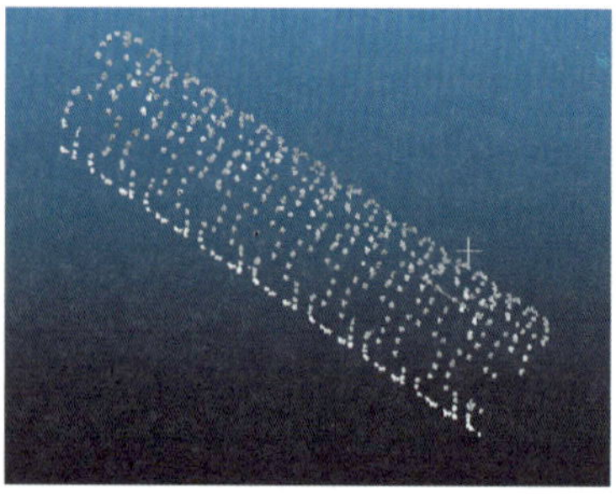
(b) 螺栓孔

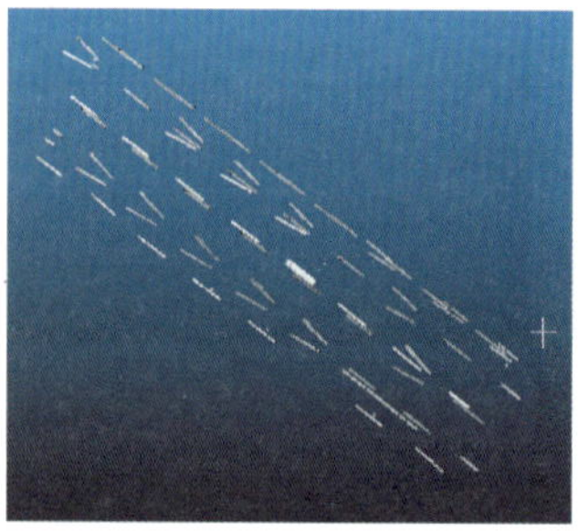
(c) 纵向接缝

图 4-20　隧道典型结构要素分类结果

利用 PointNet 等深度学习模型，可实现盾构隧道的螺栓孔洞、管片分块、接触网、铁轨等地物的精细分类。如图 4-21 所示，对隧道重要结构要素如环缝、横缝以及螺栓孔进行识别，图 4-22 识别了隧道中接触网(图中红色)与电缆(图中绿色)。隧道场景地物的分类能够为隧道可视化、模型分析及变形监测提供重要的支持。

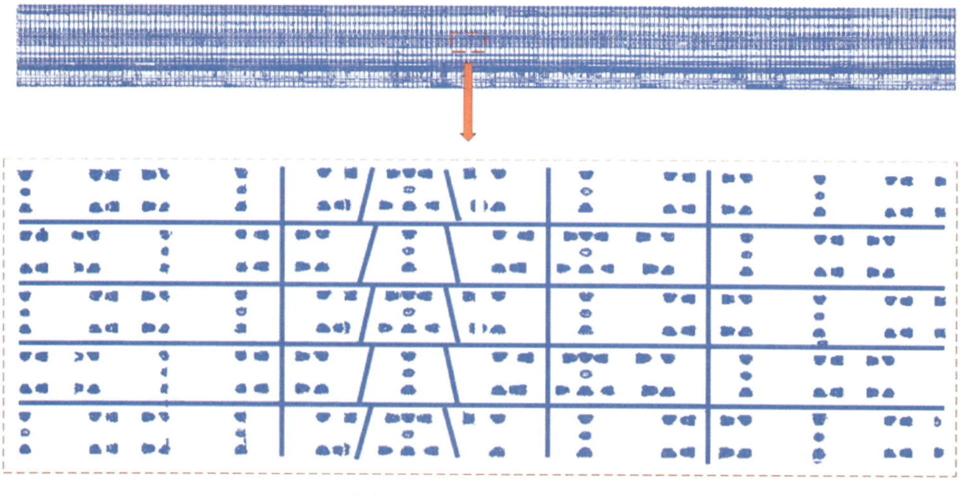

图 4-21　隧道激光点云分类和对象单体化识别

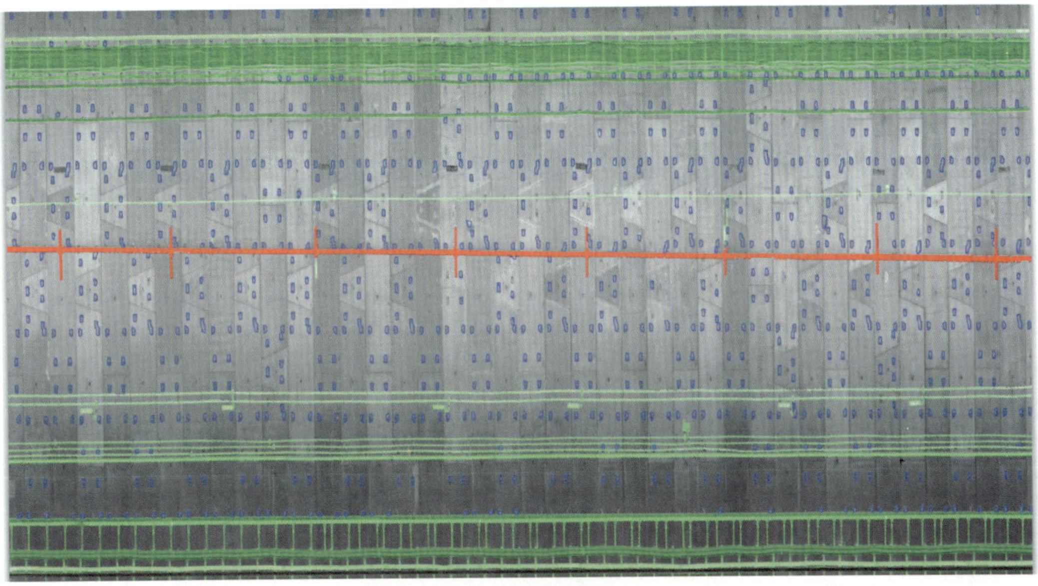

图 4-22 隧道场景点云分类结果

4.4 本章小结

点云是激光扫描测量的主要成果之一，本章介绍了轨道移动激光测量系统的点云数据生成、预处理和分类等基本处理方法，与车载或机载激光点云存在一定差异，是后续进行几何参数解算、结构变形、目标识别和其他工程应用的基础。

参考文献

[1] 孙兆妍，王新龙，车欢.GPS/SINS深组合导航技术综述[J].航空兵器，2014(6)：14-19，27.

[2] 刘帅，孙付平，陈坡，等.GPS/INS组合导航系统时间同步方法综述[J].全球定位系统，2012，37(1)：53-56.

[3] bynav北云.组合导航科普(2)：组合导航是如何实现的？[EB/R].https://www.bynav.com/cn/resource/bywork/healthy-work/652.html.

[4] 刘帅.GPS/INS组合导航算法研究与实现[D].郑州：解放军信息工程大学，2012.

[5] 杜黎明.高精度隧道动态激光检测系统关键技术研究[D].北京：首都师范大学，2020.

[6] HAN Y, SUN H, ZHONG R. Three-dimensional linear restoration of a tunnel based on measured track and uncontrolled mobile laser scanning[J]. Sensors,2021, 21(11): 3815.

[7] 李全信.线路测量中的正反算问题及应用[J].测绘通报,2006(2): 36-38,47.

[8] QI C R, SU H, MO K, et al. PointNet: deep learning on point sets for 3D classification and segmentation[C]//2017 IEEE Conference on Computer Vision and Pattern Recognition (CVPR), IEEE, 2017.

[9] 鲁冬冬,邹进贵.三维激光点云的降噪算法对比研究[J].测绘通报,2019(S2): 102-105.

5

几何参数与结构变形解算

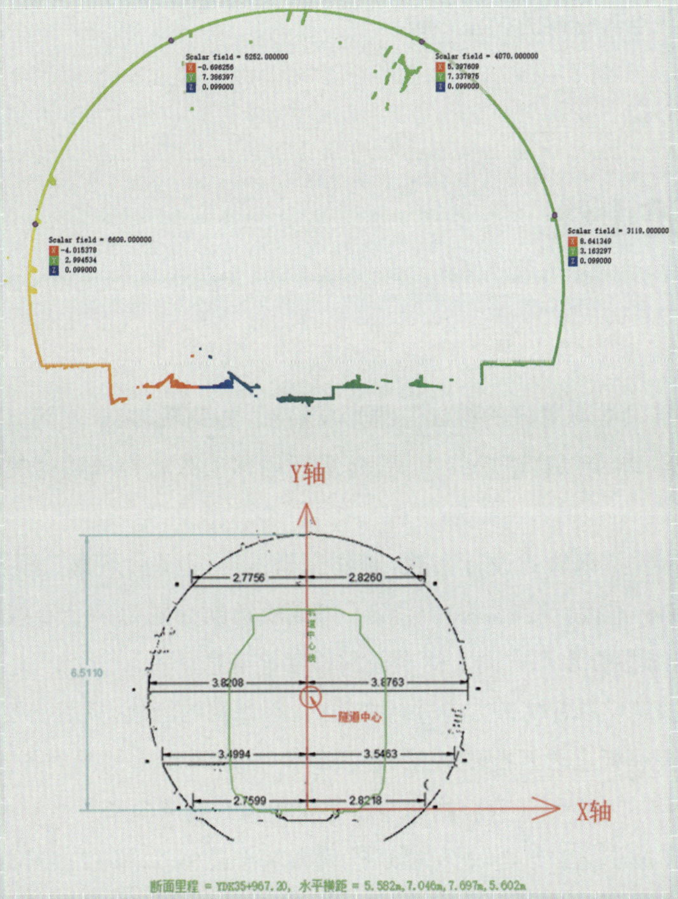

轨道交通线路测量的几何参数一般包括：轨道中线、纵(横)断面、限界、接触网几何状态、设备位置、尺寸等，用于快速获取线路的空间位置、几何尺寸、属性信息、实物影像等，为既有线勘测、工务维修、数字化建模等提供高精度、现势性强的空间数据。若需获取城市或工程坐标基准，一般需集成高精度惯性导航并联测线路沿线控制点。若仅需里程和相对几何尺寸，可仅采用移动激光扫描的方法基于轨道中线坐标、里程计定位、里程桩改正等进行所需数据的获取。

隧道结构的变形参数一般包括：隧道中轴线、拱顶净高、断面收敛(水平直径、椭圆度、全断面收敛)、管片错台、剥落深度、裂缝长度等，通过解算结构变形量以评价结构安全状态。结构变形参数可采用高精度断面仪获取的断面点云数据进行解算，即以单个扫描断面为基本解算单元，其测量精度可达毫米级，并采取特征拟合和粗差剔除算法以减少因线缆遮挡、载体振动、飞点等造成的误差影响。

5.1 轨道中线

点云数据可提供被测对象的精细三维形状特征，如钢轨、接触网腕臂、附着线缆、隧道螺栓、供电立柱等。本节以轨道中线为例，介绍利用移动激光扫描数据提取轨道中心线的方法步骤。

(1) 依据国家铁路钢轨的设计参数，制作钢轨的断面模型点集。图 5-1 为高速铁路 60 kg/m 钢轨断面标准设计图[1]，图中标识了组成轨道断面的每一个直线段或圆弧段的长度和位置，以及圆弧段在水平方向上的半径和长度等信息。

(2) 在断面扫描仪沿着轨道方向进行扫描时，因遮挡的缘故，只能扫描到轨道靠近扫描仪的一侧。为提高模板点云匹配的效果，需要针对扫描的实际情况对设计钢轨模板 CAD 图进行裁剪，如图 5-2 所示，裁剪后制作左轨道模型和右轨道模型。

(3) 基于距离最小化的原则，通过循环迭代和基于最小二乘的二维 ICP 匹配算法，使钢轨模板点云和钢轨扫描断面点云达到最佳匹配，进而计算出铁路轨道中心线点集，最后利用分段三次样条拟合获取轨道中心线，为轨道交通安全检测提供数据基础。

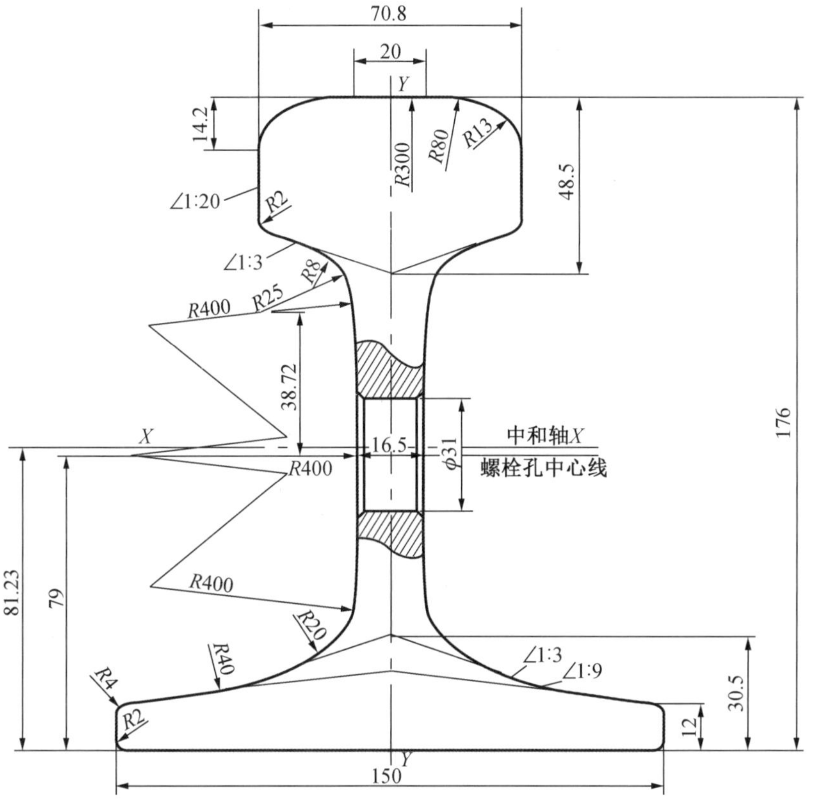

图 5-1　高速铁路 60 kg/m 钢轨断面标准设计图(单位：mm)[1]

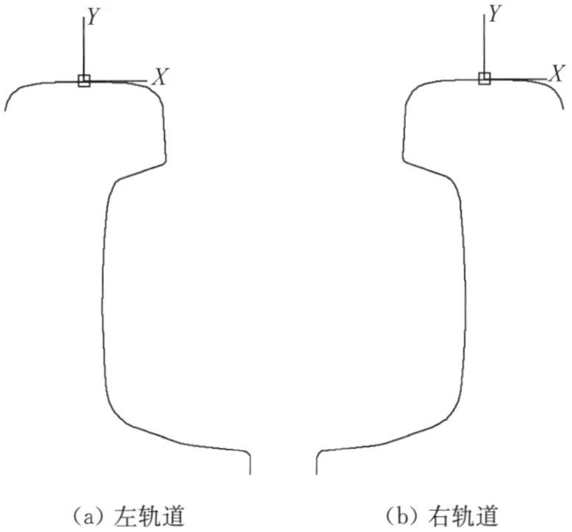

图 5-2　轨道裁剪后的 CAD 模型

5.2 圆形隧道变形

椭圆度、水平直径和全断面收敛是圆形盾构隧道变形的三个常用指标，反映成型隧道的整体变形状态。圆形盾构隧道变形后一般假定为椭圆，大量实测数据表明，隧道变形后椭圆拟合的长轴方向并非恒为水平方向，而是呈不规则的“横鸭蛋”或“竖鸭蛋”变形，如图 5-3 所示，黑色是实测点云，拟合椭圆长半轴为 5.591 3 m，并不是水平方向，实际计算出的水平直径是 5.587 8 m。现行《盾构法隧道施工及验收规范》(GB 50446—2017)[3]中给出了椭圆度(ovality)的含义及其检测方法，即圆形盾构管片衬砌拼装成环后隧道最大和最小直径的差值与隧道设计内径的比值，以千分比表示，但对最大直径与最小直径的计算方法尚未明确，导致实际工程中不同计算软件得到的结果差异较大。

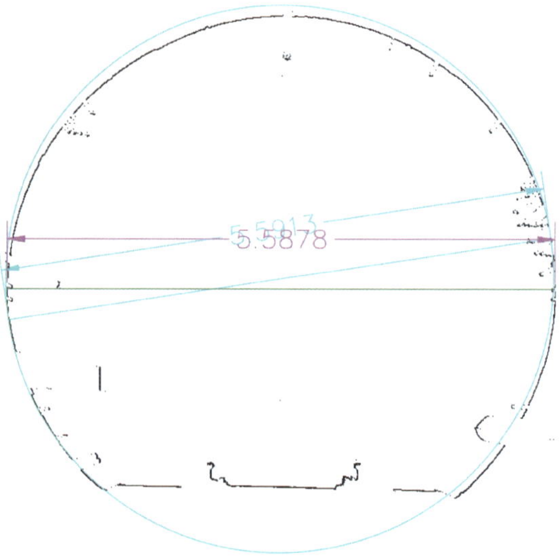

图 5-3　某圆形盾构隧道变形后的实测断面

为保证隧道断面收敛解算的精度、可靠性以及与固定测线成果的一致性，采用如下算法进行隧道水平直径和椭圆度解算。

(1) 计算前一般需要根据隧道实际设计施工情况，给出管片设计分块数量和角度，结合扫描点云数据坐标与强度特征自动识别管片分块位置(方法可参考 6.3 节)，如图 5-4 所示。

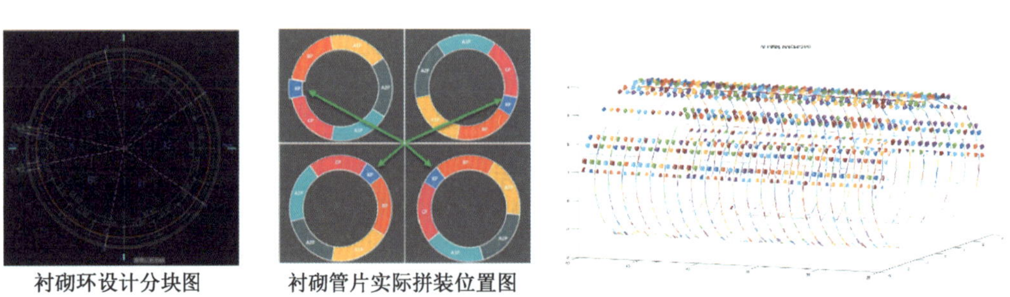

图 5-4　衬砌环分块示意图

(2) 每环按照均匀间隔取 5 个扫描断面(图 5-5),单独进行下列步骤(3)~步骤(6)计算。

(3) 断面点云整体拟合圆,经稳健算法剔除粗差点后,求解圆心坐标 (x_0, y_0)。

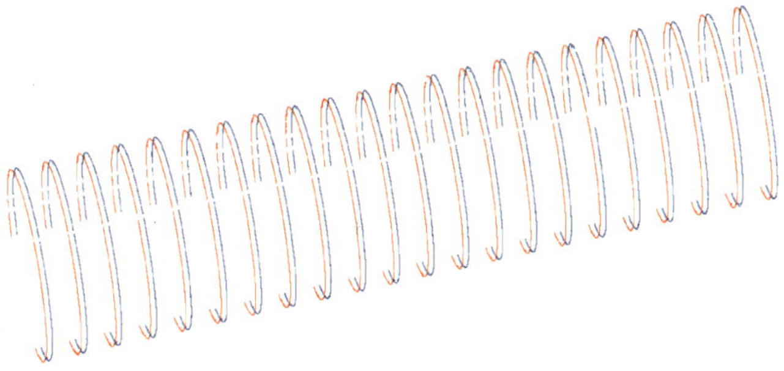

图 5-5 扫描断面示意图

(4) 基于稳健估计的直接最小二乘方法进行椭圆拟合[4],采用剔除粗差后的点云并通过空间分布定权方法,保证拟合椭圆尽量与隧道实际内轮廓贴合,避免因道床遮挡、下部点云过于密集等原因造成短轴拟合值过小,因腰部位置线缆、管片错台等造成长轴大于实际隧道内轮廓。具体椭圆方程及解算过程可参考 3.3.2 节椭圆拟合的相关内容。

椭圆方程解算后,按照解析几何原理可得到椭圆的中心坐标、长半轴、短半轴和旋转角。

(5) 采用搜索算法取得过圆心的最大直径 D_{max} 和最小直径 D_{min},隧道设计内径 D,椭圆度 $Ovality$ 按下式计算:

$$Ovality = \frac{D_{max} - D_{min}}{D} \times 1\,000 \tag{5-1}$$

(6) 盾构隧道由管片拼装而成,一环一般包括一个封顶块、两个邻接块和若干个标准块组成,封顶块较小,其位置对水平直径计算影响较大。若封顶块不处于水平直径部位,则取左右两侧管片进行拟合,求取圆心与左右两弧段的交点作为直径,此时计算可靠度取为 99%。

(7) 若封顶块恰好处于水平直径部位,则该侧取圆心水平线与扫描点云最近交点 A,另一侧仍求取拟合弧段的交点 B,取 AB 作为直径,此时可靠度取为 98%。

(8) 若两侧弧段拟合时遇到较多遮挡,则取圆心水平位置±1.0 m 范围内的非粗差点进行弧段拟合,然后求取交点作为直径,根据遮挡比例计算可靠度。

(9) 完成步骤(3)~步骤(8)后,若 5 个扫描断面所计算的直径差值离散度未超过限差±3 mm,则取环中间位置的扫描断面求解的椭圆度作为该环椭圆度,否则取剔除最大值、最小值后的中间断面计算该环椭圆度。

(10) 针对极少数因严重遮挡、联络通道等原因造成粗差,以及解算可靠度较低的断面,人工检查复核取值或全站仪复测验证,并在成果报表中备注说明。

(11) 生成水平直径、椭圆度和全断面报表,可按照水平直径相对于设计值的变化量 $<6‰D$,$6‰D-60$ mm,$\geqslant 60$ mm 分段,或者以 1 cm 分段统计环片变形占区间总环数的比例。

图 5-6 所示为管径收敛测量成果表示例。

管径收敛测量成果表

区间：A-B 上行线　环号：453 里程：SK33＋154.75　日期：2021/11/20

1. 管片整体变形值			
管片编号	位移(mm)		旋转(s)
	X	Y	δ
KP			
BP			
A1P			
A2P			
A3P			
CP			

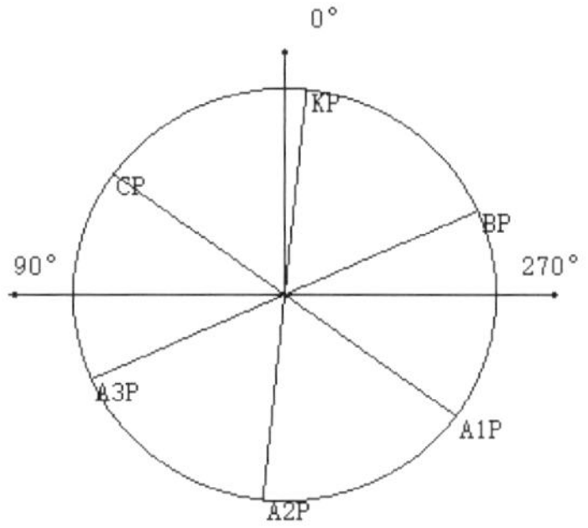

2. 分段变形值(第 1 期相对于设计期)

位置	变形量	位置	变形量	位置	变形量	位置	变形量
2.5°	−5.4	92.5°	9.1	182.5°	0.0	272.5°	10.5
7.5°	−10.6	97.5°	4.7	187.5°	0.0	277.5°	10.4
12.5°	−6.7	102.5°	4.6	192.5°	0.0	282.5°	10.7
17.5°	−5.3	107.5°	3.3	197.5°	0.0	287.5°	10.6
22.5°	−1.4	112.5°	6.7	202.5°	0.0	292.5°	10.9
27.5°	−0.1	117.5°	−1.6	207.5°	0.0	297.5°	7.7
32.5°	3.7	122.5°	−4.7	212.5°	0.0	302.5°	7.6
37.5°	8.6	127.5°	−7.1	217.5°	−16.3	307.5°	4.5
42.5°	9.1	132.5°	−14.4	222.5°	−8.9	312.5°	5.7
47.5°	11.1	137.5°	0.9	227.5°	−2.1	317.5°	4.6
52.5°	14.5	142.5°	0.4	232.5°	−1.0	322.5°	2.4
57.5°	16.6	147.5°	0.0	237.5°	2.4	327.5°	0.5
62.5°	18.7	152.5°	0.0	242.5°	−12.8	332.5°	0.0
67.5°	16.7	157.5°	0.0	247.5°	7.6	337.5°	
72.5°	16.6	162.5°	0.0	252.5°	7.3	342.5°	−3.6
77.5°	14.1	167.5°	0.0	257.5°	10.1	347.5°	−4.4
82.5°	12.4	172.5°	0.0	262.5°	7.0	352.5°	−5.0
87.5°	6.8	177.5°	0.0	267.5°	10.8	357.5°	−5.3

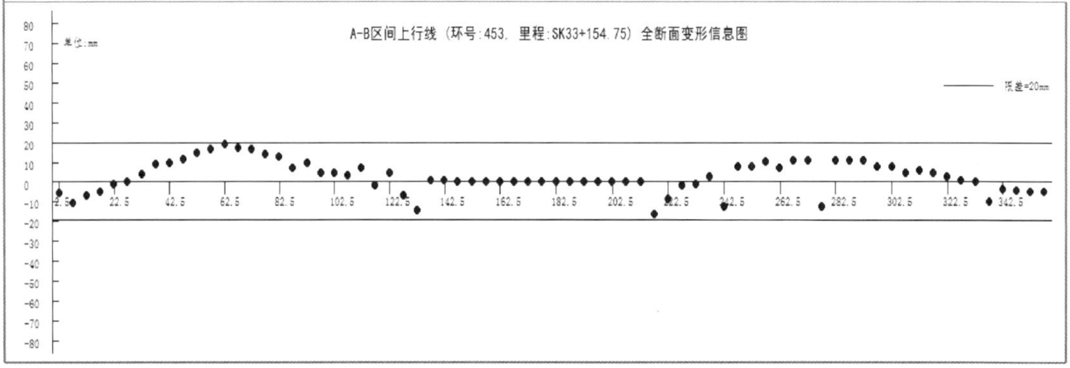

计算：　　　　　　　　　　　　检查：　　　　　　　　　　　　复核：

图 5-6　圆形全断面收敛报表示例

5.3 错台检测

错台量是衡量盾构法隧道管片之间内弧平整度的重要参数，表现为纵缝的张开或闭合、环与环之间的不均匀沉降等，分为跨纵缝发生的环内错台和跨环缝发生的环间错台两种类型(图 5-7)。管片错台允许偏差及检验方法参考成型隧道验收检验方法和规定，《地下铁道工程施工质量验收标准》(GB/T 50299—2018)[2]以及《盾构法隧道施工及验收规范》(GB 50446—2017)[3]中关于隧道管片错台及椭圆度的允许偏差、检验方法和检验数量等规定见表 5-1。

(a) 环内错台　　(b) 环间错台

图 5-7　隧道管片错台

表 5-1　管片变位的允许偏差、检验方法和检验数量

检验项目	允许偏差	检验方法	检验数量	
			环数	点数
衬砌环椭圆度/‰	±6	断面仪、全站仪测量	每 10 环	—
衬砌环内错台量/mm	10	钢尺量测	每 10 环	4 点/环
衬砌环间错台量/mm	15	钢尺量测	每 10 环	4 点/环

5.3.1 环间错台

隧道环片划分是环间错台量检测的基础。首先需要进行隧道环缝的识别，然后计算任意环缝处的错台量。在每个环缝处的左右两个环片上各选择一个断面，然后将这两个断面的圆心置于相同空间位置，即可得到该环缝位置的错台量。如果仅在环缝两侧分别选择单个断面进行分析，不可避免存在粗差难以剔除的情况，使得计算结果不稳定且精度较低。为此，在每个环缝两侧分别选择多个断面进行分析。

考虑到前期隧道环缝检测过程中可能存在误差，以获取的隧道各环缝处的里程值为基准，分别在每个环缝处的左右两个环片上各提取距离该环缝一定阈值 $d \sim (d \pm s)$ 范围内（如 $s = 20$ cm）的横断面，如图 5-8 所示。其中，d 值根据系统的里程测量精度确定。

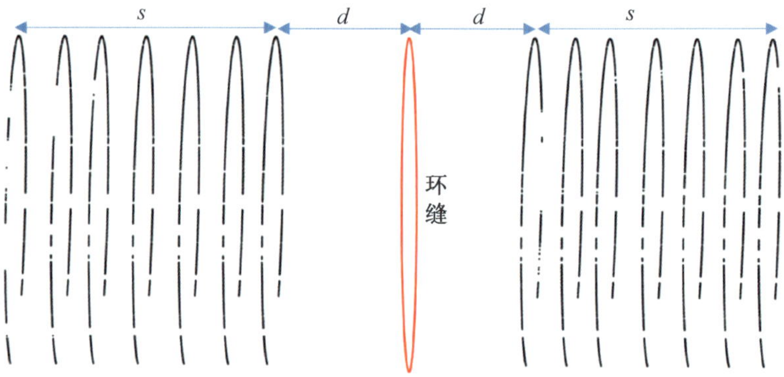

图 5-8　环缝两侧用于计算错台量的断面选择

对每个横断面利用圆拟合的方法进行断面线的拟合以获取各断面的圆心[图 5-9(a)]，再对所有断面的断面点重采样，即每个断面在 0°～360°的范围内的每个角度上保留一个断面点。由于用于计算错台量的断面纵向里程范围有限（如 20 cm），可认为在该里程范围内隧道内的附属物具有相似的分布特征。与此同时，虽然各横断面上的断面点是离散的，但点密度较大（一般能够达到厘米级甚至毫米级）。因此，重采样的过程中选择距离每个角度上方向线最近的断面点设为该角度上的点。但是，受隧道内壁附属物遮挡的影响，经过去噪后的断面在某些角度上点的缺失比较严重，此时，设置当某一方向上距离方向线最近的断面点到对应方向线的距离大于距离阈值 τ（τ 为数据获取时单个断面中相邻断面点的平均距离）时，则自动将该方向上的断面点的坐标记录为(0, 0)（此时坐标仅为方便记录，并无实际几何意义）。图 5-9(b)所示即为对图 5-9(a)中的断面进行重采样后的结果。

所有断面的断面点重采样完成之后，需要对环缝两侧的两组断面分别进行计算。首先将环缝左侧的一组断面全部投影在 XOZ 平面上（Y 为里程方向），如图 5-10 所示。

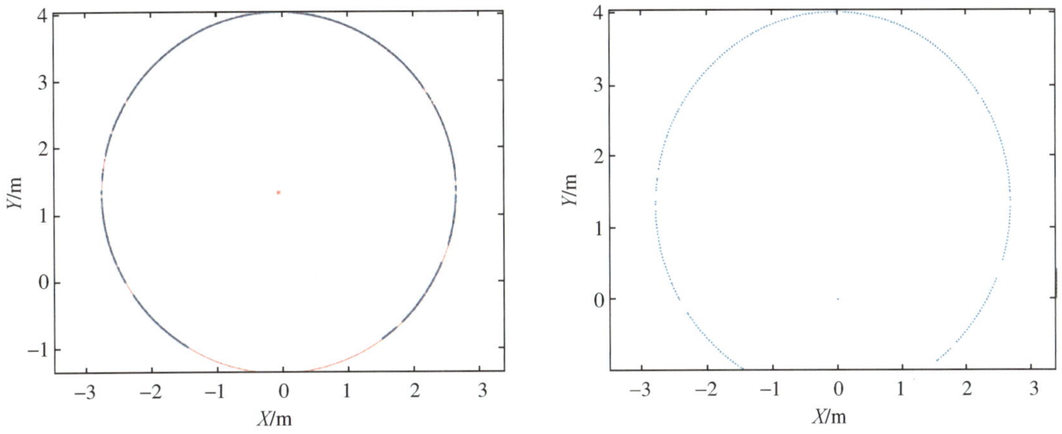

(a) 断面拟合　　(b) 断面点重采样

图 5-9　断面拟合和重采样

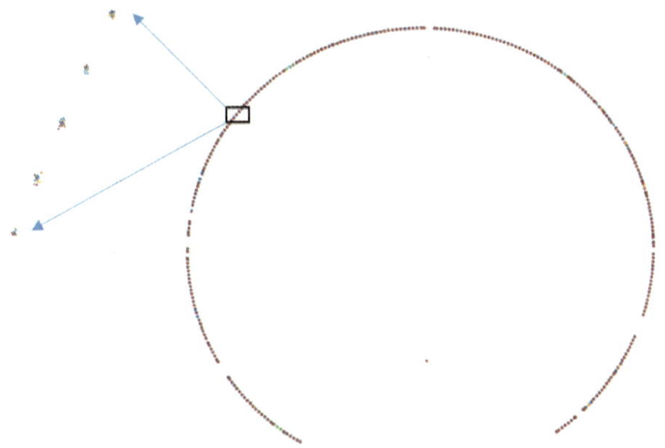

图 5-10　断面组在 *XOZ* 平面的投影(整体及局部结果)

投影之后将每个角度上的断面点利用均值漂移(Mean-Shift)算法进行聚类,得到每个角度的聚类中心,即设置为该角度上的最优错台检测点。图 5-11(a)所示为对图 5-10 中的断面组进行聚类分析后得到的最优错台检测点集。点集中的每个点均采用三列属性表示,分别为角度以及检测点的 X 和 Y 坐标。然后,采用同样的方法得到环缝右侧断面组在每个角度上的最优错台检测点。

利用圆拟合算法拟合环缝左侧的最优检测点集以获取中心位置 O_{left},并记为错台检测基准点[图 5-11(b)]。由于每一组最优错台检测点集中都存在缺失点[算法前期将其坐标记为(0,0)],并且左、右两组点集中的缺失点可能处于不同的检测角度上,为进行两组点集的匹配,还需要遍历环缝左侧和右侧点集中的每个点并识别出两个点集中 X 和 Y 坐标都不为 0 的检测角度。图 5-11(b)中的蓝色点和黄色点分别为匹配之后的环缝左侧和右侧的检测点集。最后,分别计算左侧点集和右侧点集中每个最优错台检测点到基准点的距离,同时计算对应检测点的距离差,即该环缝处各角度上的错台量。

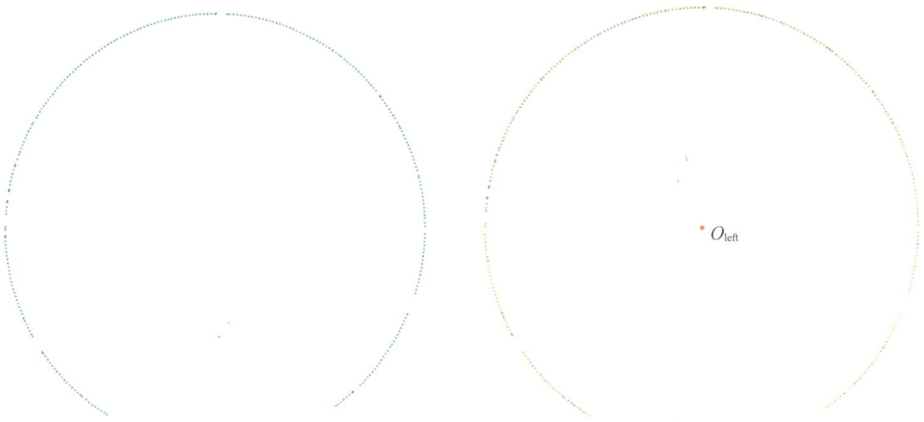

（a）环缝左侧的错台最优检测点集　　（b）环缝两侧对应的检测点集

图 5-11　最优错台点的获取

5.3.2　环内错台

环内错台解算需先进行环片分割，识别封顶块（楔形块）、邻接块与标准块，具体可结合 6.3.1 节中的方法，利用点云强度和深度影像进行管片分环分块。在分环分块的基础上，通过分段拟合等方法计算环内错台量。将分割后的管片分别投影到 XOZ 平面上，采用抗噪效果较好的 RANSAC 算法分块拟合，得到每一管片的圆心和断面线。为提高拟合精度，分块拟合前需整体拟合剔除隧道内壁的粗差点，图 5-12(a)—(f)为对环片的每部分管片进行滤波并拟合圆模型的结果。

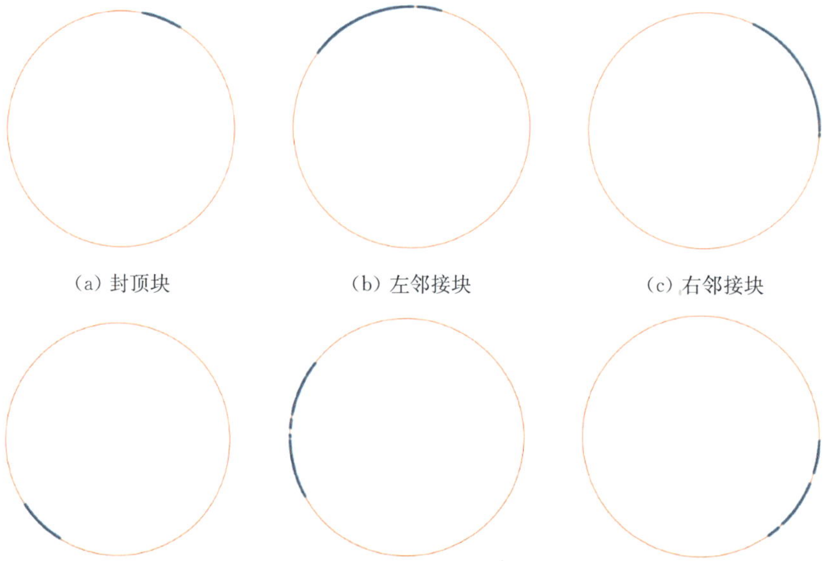

（a）封顶块　（b）左邻接块　（c）右邻接块

（d）标准块 1　（e）标准块 2　（f）标准块 3

图 5-12　隧道环片各部分拼装管片拟合结果

采用投影之后的每个环片的全部点云进行全圆拟合得到的圆心记为该环片的环内错台计算基准点，然后依据投影后的该环片内各部分管片的点云数据确定任意相邻两个管片的拼接分界点，每个分界点与基准点的连线分别与分界点两侧的管片点云拟合得到的圆弧相交，可求得两个交点，将环片每个分界点处求得的两个交点在径向上的距离记为该分界点处的相邻管片的环内错台量，具体的计算结果可按照图 5-13 所示，在 CAD 文件中进行标注。

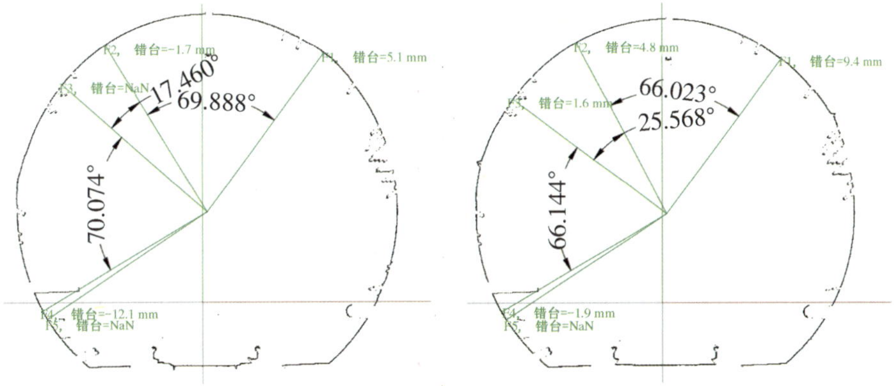

图 5-13　隧道环内错台量的计算

5.4 限界检测

5.4.1 限界概念

限界是轨道交通安全检测的一项重要指标，是指车辆沿固定的轨道安全运行时所需要的空间尺寸，是工程建设、管线敷设和设备安装位置必须遵守的依据。限界应根据车辆断面尺寸和技术参数、受电方式、运行工况、线路及轨道特征、设备及管线布置、施工方法等因素，综合分析计算确定。轨道交通车辆种类繁多，不同车辆的技术参数、运行线路特征和设施设备也各不相同，相应的限界应遵守不同的规范（表 5-2）。

表 5-2 轨道交通车辆适用限界规范

车辆类型	二级分类	三级分类	限界适用规范
铁路车辆	普速铁路机车车辆	普速铁路机车	《标准轨距铁路限界 第 1 部分：机车车辆限界》(GB 146.1—2020) 《标准轨距铁路限界 第 2 部分：建筑限界》(GB 146.2—2020)
		普速铁路客车车辆	
		普速铁路货车车辆	
	铁路动车组		
城市轨道交通车辆	地铁、轻轨车辆	A 型车 3 m 宽(只用于地铁)	《地铁限界标准》(CJJ/T 96—2018)
		B 型车 2.8 m 宽	
		C 型车 2.6 m 宽	
	市域轨道交通车辆	市域 A 型车 类似于地铁车辆	《市域(郊)铁路设计规范》(TB 10624—2020)
		市域 B 型车 类似于地铁车辆	
		市域 C 型车 类似于铁路动车组	
		市域 D 型车 类似于铁路动车组	
	跨座式单轨车辆		《跨座式单轨交通设计规范》(GB 50458—2008)
	悬挂式单轨车辆		《悬挂式单轨交通技术标准(征求意见稿)》
	有轨电车车辆		《有轨电车工程设计规范》(DGJ/TJ 08—2213—2016)
	旅客输送系统车辆(APM 胶轮)		—
磁浮车辆	各种制式车辆		《中低速磁浮交通设计规范》(CJJT 262—2017) 《高速磁浮交通设计标准》(CJJT 310—2021)

铁路与地铁限界检测标准中，如《地铁限界标准》(CJJ/T 96—2018)、《市域(郊)铁路设计规范》(TB 10624—2020)给出了常见的限界类型，见表 5-3。

表 5-3 常见限界类型

地铁限界	A1 车型设备限界
	A2 车型设备限界
	A2 马蹄型曲线段建筑限界
	A2 马蹄型曲线段隧道断面
	B1 车型 DC750V 上部设备限界
	B1 车型 DC750V 下部设备限界
	B1 车型 DC1500V 下部设备限界
	B2 车型设备限界

（续表）

铁路限界	客货共线铁路机车车辆基本轮廓
	客运专线城际铁路限界
	客运专线铁路侧线站台建筑限界 4
	客运专线铁路地面车站或高架站台门建筑限界 4
	客运专线铁路地下车站站台门建筑限界 4
	客运专线铁路反方向运行矮形出站信号机建筑限界
	客运专线铁路基本建筑限界 4
	客运专线铁路正线站台无列车或时速低于 80 km 建筑限界
	客运专线铁路正线站台有列车通过时速高于 80 km 建筑限界
	客运专线铁路柱状建筑限界 4
	时速低于 160 km 杆柱建筑限界 1
	时速低于 160 km 基本建筑限界 1
	时速低于 160 km 基本建筑限界 1 电力牵引区段
	时速低于 160 km 基本建筑限界 1 电力牵引区段最小高度
	时速低于 160 km 基本建筑限界 2 电力机车
	时速低于 160 km 基本建筑限界 2 内燃机车
	时速低于 160 km 桥梁建筑限界 1
	时速低于 160 km 桥梁建筑限界 2
	时速低于 160 km 隧道建筑限界 1
	时速低于 160 km 隧道建筑限界 1 新建铁路
	时速低于 160 km 隧道建筑限界 2
	时速低于 160 km 隧道建筑限界 2 新建铁路
	时速低于 160 km 站台建筑限界 1
	时速高于 160 km 杆柱建筑限界 3
	时速高于 160 km 基本建筑限界 3
	时速高于 160 km 基本建筑限界 3 电力牵引区段
	时速高于 160 km 基本建筑限界 3 电力牵引区段最小高度
	时速高于 160 km 桥隧建筑限界
	时速高于 160 km 站台建筑限界 3

5.4.2 限界规范

1. 地铁限界标准

《地铁限界标准》(CJJ/T 96—2018)适用于运行在隧道内外、不超过 120 km/h 速度等级的城市钢轮钢轨系统标准轨距系列地铁 A1、A2 型及 B1、B2 型车辆轨道交通系统的限界设计、施工。该标准将限界定义为保障地铁安全运行、限制车辆断面尺寸、限制沿线设备安装尺寸、确定建筑结构有效尺寸的图形及坐标参数。根据不同的功能要求,限界分为车辆限界、设备限界和建筑限界。

2. 术语与定义

线路设计速度:线路设计的列车最大行车速度。

计算车辆:在确定机车车辆最大宽度缩减量时所采用的具有给定车体长度和转向架中心距的名义车辆。

计算车辆及其轮廓线:制订限界时设定的某种车辆,包括各项构造参数、横断面轮廓尺寸及水平投影轮廓尺寸等,均是车辆限界设计计算的依据。计算车辆横断面上最外点的连线为计算车辆轮廓线。

基准坐标系:垂直于直线轨道线路中心线的二维平面直角坐标。横坐标轴(X 轴)在相切于两钢轨轨顶的设计轨顶平面内且与轨道中心线垂直,纵坐标轴(Y 轴)垂直于设计轨顶平面,该基准坐标系的坐标原点为轨距中心点。

车辆限界:与线路中心线垂直的限制机车车辆外形尺寸的极限横断面轮廓。计算车辆(不论是空车还是重车)在平直线的轨道上按规定速度运行,计及了规定的车辆和轨道的公差值、磨耗量、弹性变形量,由车辆振动、一系或二系悬挂故障等各种因素而产生的车辆各部位横向和竖向动态偏移后形成的动态包络线,并以基准坐标系表示界限。《标准轨距铁路限界　第 1 部分:机车车辆限界》(GB 146.1—2020)中,规定了 1 435 mm 标准轨距铁路机车车辆限界。

设备限界:基准坐标系中控制沿线设备安装在车辆限界外加安全余量而形成的限界。除站台、站台门和接触网外,沿线安装的任何设备(计入安装误差值、测量误差值及维护周期内的变形量)均不得侵入设备限界。

建筑限界:与线路中心线垂直的极限横断面轮廓。此轮廓内,除机车车辆和与机车车辆有相互作用及相关的设备(车辆减速器、接触线、吊弦、定位器等)外,其他设备或建筑物均不得侵入。机车车辆位于设备限界外,并考虑沿线设备安装后的最小有效界限。任何沿线永久性固定建筑物,包括施工误差值、测量误差值及结构永久变形量在内,均不得向内侵入建筑限界。《标准轨距铁路限界　第 2 部分:建筑限界》(GB 146.2—2018)中,规定了 1 435 mm标准轨距铁路线路的基本建筑限界、隧道建筑限界、桥梁建筑限界和桥隧建筑限界，适用于客货共线铁路、客运专线铁路等标准轨距铁路线路的设计、建设、运营维护。

运营维护阶段可使用移动激光扫描技术对车辆限界进行检测，检查线路沿线设备是否侵入车辆轮廓线，以保证正常运营车辆和特种超规车辆的安全通过。《地铁限界标准》(CJJ/T 96—2018)和《市域(郊)铁路设计规范》(TB 10624—2020)中规定了常见车辆限界尺寸，如A1、A2、B1、B2、As、市域A、市域B、市域C、市域D等车型在直线段的标准限界轮廓，如图5-14所示。

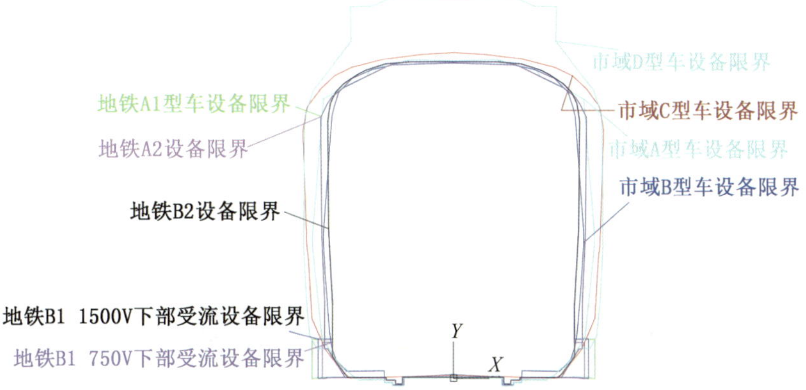

图5-14 常见地铁、市域铁路不同车型在直线地段的设备限界

5.4.3 限界分类

轨道车辆与靠近线路中心线的建筑物之间必须留有一定的、为保证行车安全所需的实际空间。这部分空间应包括：

(1) 由于车辆制造公差造成的一些上下或左右方向的偏移或倾斜。

(2) 通过名义荷载作用，车辆弹簧受压缩造成的下沉，以及车辆弹簧在性能上的误差所引起的过量偏移或倾斜。

(3) 由于各部分磨耗或永久变形而造成的车辆下沉，特别是左右侧不均匀磨耗或变形而引起的车辆倾斜与偏转。

(4) 在轮轨以及车辆自身各部分中的横向间隙而造成车辆与线路间可能形成的偏移。

(5) 车辆在行驶过程中因力的作用而造成车辆相对线路的偏移。包括车辆在曲线路段运行时实际速度与线路超高所要求的运行速度不一致而引起的车体倾斜，以及车辆在振动中也会产生上下、左右各个方向的位移。

(6) 线路在列车反复作用下可能产生的变形。

(7) 某些特殊货物在运输时可能会超出限界。

(8) 为了应对一些特殊情况，还应该保证足够的预留空间。

考虑上述不同因素，轨道车辆限界分成四种不同的限界：无偏移限界、静偏移限界、动

偏移限界、动态包络线。

1. 无偏移限界

当轨道车辆仅考虑第(1)点内容时的限界称为无偏移限界或制造限界。此时,车辆限界与建筑限界之间所留的空间很大,导致空间利用率极低。但是该方法没有考虑实际运营中车辆可能发生的各种偏移和其他随机因素的影响。我国《标准轨距铁路机车车辆限界》(GB 146.1—83)在横向上基本属于无偏移限界。

2. 静偏移限界

当轨道车辆考虑第(1)—(3)点内容时的限界称为静偏移限界或静态限界。此时,车辆限界与建筑限界之间的空间还可以压缩一些,车辆悬挂系统引起的各种位移仍未被考虑在内。目前美国、日本使用静态限界。我国《标准轨距铁路机车车辆限界》(GB 146.1—83)在垂向上基本属于静态限界。

3. 动偏移限界

当轨道车辆考虑第(1)—(5)点内容时的限界称为动偏移限界或动态限界,车辆限界与建筑限界之间的空间留得很少,空间利用率较高。动态限界在静态限界基础上,进一步考虑了车体和转向架在悬挂系统上可能发生的静态、准静态和振动等位移。和静态限界相比,动态限界更加完善,但同时也带来了计算工作量的增加。采用动态限界时,对于静态和准静态性质所产生的位移量,基本可准确估算,但对于振动性质所产生的位移量,只能作近似估算,通常采用添加安全余量的方法来保证限界的安全性。国际铁路联盟标准目前采用的限界属于动态限界。

4. 动态包络线

当轨道车辆考虑第(1)—(6)点时的限界称为动态包络线,实际上是动态限界的扩大,它还考虑了轨道几何偏差(轨距、水平、方向、高低和磨耗等)所引起的车辆位移。对动态限界而言,这些位移是归在动态限界的外部安全空间中的。动态包络线考虑的位移要素比动态限界增加了若干项,它能够更好地利用空间,是一种更加完善的限界校验方法。香港地铁即采用动态包络线作为车辆限界。我国现行的《地铁限界标准》(CJJ/T 96—2018)也采用动态包络线作为车辆限界。

5.4.4 限界计算

限界检测问题可抽象为判断断面点是否在多边形内的问题[9,10],一般有三种解决方案。

(1) 射线判断,即过目标点作一条直线(两条反方向的射线),若每条射线与多边形边的交点数量都是奇数,则目标点在多边形内部,否则在多边形外部。

(2) 夹角判断,以目标点为顶点,与多边形一条边的两个端点(端点分先后顺序)组成一个夹角(计算出的夹角会有正负),若目标点在多边形内部,则所有夹角之和为360°。

(3) 面积判断，若目标点与多边形每条边组成三角形的面积之和等于多边形面积，则目标点在多边形内部，否则在多边形外部。

射线判断最为方便，在铁路和地铁隧道限界检测中应用最为普遍，通过射线判断后，可判别隧道断面点是否存在侵界。对于不存在侵界的断面，将轨道中心点(即限界坐标原点)与设计车体轮廓特征点相连，同时延伸到断面点，计算在该线段上断面点与车体轮廓特征点的距离，并可检索最近距离，即获取最易侵界点，进而可对所有断面点按与设计车体距离排序，从而评估桥隧起止范围内最小建筑、设备的限界，并可基于检测结果绘制限界成果表、断面图和超限位置统计表。

5.5 本章小结

本章介绍了隧道几何参数与结构变形解算的基本算法。根据作者参与的近 2 000 km 轨道交通工程经验，水平直径、错台等局部结构变形精度可达到±2 mm。利用轨道移动激光测量系统快速、高精度获取隧道场景激光点云是激光扫描技术的主要优势，但复杂作业环境下移动测量系统的误差分析和精度改进措施，仍需进一步深入研究。

参考文献

[1] 国家铁路局.高速铁路用钢轨：TB/T 3276—2011[S].北京：中国铁道出版社，2017.

[2] 中华人民共和国住房和城乡建设部.地下铁道工程施工质量验收标准：GB/T 50299—2018[S].北京：中国建筑工业出版社，2018.

[3] 中华人民共和国住房和城乡建设部.盾构法隧道施工及验收规范：GB 50446—2017[S].北京：中国建筑工业出版社，2017.

[4] 许正文，姚连璧.基于稳健估计的直接最小二乘椭圆拟合[J].大地测量与地球动力学，2008(1)：77-80.

[5] PILU M, FITZGIBBON A, FISHER R B. Direct least squares fitting of ellipses[J]. IEEE Transactions on Pattern Analysis and Machine Intelligence, 1996.

[6] 国家市场监督管理总局，国家标准化管理委员会.标准轨距铁路限界 第 2 部分：建筑限界：GB 146.2—2020[S].北京：中国质检出版社，2020.

[7] 中华人民共和国住房和城乡建设部.地铁限界标准：CJJ/T 96—2018[S].北京：中国建筑工业出版社，2018.

[8] 国家铁路局.市域(郊)铁路设计规范：TB 10624—2020[S].北京：中国铁道出版社有限公司,2021.

[9] 朱强,钟若飞,孙海丽,等.移动激光检测系统的隧道限界检测方法[J].测绘科学,2020,45(6):118-125.

[10] 王子轩.地铁隧道移动扫描系统设计与实现[D].上海：同济大学,2017.

6

影像生成与目标识别

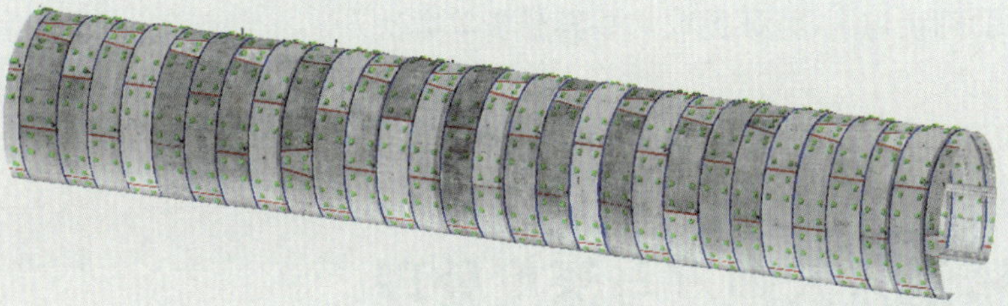

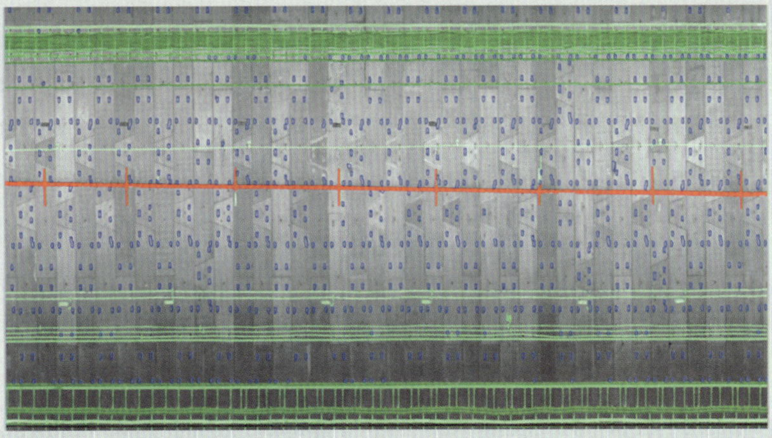

影像质量决定了解译精度和应用范围。精密激光断面仪普遍采用单线主动测量原理，获取角度、距离和反射强度等基本物理量，经后处理生成深度影像、灰度影像、伪彩色影像或漫游视频。与可见光成像相比，激光成像具有无需光照、无轮廓畸变、高动态对比度、灰度还原效果好等优势，但也存在成像速度较慢、分辨率较低、无彩色信息等不足。受限于环境因素、成像原理和器件性能，移动激光扫描系统的“空间—光谱—时间”分辨率相互制约，需要集成互补信息和计算重构以获得更高质量的目标图像。尤其需要解决因距离远近差异、材质对比度不佳、仪器型号差异等造成的成像质量问题，研究几何成像模型、微变形检测、影像超分辨率重建等成像算法，发挥激光扫描无需光照、高精度测量等优势，为轨道交通基础设施检测提供高质量影像数据。

本章主要介绍了隧道激光扫描成像的数据源、投影算法、图像渲染和超分辨率重建算法，以及影像的判读识别、特征提取和差异分析等方法。

6.1 隧道点云强度与深度处理

利用激光扫描点云的反射强度和距离，按扫描线(点)进行规则排列可生成原始灰度影像，但存在影像畸变、对比度不足且量算困难等问题，需结合隧道轮廓形状、检测需求和姿态信息等，利用数字图像处理算法生成伪彩色影像、正射投影影像、透视漫游视频等影像产品。特别是针对混凝土剥落、渗漏水(泥)、钢轨、接触网等，通过特殊的映射算法使得影像更接近材质自身色调，有利于人眼(或计算机)判读识别衬砌结构、设施设备、渗漏病害和其他目标特征。

1. 点云强度图像

激光传感器以一定的发射功率发射激光束，激光束到达物体表面后同时发生反射与散射，并被激光传感器所接收，经过内部系统处理后得到回波接收功率，接收器将接收功率转换为电压并数字化输出某个整数值，即强度值。利用离散点的强度值进行内插处理，按照扫描线进行投影展开即可生成栅格灰度影像。

Z+F 9012、Faro S/X 系列激光扫描仪的强度值以 16bit 数据长度存储，获取到的点云强度可导出[0,1]或[0,65 525]等不同灰度范围。点云强度对比度参数越高，人眼获得的视觉感受越强。可利用点云强度差异性进行隧道渗漏水等病害检测。图 6-1—图 6-4 给出了不同颜色墙面与黑白棋盘格的点云数据的强度分布。经扫描发现，白砖墙点云强度值分布在 100 以内，混凝土墙壁点云强度值集中在 30～50，激光反射片回光强度值可达到 255。

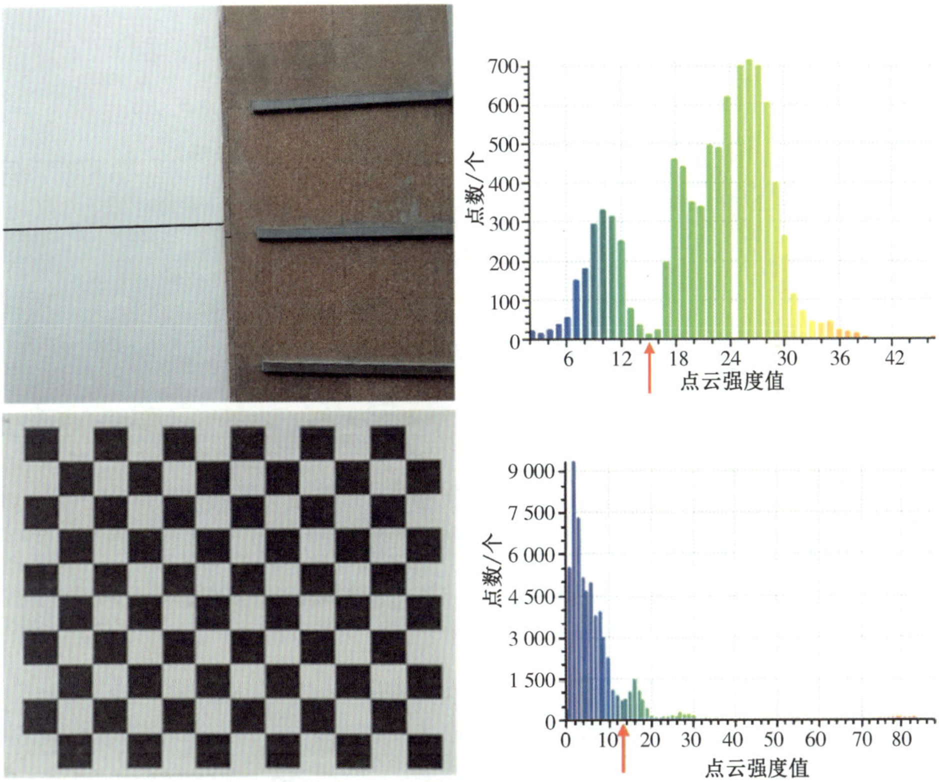

图 6-1 不同反射率物体点云强度差异性

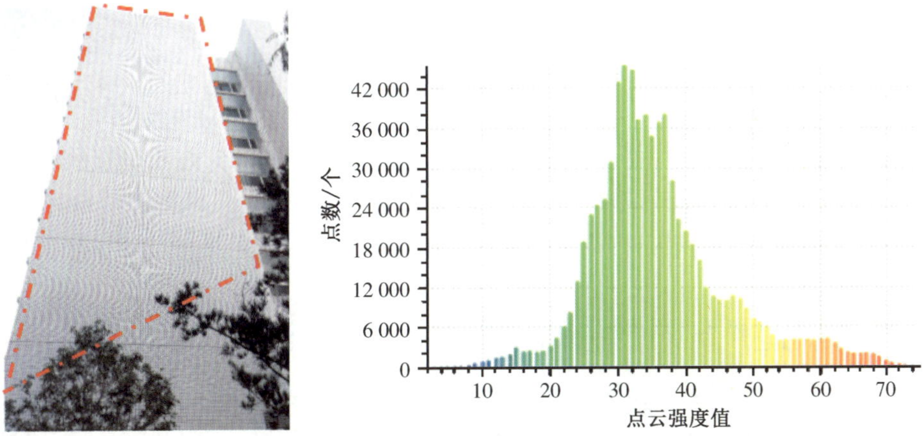

图 6-2 白色砖墙的点云强度值范围

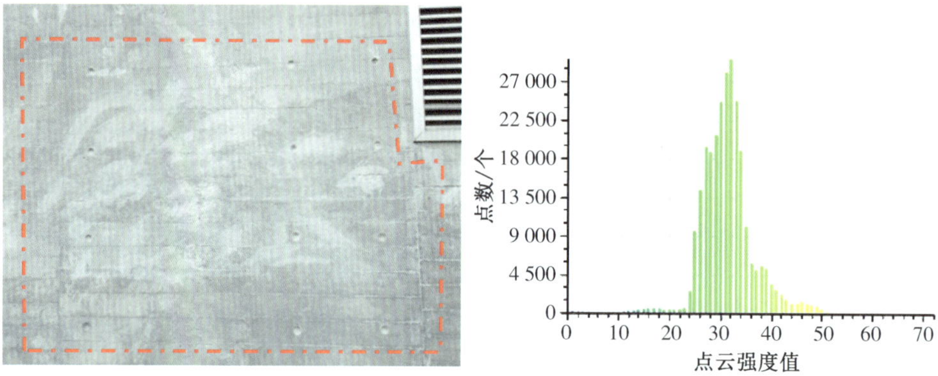

图 6-3　混凝土墙壁的点云强度值范围

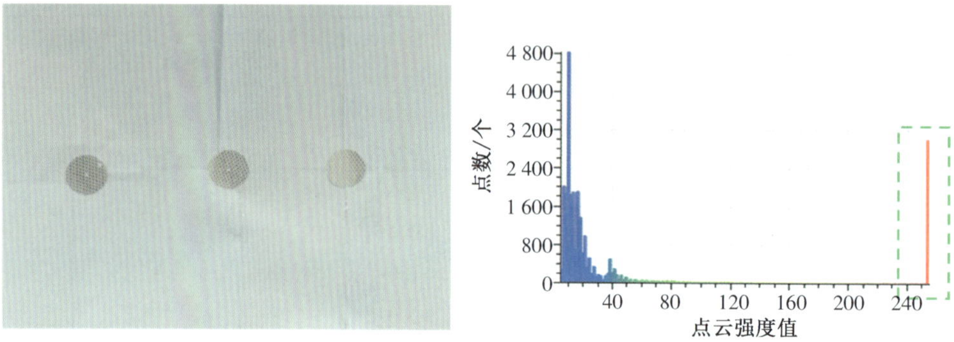

图 6-4　强反射材质物体的点云强度值范围

2. 点云深度图像

深度图像也称为距离影像，是指将从图像采集器到场景中各点的距离作为像素值的图像，直接反映景物可见表面的几何形状。激光扫描系统则是通过比较发射信号与接收信号的时延或相位等方法实现深度图像的计算。

首先将离散的激光点云数据进行规则格网重采样，得到数字深度(距离)矩阵，再将不同的深度值进行灰度量化和拉伸变换，将此作为像素值，得到只包含距离信息的深度图像。在这一成像过程中，进行重采样时会产生内插误差，为尽量减少这些误差，需要对得到的深度图像进行自适应滤波。经过自适应滤波，原始图像中的噪声被抑制，图像的主要特征变得更加明显。图 6-5 所示为利用激光扫描点云数据生成的盾构段和矩形段的隧道深度图像。

3. 纠正方法

由于测量对象的几何轮廓、距离远近、材质差异、环境变化等因素，利用强度或距离进行成像时需进行纠正以达到色调一致、信噪比高并突出细节。部分扫描仪由于参数设置、文件分段存储等，同一扫描仪在相邻图幅之间仍可能出现明显的色调差异。同一区段的扫描数据宜采用同一型号扫描仪、统一的纠正方法和参数设置，以保证多期扫描数据能够色调近似一致。强度和深度的图像纠正算法可参见表 6-1。

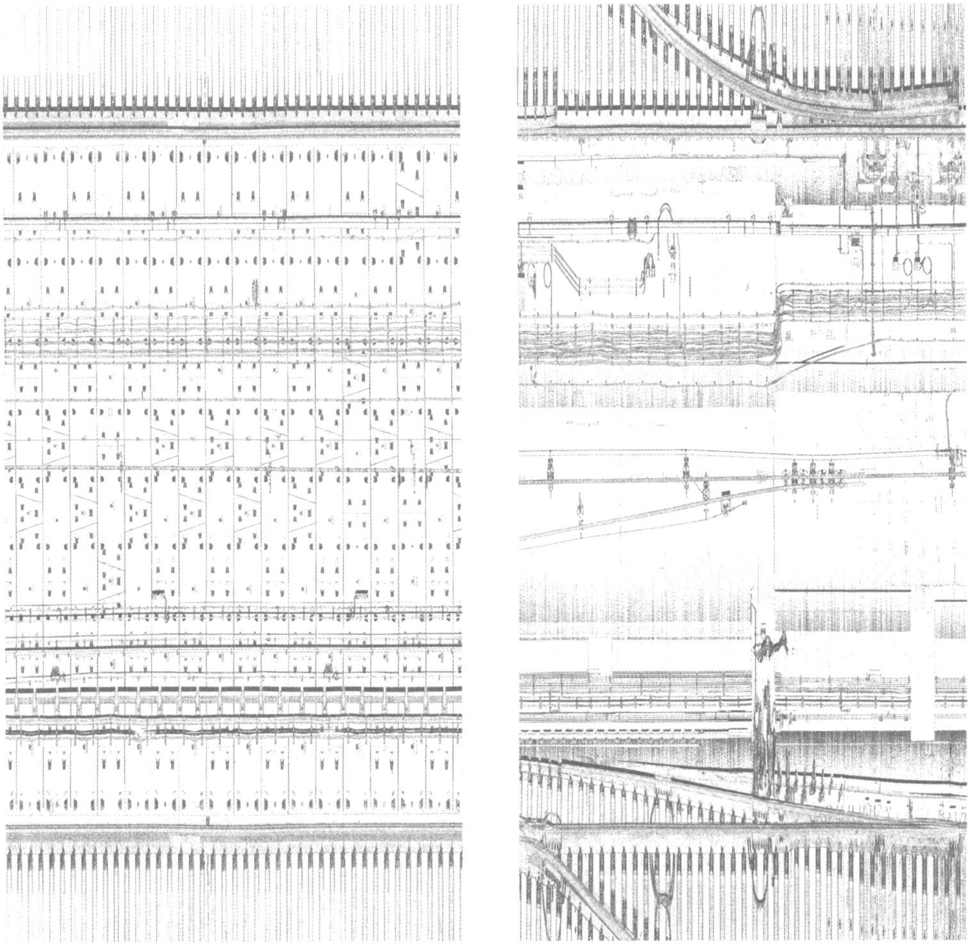

(a) 盾构段　　　　(b) 矩形段

图 6-5　典型隧道深度图像

表 6-1　常见数字影像纠正算法

纠正类型	纠正函数	对比度(信噪比)	适用场景
线性纠正	分段线性拉伸	增强对比度	突出感兴趣的目标或灰度区间,相对抑制那些不感兴趣的灰度区间
非线性纠正	Log 函数	更多是对图像的对比度有所减弱	对于整体对比度偏低并且灰度值偏低的图像增强效果较好
	gamma 函数	图像的高灰度区域对比度得到增强;图像的低灰度区域对比度得到增强	对于图像对比度偏低并且整体亮度值偏高(如相机过曝)情况下的图像增强效果明显
	laplus 函数	凸显图像的细节,进而直观上提高图像对比度	强调图像的边缘和细节,对图像进行锐化
	equal 函数	对比度有所提高,但图像颜色发生变化	对图像像素值进行重新分布
	平场纠正	通过改变每个像元响应直线的斜率和偏移,使所有像素点的响应直线相同	用于校正因光线不均匀、镜头中心和边缘响应不一致、固定噪声等引起的像素值差异

点云强度校正消除了部分外界因素对强度值的影响，使点云强度值仅与目标反射率有关，在一定程度上可提升渗漏水等病害检测的准确性。此外，通过对多种物体的扫描，已经明确了点云激光强度值的分布范围。点云深度图像的处理，主要是通过图像处理的思想对特征结构物进行增强表达，以更方便地结合结构物几何空间特性进行目标分类与识别。

以渗漏水识别为例，为突显渗漏水病害在点云强度值上的差异性，需要对获取到的点云强度值进行增强处理。采用全等级灰度直方图拉伸方法，即通过线性变化的方法将原始强度范围映射到[0,1]区间。设 P 为激光点集，各点的原始强度值为 $Intensity(i)$，$i \in P$。获取原始强度中的最小值和最大值如下：

$$I_{\min} = \min_{i \in P}\{Intensity(i)\} \tag{6-1}$$

$$I_{\max} = \max_{i \in P}\{Intensity(i)\} \tag{6-2}$$

将其分别线性映射到 0～255，得到拉伸后的强度值 $Intensity_{\text{stretch}}(i)$ 为

$$Intensity_{\text{stretch}}(i) = \frac{255}{I_{\max} - I_{\min}} \times [Intensity(i) - I_{\min}] \tag{6-3}$$

原始扫描点云存在少量强度极小或极大点，仅利用该方法进行点云强度值拉伸，存在着一定的缺陷。为解决这一缺陷，在全等级灰度直方图拉伸的基础上，采用考虑点云数量的强度值拉伸方法。将点云最小数量作为阈值以削弱强度噪声点带来的影响，即首先对点云强度进行统计，得到强度值分别为 0～255 区间的各强度值对应的点云数量，并绘制直方图，再统计点数大于阈值的最小强度与最大强度，作为强度拉伸的最小强度与最大强度。

6.2 ▌点云投影与影像生成

点云数据的坐标信息可量测几何轮廓和检测结构变形，强度信息可用于表征隧道表观反射特性和主动成像，具有无需外部辅助光照、设备轻便灵活、兼具量测与成像等优点。因隧道衬砌类型、道床铺设高度、仪器安置位置的多样性，造成了扫描仪中心与隧道内壁测点距离的不确定性，会导致影像畸变和虚影，需根据隧道结构特征与影像应用需求，通过扫描仪标定或数字微分方法进行投影变换和畸变纠正。

6.2.1 圆形断面正射投影

单圆盾构隧道可抽象为一组沿轴线方向有序拼接的标准圆柱体。将各圆柱体侧面图按数学投影原理展开至平面，保持其沿隧道轴线（里程）方向上的连续性，称为"圆形断面正射投影"。经平面旋转、坡度校正后，各圆柱体的侧面图展开为规则的矩形，将各连续矩形拼接形成连续的二维平面。单圆隧道按圆柱体的展开、拼接示意图如图 6-6 所示。正射投影纠正后的灰度影像空间分辨率统一，具有较高的长度和面积量测精度，方便隧道结构病害调查、附属设施管理、应急抢险指挥等。

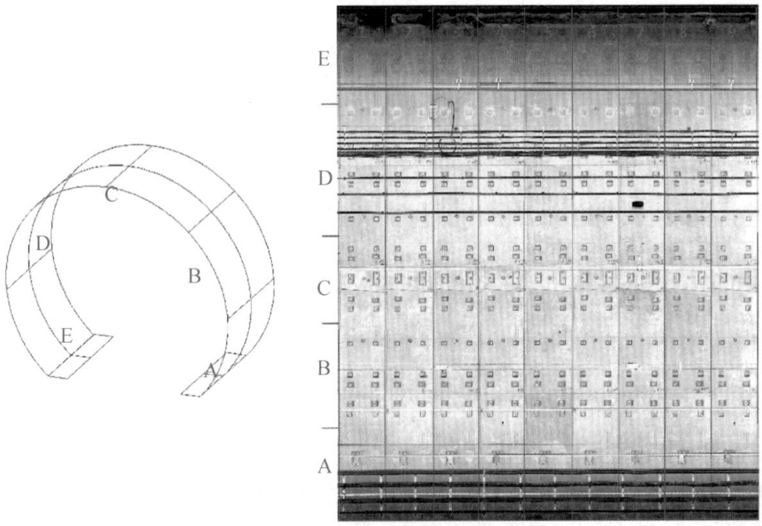

图 6-6 单圆隧道按圆柱体展开示意图

对图 6-6 左图所示的衬砌环进行逐环分段圆柱投影，投影后的 X 坐标为各点所在里程，Y 坐标为圆柱投影弧长，其中，弧长 $l=\alpha\times R$，α 为竖直角，R 为圆半径。

6.2.2 通用断面正射投影

通用断面正射投影主要针对马蹄形隧道、矩形隧道、双圆隧道、过渡段隧道、道床等非规则对象。需要给出对应断面的 CAD 文件，如图 6-7 所示。根据断面设计参数进行扫描点到设计断面的投影，进而展开成平面影像。图 6-8 所示为 Faro 扫描仪获取的道床高分辨率影像。

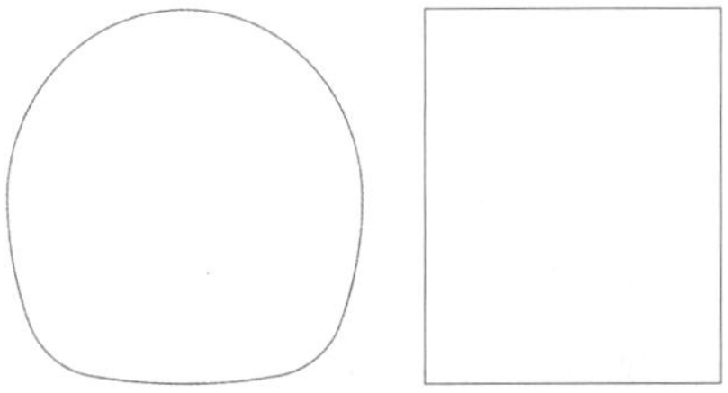

(a) 马蹄形隧道　　(b) 矩形隧道

图 6-7 马蹄形和矩形隧道断面正射投影

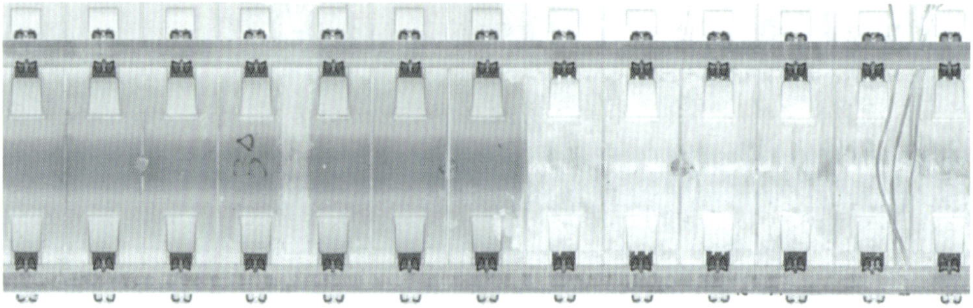

(a) 无砟整体道床

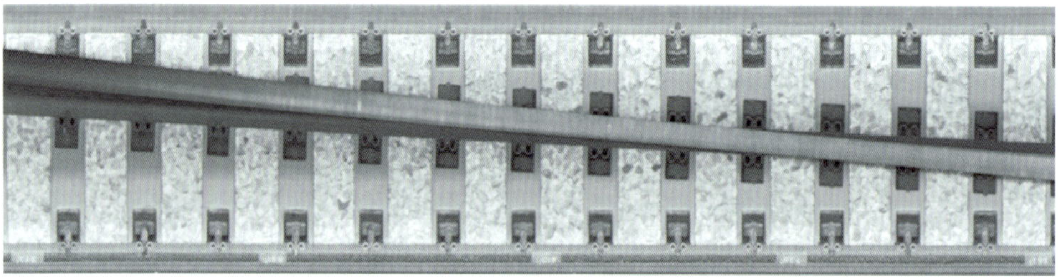

(b) 碎石道床

图 6-8　Faro 扫描仪获取的道床高分辨率影像(1 mm 分辨率)

6.2.3　透视投影

为解决隧道扫描点云数据和解算成果的可视化难题，以及避免人工建模所需耗费的大量人力，可利用扫描点云的 X、Y 坐标、里程和反射率信息直接生成视频，并以第一人称生成前视图、上视图、左视图、右视图等不同视角的漫游视频，以便将真实纹理、环号-里程、直径变形、错台、附属设施等融合到视频中，以直观、高效、通用的方式供监控人员查看监控成果。

如图 6-9 所示，基本的透视投影模型由视点 C、视平面以及待投影点构成。对于投影目标的任一点 $P(X,Y,Z)$，构造一条起点为 C 并经过 M 点的射线 R，R 与视平面的交点 p 即 P 点的透视投影结果。生成视频的基本步骤包括：①在内存或显存中组织扫描数据；②透视投影生成当前帧的内存影像；③根据移动速度，生成连续多帧影像；④多帧影像合成视频，同时在视频中加入其他信息；⑤将视频流媒体上传至服务器或云端，提供给终端用户

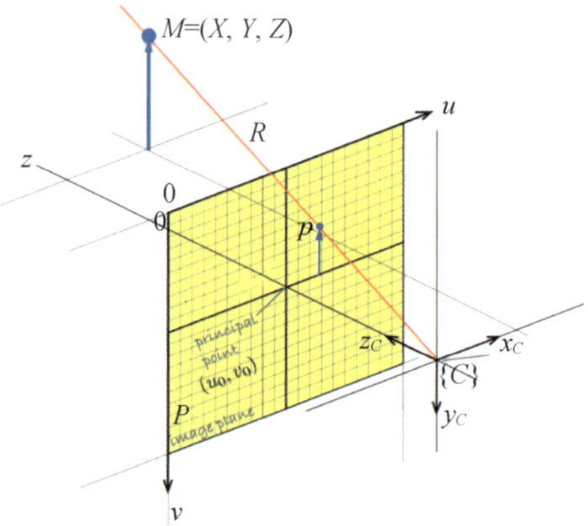

图 6-9　透视投影原理图①

① http://faculty.salina.k-state.edu/tim/mVision/ImageFormation/projection.html

使用。图 6-10 所示为 Z+F 9012 激光扫描点云重建 3D 漫游视频。

图 6-10 Z+F 9012 激光扫描点云重建 3D 漫游视频(前视图)

6.2.4 调和映射投影

调和映射是计算共形几何的一种参数化方法，可处理具有任意拓扑的曲面，被广泛应用于医学、电影、游戏、人脸识别等方面。调和映射是黎曼流形之间的一类重要的微分同胚映射，想象有一橡皮膜制成的模型，将模型罩在光滑的大理石球表面，二者之间可以自由滑动，当摩擦力小到可以忽略时，它们之间的映射称为调和映射，因此直观上也说调和映射极小化弹性势能。可基于调和映射方法，进行隧道曲面参数化，并引入曲率和法线信息，将点云构建的三维隧道曲面参数化至二维平面，可减少降维过程中的扭曲形变，有利于提高后期变形与病害分析准确度。

调和映射需要在三维隧道网络模型上进行，初始数据为三维隧道激光点云数据，故需要先对隧道点云进行三角网构造，可采用泊松曲面构建(图 6-11)，再应用调和映射算法完成三维隧道曲面的参数化，即可将三维模型上的点映射至平面上，获取调和映射栅格图像，映射后的二维平面和映射前的三维隧道曲面是微分同胚的，且平面点云仍可保留原三维几何结构信息。

在数学中，曲面到平面区域的一个光滑双射被认为是曲面参数化问题。应用有限元方法将曲面三角剖分，每个三角形用欧氏三角形来近似，形成三角形网格[2]。调和映射通过有限元方法解决实际问题，将求解域离散剖分成有限个单元，单元间互不重叠，在每个单元中选择合适的基函数，再用基函数的线性组合逼近此单元中的真解。根据其求解原理，将隧道曲面上的函数用网格上的分片式多项式函数来近似，将椭圆偏微分方程(Lapalce 方程)转换成等价的变分形式(调和能量优化)，再将偏微分方程转化为线性方程组来求解，计算三维隧道点云模型上各点映射到二维平面矩形后的位置、颜色以及几何信息。调和映射的具体解算过程可参考文献[3]。

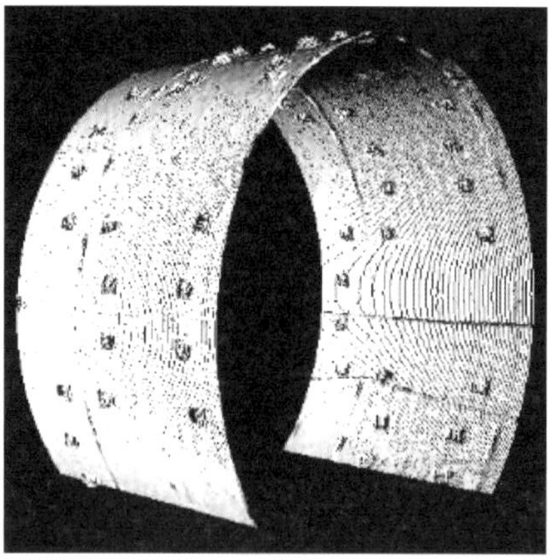

(a) 离散点云

(b) 泊松曲面重构结果

图 6-11 离散隧道点云泊松曲面重建前后

圆形隧道可采用圆柱投影展为二维影像,但通常运营中的隧道内壁上会有很多附属物,对于附属物较多的隧道应用圆柱投影将有大量区域被覆盖,导致信息丢失。如图 6-12 所示,原数据为隧道壁上电箱,应用圆柱投影和调和映射方法进行降维处理。两种方法都能将电箱正面较好地投影至二维平面,但圆柱投影无法保留电箱侧面的点云,从图中可知,圆柱投影导致电箱侧面点云被大量覆盖,只留下顶部部分点云,但调和映射因为是同胚映射至二维平面,较好地保留了侧面点云,电箱盒像被拆开,四个侧面旋转 90°倒向隧道壁。

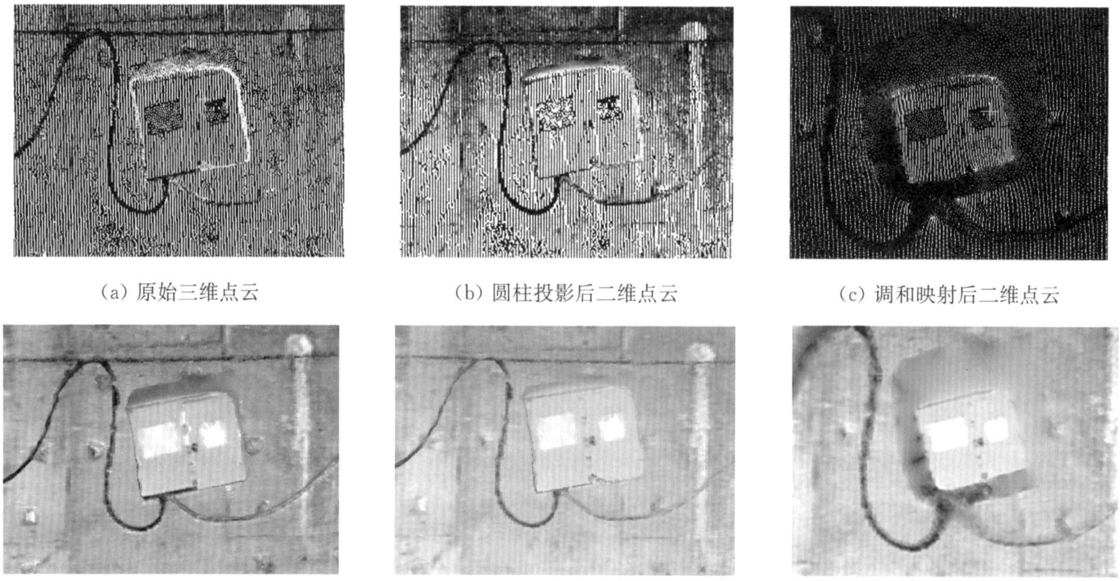

(a) 原始三维点云 (b) 圆柱投影后二维点云 (c) 调和映射后二维点云

(d) 原始三维点云三角网模型 (e) 圆柱投影后二维三角网模型 (f) 调和映射后二维三角网模型

图 6-12 圆柱投影与调和映射对比

利用调和映射可保持最小拓扑变形的特性，将调和映射应用于隧道分析中，可解决隧道环境和特征多样性带来的分析难点，以及更好地满足隧道结构与病害分析中的精度要求。

6.2.5 点云内插与影像生成

激光点云数据是离散的，点云的几何位置分布具有不规则性，生成影像时为得到规则的像素点，一般通过内插实现。常用的插值方法有：最近邻插值、双线性插值、三次样条插值等，其中，三次样条插值属于高阶插值，将周围更多的像素纳入计算范围内，尽可能保留画面细节，但计算时间较长。如图6-13所示，通过三次样条插值对每个扫描线进行插值，可获取不同分辨率的强度影像。不同分辨率的影像可以表达不同细节程度的隧道和轨道信息。

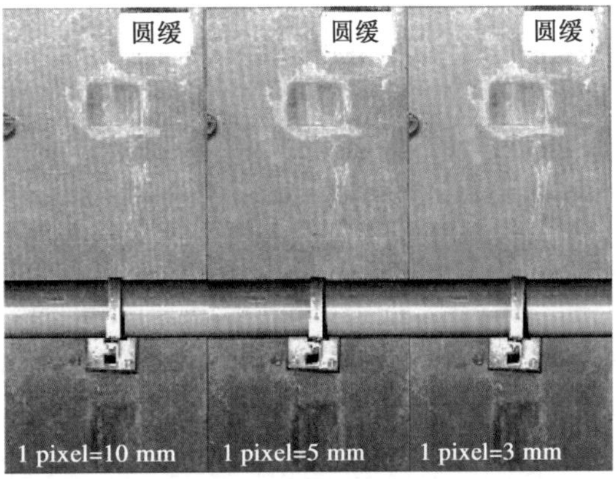

图6-13 激光扫描强度影像不同分辨率重建效果

6.2.6 图像渲染

彩色渲染的处理过程是将一幅灰度图像，利用强度、深度、分类识别、量测特征等映射变换成彩色图像，图像中每个像素的值不是真实的 RGB 颜色，图像渲染的目的是让人们从视觉角度发现更多的信息，对识别目标物具有很大的帮助(图 6-14、图 6-15)。

图像渲染方法可参考伪彩色图像处理方法，包括密度分割法、彩色变换法、频域滤波法等。

密度分割法是指将图像的灰度级分割成不同的区间，对每个区间赋予一种彩色，这样就可得到一幅彩色影像。分割的区间数是任意的，区间数越多，图像的彩色数目越多，图像色彩越丰富，但是图像颜色变化较突兀，视觉效果较差。

彩色变换法是指将灰度图像分别放入不同映射函数的红、绿、蓝三个变换器，然后将三个变换器输出的图像进行叠加，最后得到颜色变化连续、视觉效果较好的彩色图像。

频域滤波法通过对灰度图像进行傅里叶变换得到频率域的图像，使用三个不同的滤波器将频率域图像分离成三个独立的分量；接着对这三个分量进行逆傅里叶变换，得到三幅不同频率分量的单色图像；之后对这三幅单色图像做进一步处理；最后将处理后的三幅图像放入红、绿、蓝的彩色显示器中得到一幅彩色图像。频域滤波法处理过程复杂，但该方法可以控制图像中某些成分(高频、低频)输出，进而方便操作者得到想要的目标。

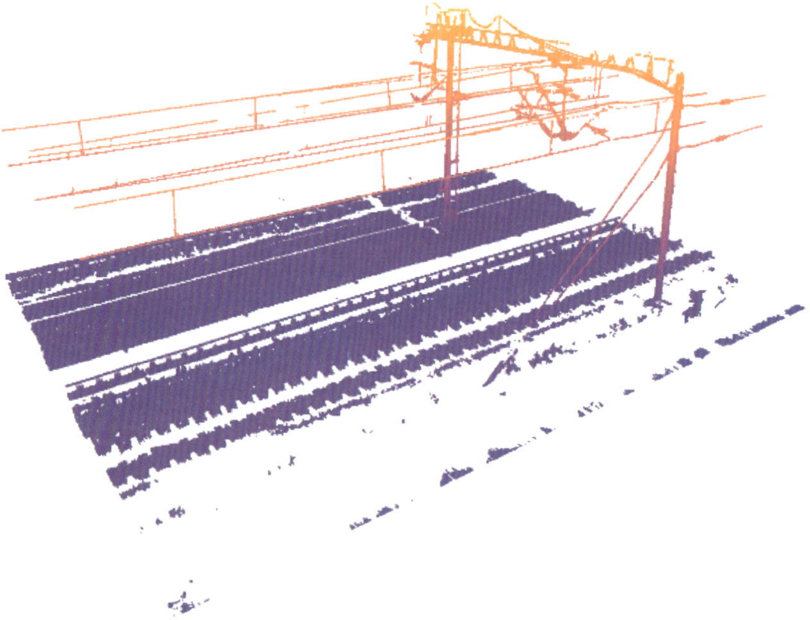

图 6-14　以高程方式渲染线路点云

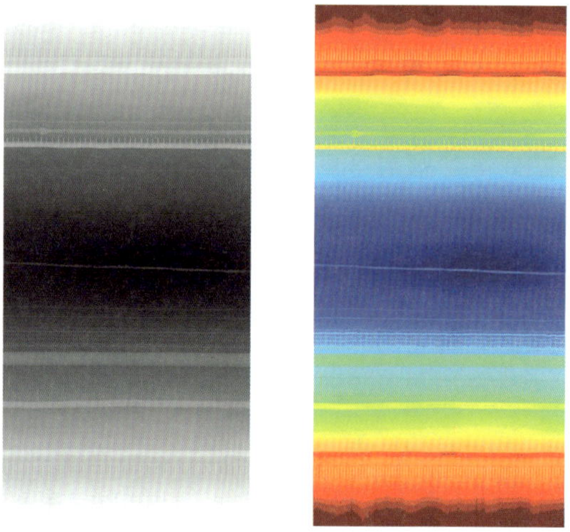

(a) 灰度影像　　(b) 伪彩色影像

图 6-15　灰度影像转换为伪彩色影像示例

6.2.7　超分辨率重建

隧道病害判读和设备调查对点云影像质量有较高要求，检测车一般运行时速在 4 km 以内，同时根据隧道断面大小、内壁条件等进行专门优化处理以提高影像分辨率和对比度。随着地铁线路里程快速增长和天窗不断压缩，一方面迫切需要提高检测效率(如 8 km/h 或更快)，但另一方面过高的采集速度会带来震颤模糊、分辨率降低、质量下降等问题。本书将介绍用于隧道内壁影像超分辨率重建的残差特征重组注意力网络，以及该网络对低分辨率隧道内壁影像的重建效果。

基于深度学习的超分辨率重建方法是指通过深度神经网络学习训练中集中低分辨率影像向其他高分辨率影像映射，来推断一个低分辨率图像中所缺失的高频内容，旨在恢复其高分辨率图像。隧道内壁影像是由点云投影展开再插值生成的，低分辨率影像与高分辨率影像的区别在于生成它们的点云密度不同，所以低分辨率影像可以看成是在高分辨率影像下采样而得到。

高分辨率影像中的大部分低频信息在低分辨率影像中也存在，低分辨率影像中有丰富的信息，二者的不同之处在于低分辨率影像缺少部分高频信息：

$$I_{\mathrm{HR}}=I_{\mathrm{LR}}+Res \tag{6-4}$$

式中，I_{HR} 表示高分辨率影像；I_{LR} 表示低分辨率影像；Res 为低分辨率影像缺失的高频信息。

因此，只需对 Res 进行学习与建模，结合已有的低分辨率影像就能恢复出高分辨率影像。本节介绍的残差特征重组注意力网络，可以从低分辨率影像中挖掘深层特征，从而对缺失的高频信息进行重构。如图 6-16 所示，本节提出的残差特征重组注意力网络主要包括四个部分：浅层特征提取模块、深层残差特征提取模块、上采样模块、影像重构模块。

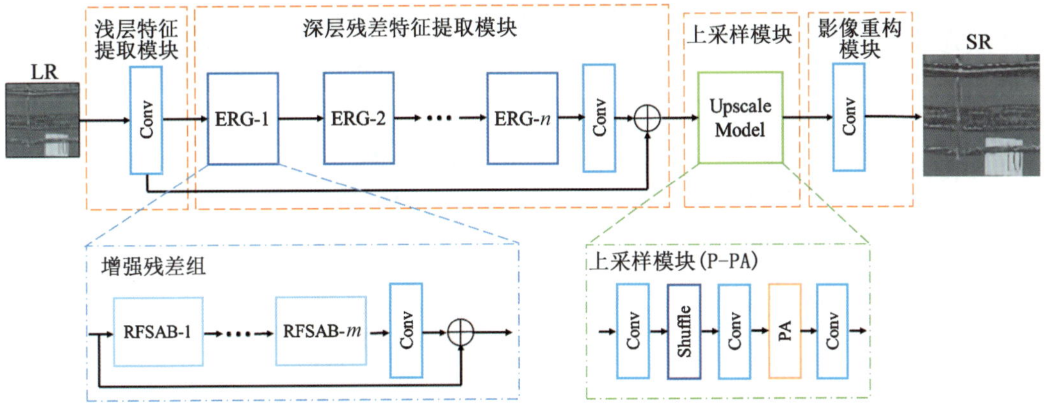

图 6-16 残差特征重组注意力网络结构示意图

以西安某地铁线路盾构隧道的高分辨率隧道内壁影像作为超分辨率重建网络训练试验数据集，在隧道内壁影像超分辨率重建模型的每个训练批次中，将 16 个随机提取的大小为 48×48 的低分辨率影像块作为输入。使用 PaddlePaddle 框架在单张 NVIDIA Tesla V100 显卡上进行模型的训练。使用训练好的网络，对从隧道内壁影像中随机选取的812 张影像块进行超分辨率重建。其中，×4 尺度下恢复的影像效果如图 6-17 所示。

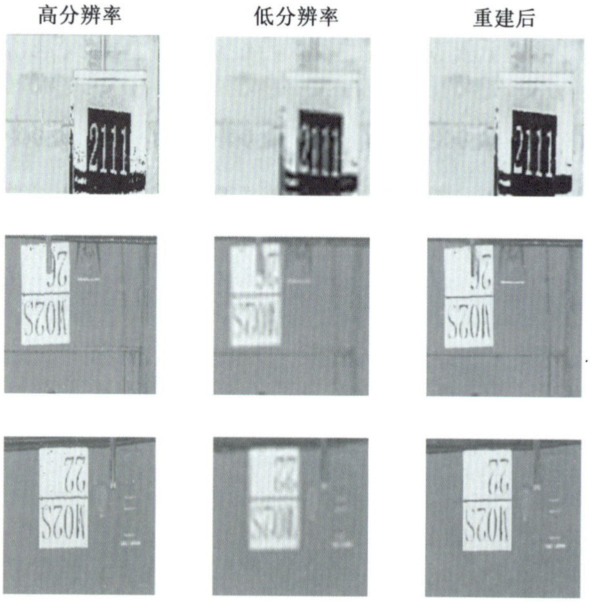

图 6-17　×4 尺度下低分辨率隧道内壁影像重建的视觉效果

通过超分辨率重建，低分辨率影像的识别能力可得到一定程度的改善。图 6-18 展示了低分辨率数字影像识别结果与超分辨率数字影像识别结果的对比，可见低分辨率数字影像存在识别失败或错误的情况，通过高分辨率重建，可以准确识别数字信息。

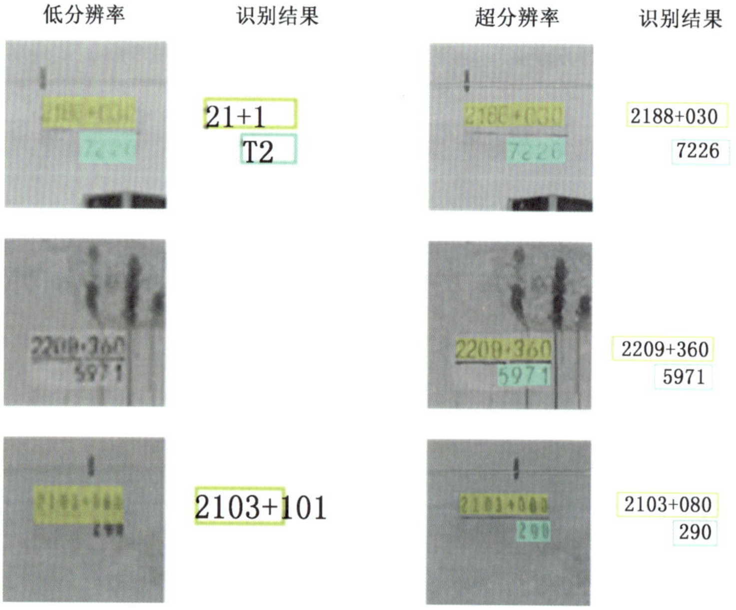

图 6-18　超分辨率重建对目标识别的影响结果

6.3 目标识别与差异分析

基于近年来快速发展的机器学习和深度学习算法，进一步实现盾构管片衬砌分环分块、表观病害识别、多期差异监测、设施设备提取等功能，进一步根据工程实践优化人机交互处理操作和流程，减小人工单调重复作业，提升数据处理自动化水平。

6.3.1 管片分环分块

环内纵向接缝的提取以 4.3 节点云分割中隧道环缝检测为基础。利用环缝检测过程中所记录的各环缝的里程位置将所有隧道点云数据分割成各个环片，并以此作为计算的基本单元。每一环的隧道各管片位置往往都有一定的设计标准，即每一环的封顶块、邻接块和标准块都有一定的设计角度范围。为此，首先从隧道设计部门获取研究区的管片拼装设计标准，然后参照各设计管片的角度范围以及实测的点云数据，从各环片点云中估算封顶块点云的近似角度范围并选择出该角度范围的点云。最后，将选择出的包含封顶块点云的数据利用 6.2.1 节的圆柱投影方法展开成平面，并利用每一点的强度值插值生成环片灰度图像，在此图像的基础上进行封顶块左右两侧纵向接缝的检测。

Canny 边缘检测算子是一种多级边缘检测算法，能够较好地识别图像中的边界，已经得到了普遍的认可和应用。首先，采用 Canny 算子对包含封顶块的图像进行计算；其次，利用图像的膨胀算法对边界图像进行处理；最后，利用 Hough 变换检测算法检测出图像中的两条纵向接缝。图 6-19 所示为环片封顶块纵向接缝检测。

实际隧道上方距离隧道顶部一定距离的位置往往存在接触网或电线等悬挂线（图 6-20）。在点云数据采集过程中该悬挂线与隧道壁的纵向接缝具有相近的强度特征，导致个别环片在纵向接缝检测过程中将此线状地物检测为边界。为克服此问题，在选择封顶块点云并将其投影的过程中设置相应的阈值条件，即计算选择出的封顶块所有的断面点到对应断面圆心的距离并与理论断面半径进行对比，将与理论半径的差值大于一定的数值（如 30 cm）的断面点滤除，再进行投影并生成图像。在此基础上，提取对应隧道环片的纵向接缝，结果如图 6-21 所示。

(a) 封顶块灰度图像　(b) 边界图像　(c) 边界膨胀　(d) 检测结果

图 6-19　环片封顶块纵向接缝检测

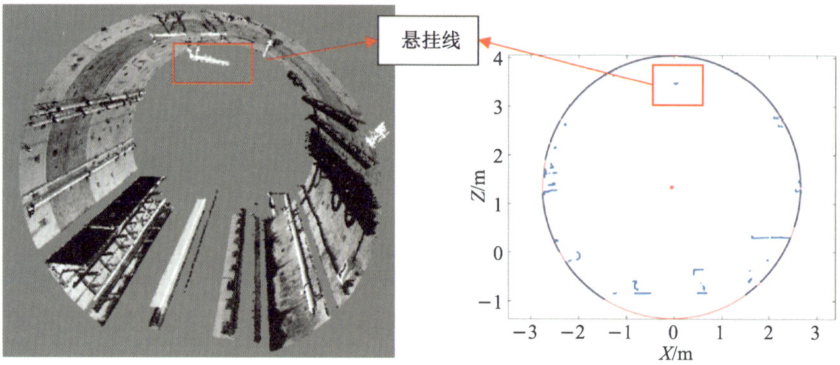

(a) 隧道点云中的悬挂线　(b) RANSAC断面线拟合过程中的悬挂线

图 6-20　隧道顶部的悬挂线

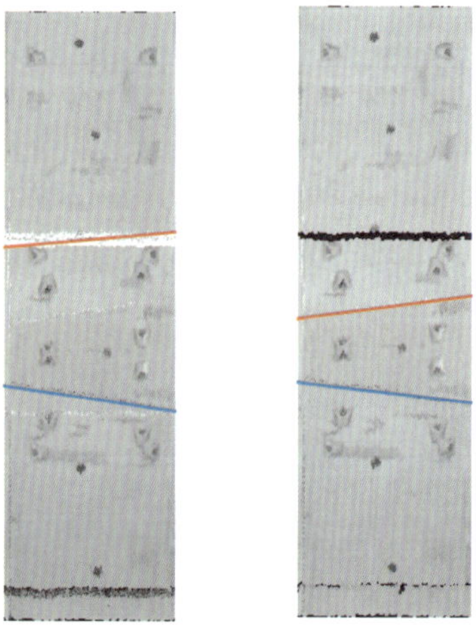

(a) 去除悬挂线前　(b) 去除悬挂线后

图 6-21　去除隧道顶部悬挂线前后纵向接缝检测结果对比

初次识别出隧道环片封顶块的两条纵向接缝线可能较短，可利用 Hough 变换解算得到的直线方程对各直线进行延长，或利用深度图像模板匹配等算法，以提高复杂隧道环境下分环分块的算法正确率和泛化能力。图 6-22 所示为复杂隧道条件下衬砌分环分块识别效果，绿色圆点为环缝位置，紫色圆点为封顶块角点位置。

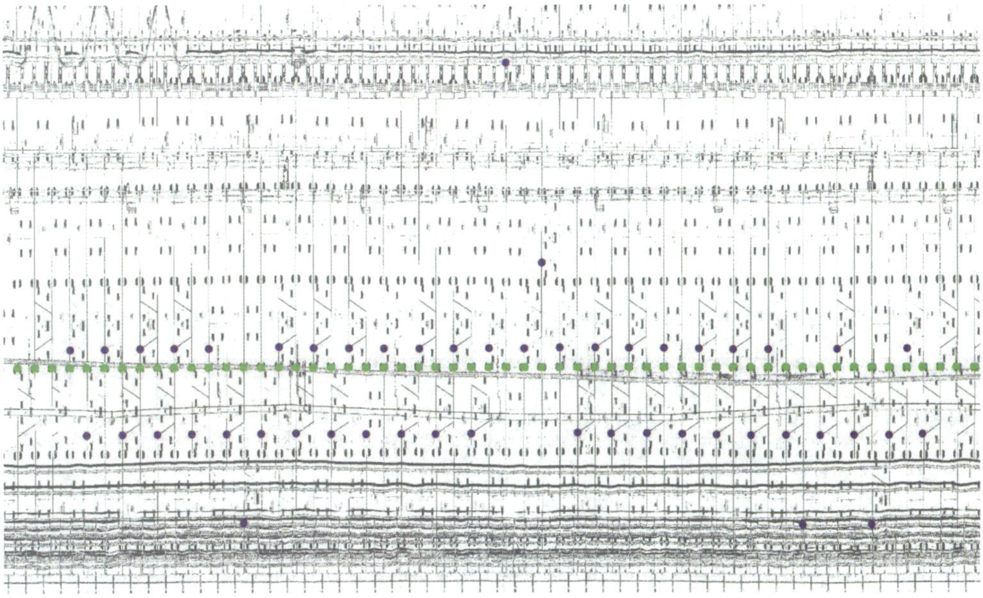

图 6-22　复杂隧道条件下衬砌分环分块识别效果

根据从图像中识别出的封顶块左右两条纵缝线即可反算出它们在封顶块点云数据中的坐标，由此坐标即可计算封顶块中所有点相对于两条直线的位置关系，进而完成封顶块点云数据的精确分割。同时，利用这两条纵缝线也可以内插得到封顶块中间位置的点在整个环片中的角度。在隧道的管片拼装规范中往往对每条纵缝距离封顶块中间位置的角度偏差进行了规定。由此可以对单个环片内各部分的管片进行分割，图 6-23 所示为某一环内的管片分割结果。

(a) 管片分割后的隧道环片

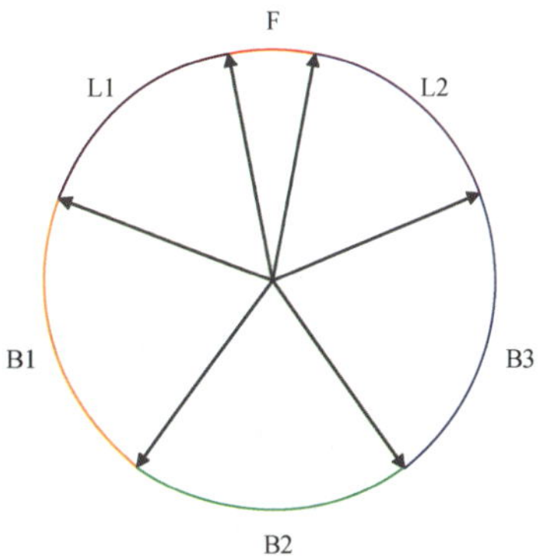

(b) 分段拟合方案

图 6-23　环片分割和拟合影像调绘

6.3.2 特征对象提取

点云影像是隧道现状的一种直观反映，可利用隧道激光扫描正射影像作为底图制作各类专题影像图，提供隧道内全覆盖的渗漏水等病害位置、面积、分布的精确量算功能，调查并统计隧道内附属设施分布现状等。对影像进行矢量化处理，标注隧道的点状（如照明灯、配电箱、消防龙头、信号设备等）、线状（如线缆、管道、裂缝、逃生安全平台等）、面状（如渗漏水、混凝土缺陷、碳纤维加固等）的隧道附属设施和病害等，并将判读结果保存为.shp（shape）文件，根据环号里程信息，可随时查看隧道断面收敛变形、隧道壁调查检测结果等，生成类似 ArcGIS 制作的隧道专题制图成果（图 6-24），以直观形式反映现场施工状态，有利于现场安全和文明施工的管控以及运营期的安全维护等。

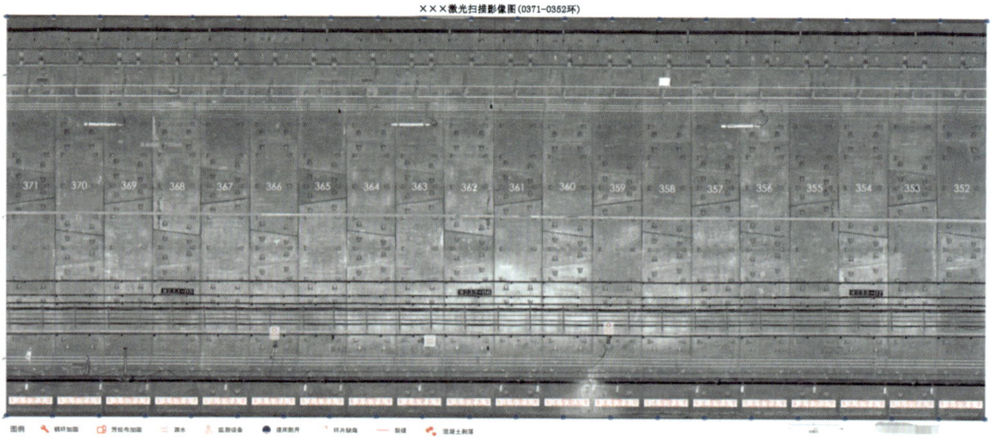

图 6-24　隧道病害调绘专题制图成果

实际应用中可结合隧道影像进行病害提取，也可参考病害的反射率与几何特征（如渗漏水的位置、面积大小、连通域等）。许多学者结合渗漏水沿缝隙或水源垂直扩散的特点，进行渗漏水边缘提取。一些学者为排除隧道内与渗漏水具有相似强度特征的附属物干扰，使用人工神经网络对提取结果进行分类，实现渗漏水提取。但由于隧道内含有的电缆、管道、电源设备和照明设施等附属物具有与渗漏水相似的强度值，利用传统特征的病害提取方法的普适性和鲁棒性较差。

相较于 Canny 或 Sobel 边缘检测算子、区域增长算法和自适应阈值算法等传统识别算法，近年来深度学习模型在图像识别方面进展迅速。针对隧道渗漏水、裂缝等隧道病害特征的提取、定位和统计需求，国内外学者尝试利用深度学习模型开展目标检测与语义分割任务（图 6-25）。Mask R-CNN 作为经典的两阶段实例分割算法，即“先检测后分割”，虽然模型较复杂，但在精度上强于 YOLACT[8] 和 CenterMask[9] 等一阶段实例分割模型。现阶段已有一些学者将该框架用于隧道内渗漏水识别与提取，如 Zhao 等[10] 使用 Mask R-CNN

算法对工业相机采集到的隧道衬砌图像进行训练，可同时实现渗漏水的边框定位与分割，并与 FCN 和 Otsu 两种常规算法获得的结果进行了比较，证明了其方法的有效性。Xue 等[11]选用 Cascade Mask R-CNN 框架对相机采集到的渗漏水图像进行实例分割，得到了比经典的 Mask R-CNN 算法更好的分割效果。

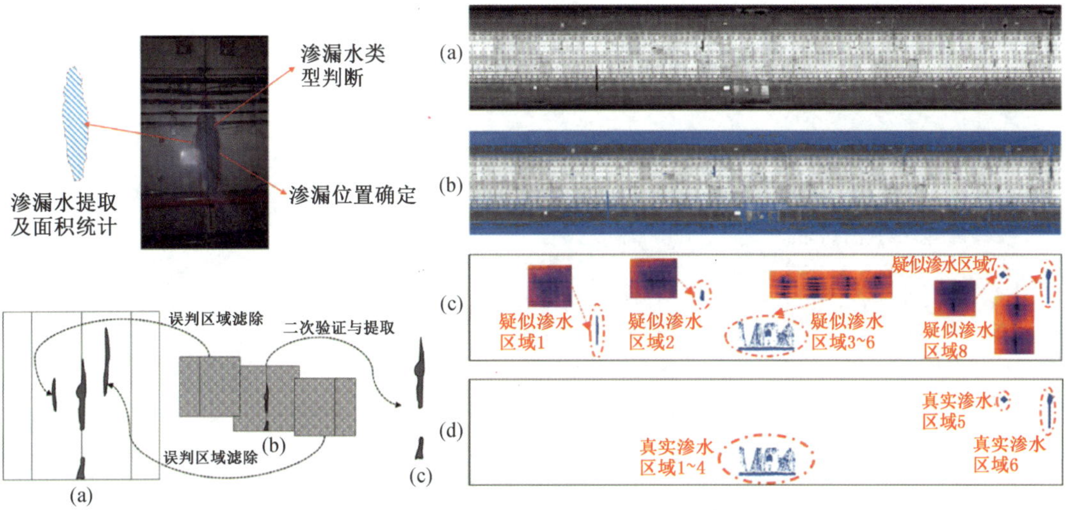

图 6-25　隧道渗漏水的自动识别和语义分析

本书利用移动激光扫描系统得到的点云数据进行隧道衬砌表面强度影像生成，结合实测数据制作渗漏水数据集，使用 Mask R-CNN 作为基础框架，在模型中使用 Res2Net，通过逐层增大感受野提高模型特征提取能力，同时为改善同一目标被重复预测以及得到更精准的边界框回归与分割结果，在其头部采用了级联结构，实现对渗漏水的实例分割，图 6-26 所示为隧道图像实例分割效果，其中 a0～d0 为标签，a4～d4 为该方法的分割结果。

利用基础地理信息、设计资料、调查数据、识别特征对象、隧道内壁正射影像等，基于 Autodesk Revit 平台和 Dynamo 辅助插件等工具，通过字段关联、创建算法和编制脚本程序等流程，建立隧道高精度实景三维模型。利用逐环正射影像（含病害、设备等信息）对隧道三维模型进行贴图，使得隧道内壁真实纹理在重建模型中可见，以便进一步拓展基于 CIM 技术的轨道交通实景建模应用，如图 6-27 所示。

6.3.3　多期影像匹配与差异识别

在日常人工巡检隧道过程中，难以发现多期之间的细小差异，累计量变可能会给隧道安全带来隐患。采用多期激光扫描数据进行精确比较，能够发现隧道变形和其他潜在风险隐患。两期检测的移动速度、起止里程和分辨率等难以完全一致，因此在对比分析之前，需确立两期扫描文件的里程匹配（图 6-28）和轮廓的严密匹配参数。

a4　　b4　　c4　　d4

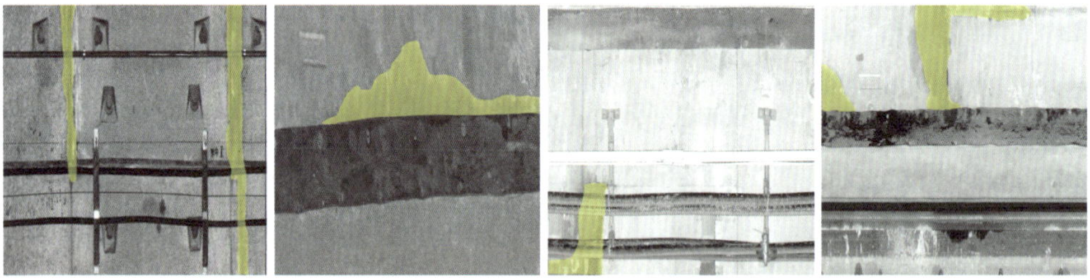

a0　　b0　　c0　　d0

图 6-26　渗漏水实例分割结果

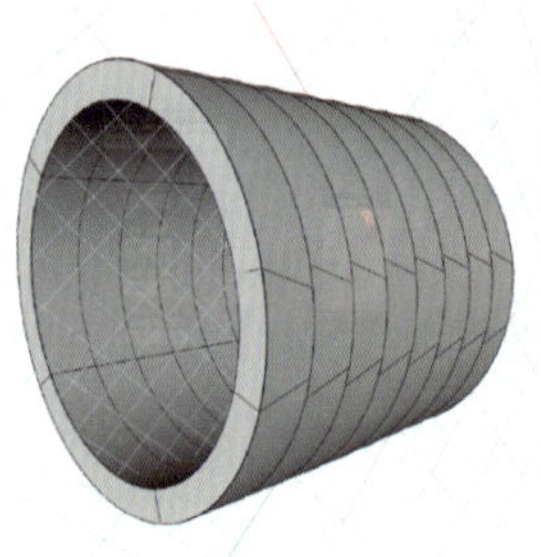

（a）盾构管片分环分块模型

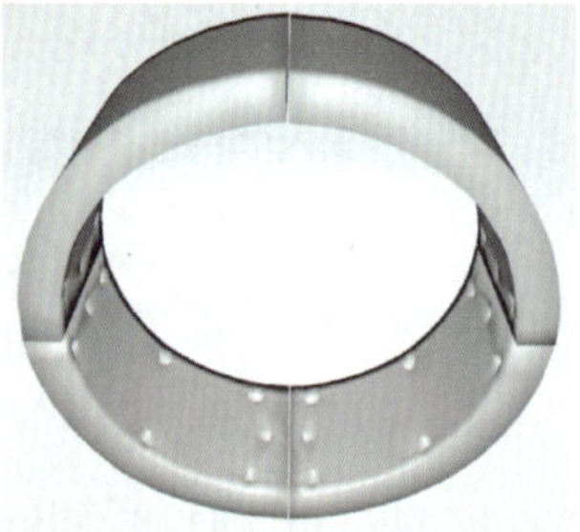

（b）模型贴图前

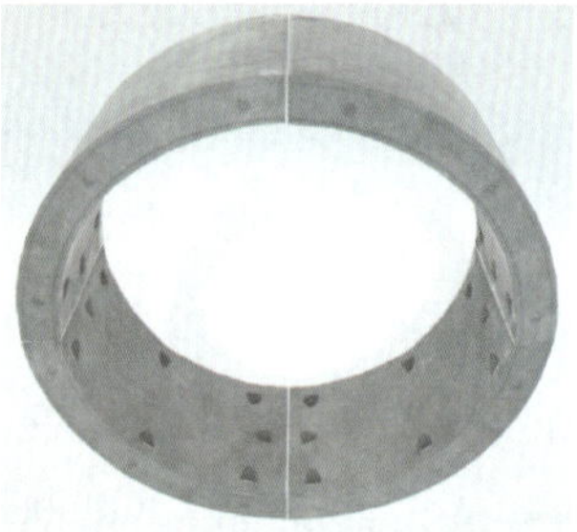

（c）模型贴图后

图 6-27　Dynamo 盾构隧道建模示例

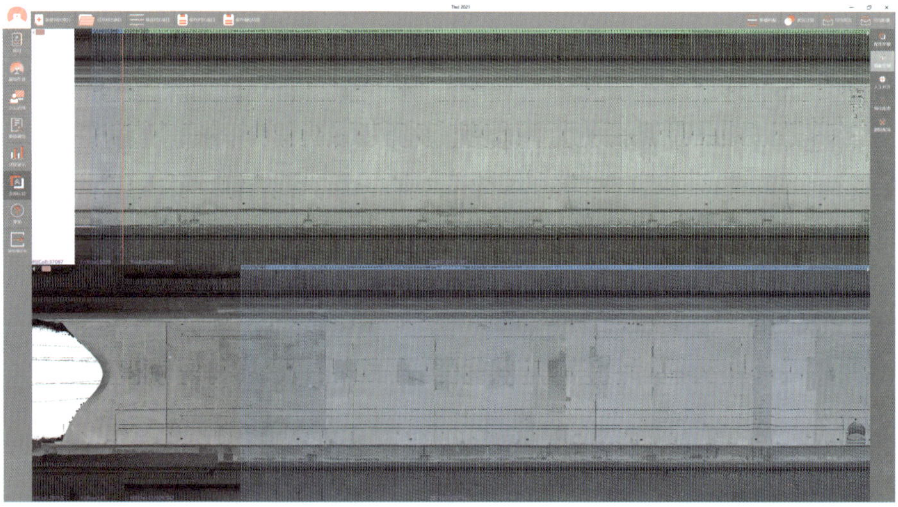

图 6-28　里程匹配结果示例

根据里程匹配结果，将两期数据进行里程纠正，使得同一里程的激光线束对应同一目标，基于此可对两期数据进行自动差异比较，比较精度可达厘米级。差异检测示例如图6-29所示，以矩形框或颜色掩模标识两期扫描变化区域，将两期数据进行叠加显示，分析变化类型和风险等级。图6-29(a)中隧道旁工作人员在两期数据对比中可明确识别，图6-29(b)可识别出隧道内缺失的电缆。

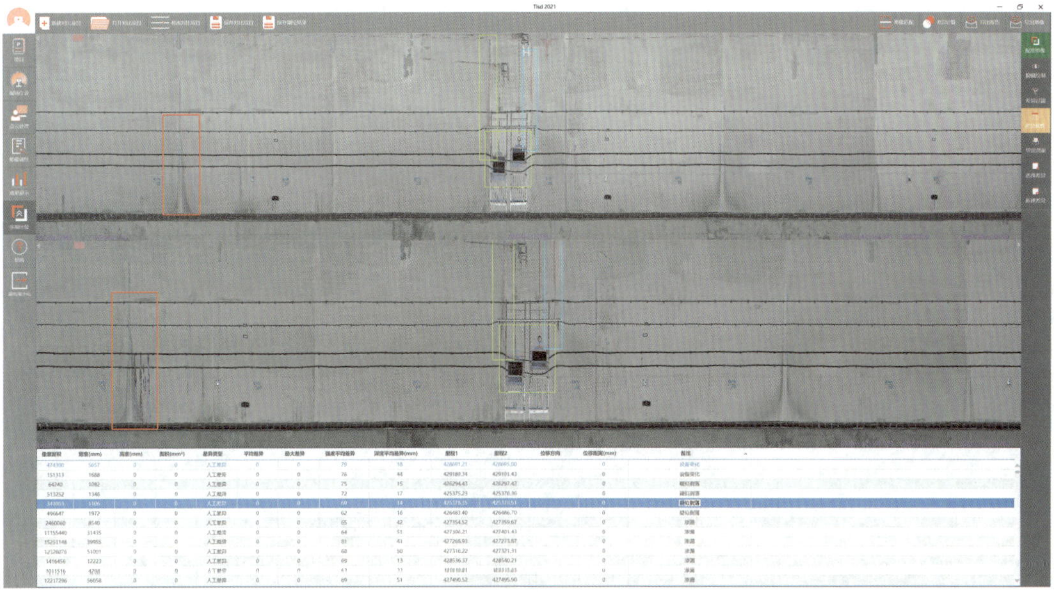

(a) 隧道旁工作人员(红色矩形框)、接触网重锤(绿色框)、局部衬砌剥落(蓝色矩形框)

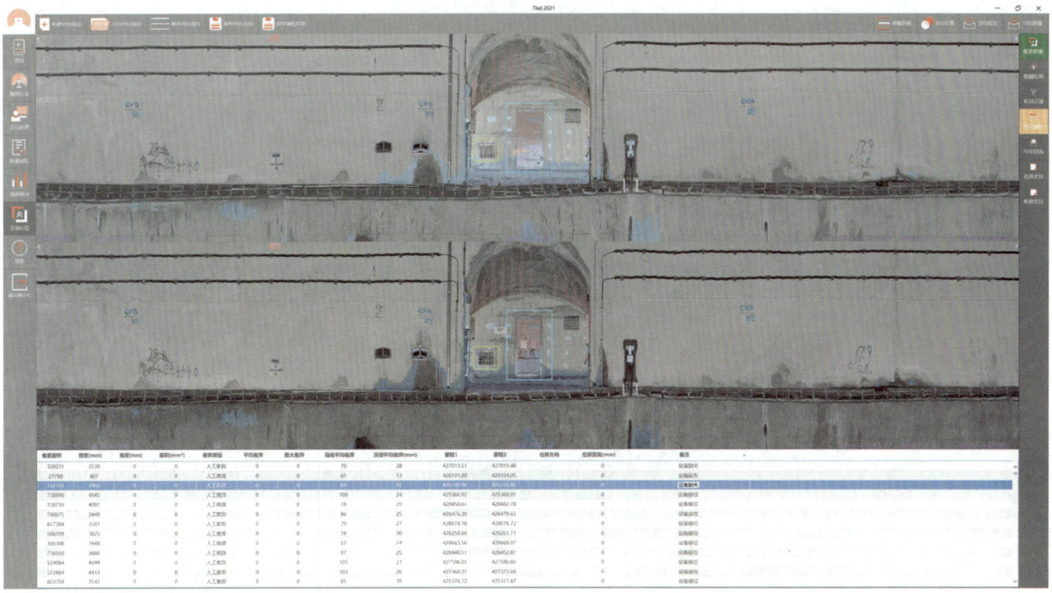

(b) 隧道设备更换(蓝色矩形框)、线缆移位(绿色框)、渗漏范围变化(蓝色掩模)

图6-29　差异检测示例

根据隧道中存在大量轨道扣件且扣件距离固定的特性，结合深度学习目标检测算法（如 YOLOv4 等）对隧道中扣件进行自动提取，并基于扣件提取结果对两次扫描数据的里程进行匹配。扣件提取结果如图 6-30 所示（仅给出视点较近的一些扣件结果）。结合轨道扣件空间位置关系，对隧道点云里程进行匹配，匹配效果如图 6-31 所示，匹配后两期数据里程对应较好。

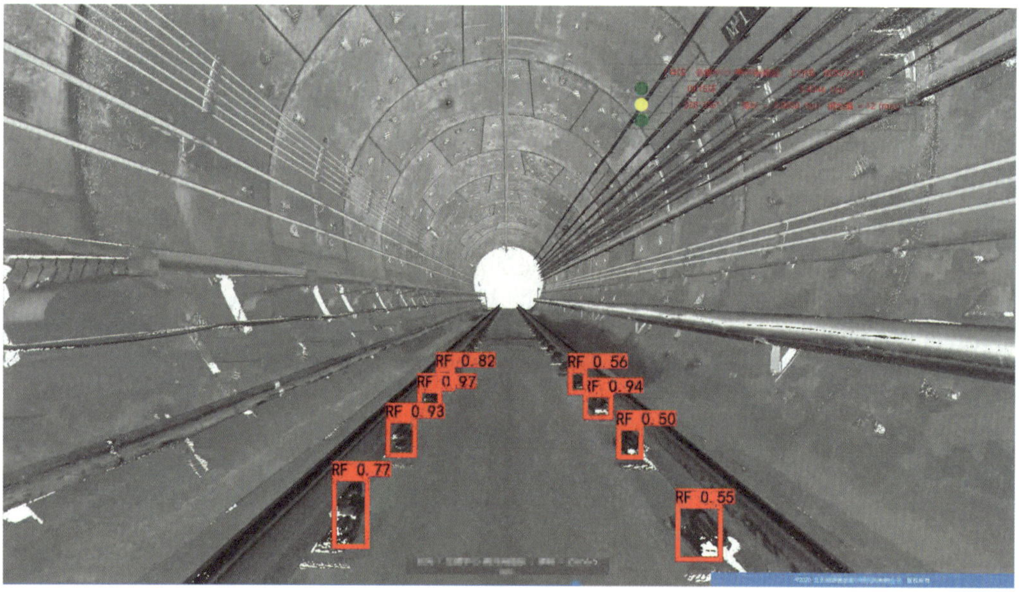

图 6-30　扣件检测结果

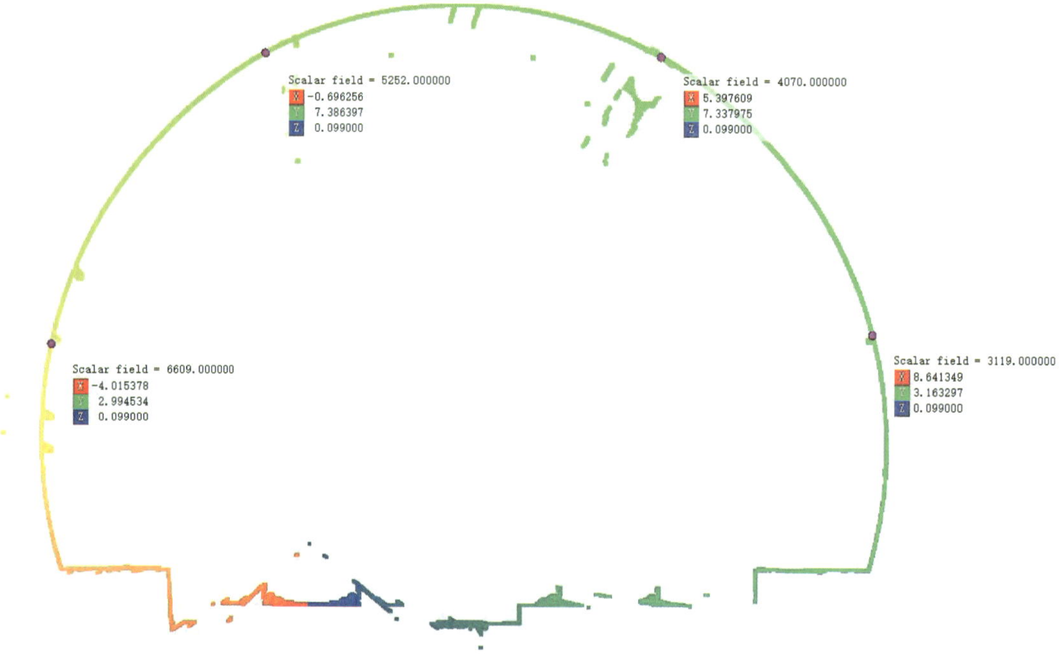

图 6-31　断面轮廓精确配准

6.4 本章小结

本章主要探讨了基于激光点云坐标与强度信息生成隧道图像的方法，包括对激光强度和深度的处理、点云投影方法以及结合点云影像的目标提取方法。受限于机械式单断面扫描的器件性能限制，现有激光断面仪的成像速度和分辨率无法与面阵或线阵高速相机匹敌，但具有无需光源主动成像、测量与成像兼具、无投影畸变、设备体积功耗小等优势，运用得当仍可取得高精度测量成果和高质量影像成果。

参考文献

[1] 许正文.基于 ArcGIS 的隧道激光扫描影像专题制图[J].浙江水利水电学院学报，2017，29(1)：58-62.

[2] GU X F. Parametrization for surfaces with arbitrary topologies [D]. Boston: Harvard University, 2002.

[3] LIU Y J, ZHONG R F, CHEN W, et al. Study of tunnel surface parameterization of 3-D laser point cloud based on harmonic map[J]. IEEE Geoscience and Remote Sensing Letters, 2019 (99): 1-5.

[4] KIM K I, KWON Y. Single-image super-resolution using sparse regression and natural image prior [J]. IEEE Transactions on Pattern Analysis and Machine Intelligence, 2010, 32(6): 1127.

[5] ZHANG Y, LI K, LI K, et al. Image super-resolution using very deep residual channel attention networks[C]//Proceedings of the European Conference on Computer Vision (ECCV), 2018: 286-301.

[6] ZHAO H, KONG X, HE J, et al. Efficient image super-resolution using pixel attention[C]// ECCVW (AIM2020 ESR Challenge), 2020: 1-17.

[7] KINGMA D, BA J. Adam: a method for stochastic optimization[J]. Computer Science, 2014.

[8] 刘嘉敏.基于 YOLCAT 实例分割的路段监控系统研究与实现[D].广州：广州大学，2020.

[9] 章悦，张亮，谢非，等.基于实例分割模型优化的道路抛洒物检测算法[J/OL].[2021-07-06].计算机应用.

[10] SHUAI Z, DONGMING Z, HONGWEI H. Deep learning-based image instance segmentation for moisture marks of shield tunnel lining [J]. Tunnelling and Underground Space Technology Incorporating Trenchless Technology Research, 2020, 95: 1-11.

[11] YADONG X, XINYUAN C, MAHDI S, et al. Deep learning-based automatic recognition of water leakage area in shield tunnel lining[J]. Tunnelling and Underground Space Technology Incorporating

Trenchless Technology Research，2020，104：5.

[12] HONGWEI H，QINGTONG L，DONGMING Z. Deep learning based image recognition for crack and leakage defects of metro shield tunnel[J]. Tunnelling & Underground Space Technology，2018.

[13] OTSU N. A threshold selection method from gray-level histograms[J]. IEEE Transactions on Systems Man & Cybernetics，2007，9(1)：62-66.

[14] PROTOPAPADAKIS E，VOULODIMOS A，DOULAMIS A，et al. Automatic crack detection for tunnel inspection using deep learning and heuristic image post-processing [J]. Applied Intelligence，2019.

[15] YOUNG-JIN C，WOORAM C，ORAL B. Deep learning-based crack damage detection using convolutional neural networks[J]. Computer-Aided Civil and Infrastructure Engineering，2017.

[16] XUE Y，LI Y. A fast detection method via region-based fully convolutional neural networks for shield tunnel lining defects[J]. Computer-Aided Civil and Infrastructure Engineering，2018，33(4)：638-654.

[17] SHAOQING R，et al. Faster R-CNN：towards real-time object detection with region proposal networks[J]. IEEE Transactions on Pattern Analysis and Machine Intelligence，2017，39(6)：1137-1149.

7

轨道移动激光测量与检测系统

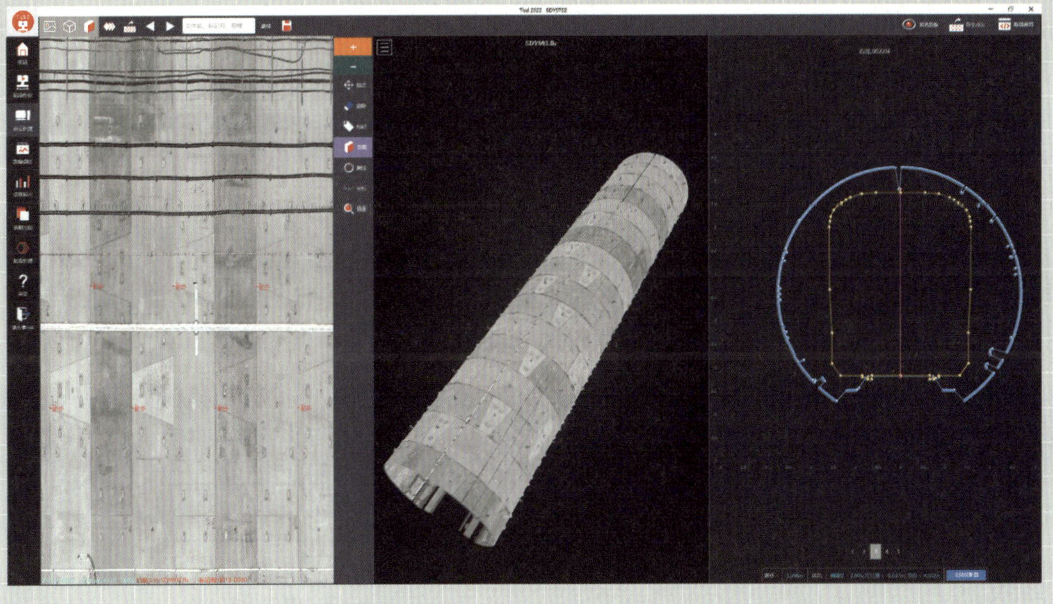

7.1 系统概述

基于轨道交通场景结构变形与分析基本理论和方法，本书研究团队开发了“轨道移动激光测量与检测系统”(Track Laser Scanning & Detection System，TLSD)。该系统针对轨道交通检测行业需求，利用激光扫描仪采集角度、距离和强度数据，支持组合导航系统(GNSS+IMU)、里程计、轨距等多传感器的系统集成，实现对铁路、地铁的沿线“实景复制”，具有兼容多型扫描仪、适用于多种应用场景、操作界面简洁、处理速度快、成果文件开放等优点，可获得测量对象的空间坐标、几何尺寸、正射影像、变形数据、漫游视频等丰富成果，满足铁路(地铁)的隧道、线路、站台等快速高效综合检测的需求。

7.1.1 系统组成

TLSD 系统由硬件和软件两部分组成，如图 7-1 所示。系统硬件包括搭载平台、传感器、平板电脑、电池等。其中，传感器包括扫描仪、组合导航系统、里程计、轨距传感器等。软件是系统的核心，提供传感器集成、采集控制、数据处理与成果发布等功能。TLSD 系统采用 C# 语言开发，使用 Z+F、Faro 激光扫描仪厂商授权的 SDK 进行扫描仪控制和数据读取。软件适配操作系统及运行环境要求如下：

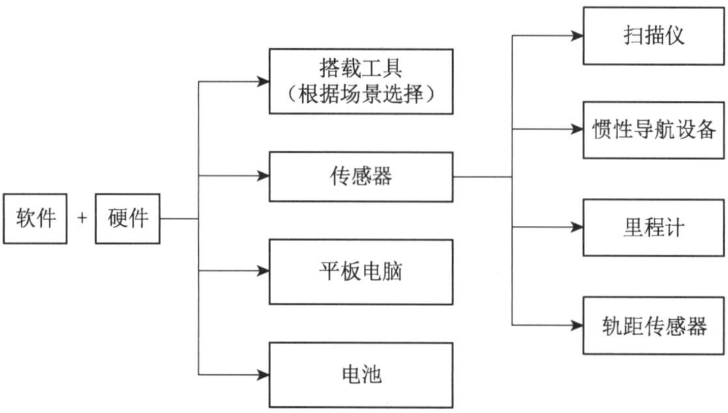

图 7-1　轨道移动激光测量与检测系统组成

(1) Windows 10 及以上,64 位操作系统,不支持 Windows Server;

(2) Visual C ++ Redistributable 2010 版本及以上;

(3) .Net 4.6.1 版本及以上;

(4) 显卡需支持 WebGL;

(5) Faro 激光扫描仪需授权安装 Faro SDK;

(6) 内存 8GB 及以上,硬盘剩余存储空间不小于 10GB。

根据应用的场景不同,TLSD 系统授权无惯导和集成惯导两种工作模式。无惯导模式主要针对隧道收敛变形、病害调查、限界测量等应用场景,通过里程或环号确定变形或病害的位置,降低系统成本且作业简便,如图 7-2 所示。集成惯导模式主要针对三维竣工验收、既有线改造勘测、数字化调查建模等,如图 7-3 所示。选择适用的搭载平台并选配其他专用传感器(轨距传感器、倾角仪、全景相机等),使用抗干扰、防水防震、供电时间长、支持触摸操作的工业平板电脑,以保证系统在恶劣环境下稳定可靠工作。

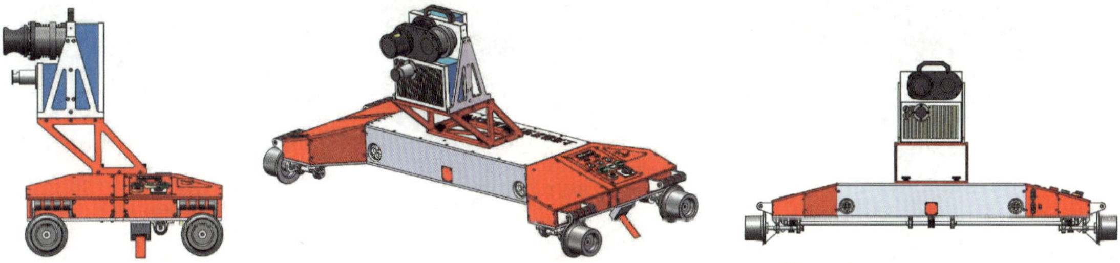

(a) 侧视图　　(b) 斜视图　　(c) 正视图

图 7-2　轨道移动激光测量与检测系统(无惯导模式)

(a) 设计图　　(b) 实物图

图 7-3　轨道移动激光测量与检测系统(集成惯导模式)

7.1.2 系统功能与流程

TLSD 系统适用于单圆盾构、马蹄形隧道、类矩形隧道以及其他断面形状隧道的测量与检测。如图 7-4 所示，分别是常规单圆盾构隧道、马蹄形隧道、矩形隧道、单洞双线大直径隧道、类矩形盾构隧道、15.6 m 大直径盾构隧道。TLSD 系统主要功能包括：

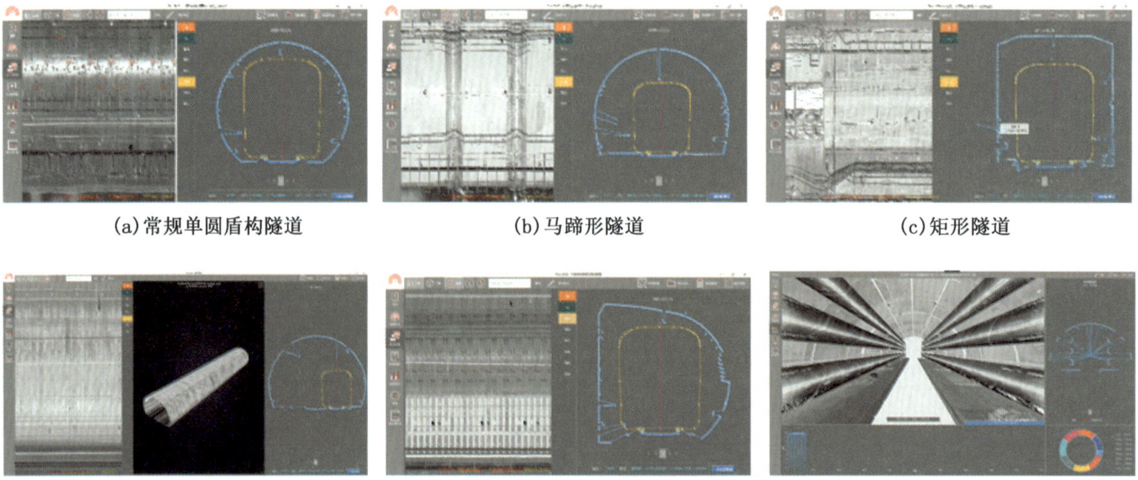

(a)常规单圆盾构隧道　(b)马蹄形隧道　(c)矩形隧道

(d)单洞双线大直径隧道　(e)类矩形盾构隧道　(f)15.6 m大直径盾构隧道

图 7-4　TLSD 系统适用隧道类型

（1）硬件控制：控制激光扫描仪、组合导航系统、轨距传感器、里程计等硬件设备；

（2）交互标注：交互标注里程、环号、控制点等；

（3）盾构隧道解算：支持盾构法隧道分环分块，解算椭圆度、错台量、水平直径等；

（4）矿山法隧道解算：支持矿山法隧道断面导入、测线计算和导出断面.dxf 文件；

（5）正射影像：能够根据激光反射强度以及距离生成强度和深度正射影像；

（6）影像调绘：通过正射影像调绘统计隧道病害、附属设施，制作专题影像图；

（7）三维点云生成：根据组合导航数据或轨道设计中心线，生成并导出绝对三维点云数据；

（8）生成隧道漫游视频；

（9）其他定制化扩展功能。

系统的总体流程如图 7-5 所示，主要包括点云数据采集、数据解算与成果展示三部分。首先将各类传感器搭载于移动平台上进行数据采集。采集的原始数据经里程纠正、正射投影、断面解算后，获得空间坐标、几何尺寸、隧道影像、断面变形、漫游视频等成果数据。按功能模块所处阶段，TLSD 软件的主要功能可分为外业作业、内业处理与成果展示三大模块（图 7-6）。系统界面如图 7-7 所示，包括功能区、视图区、工具栏等，方便切换菜单选择、批量解算、显示影像点云并切换工作界面。

数据处理流程如图 7-8 所示，一般包括预处理、断面解算、影像调绘、成果展示等主要环节。预处理环节提供影像预览、里程标记、点云导出等；断面解算环节提供隧道断面解算、定距解算等。

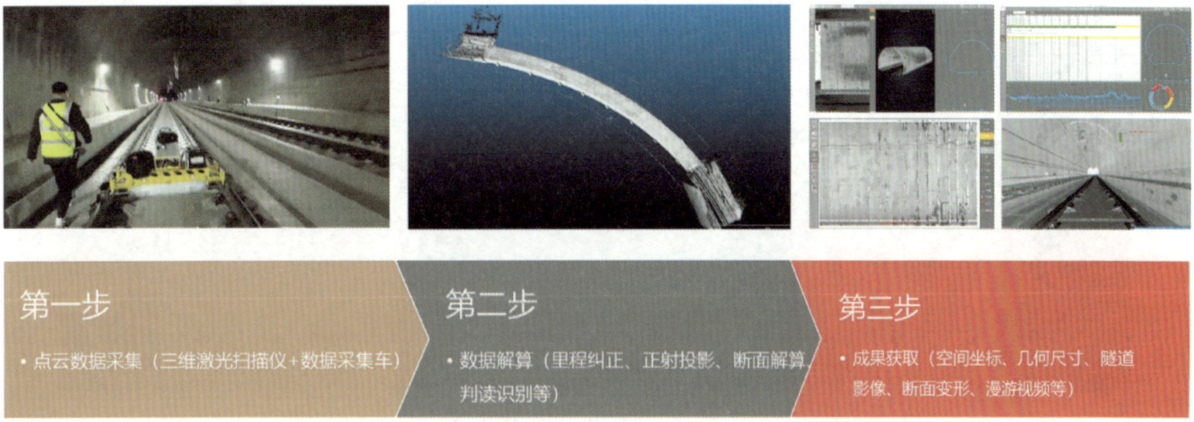

图 7-5　系统总流程

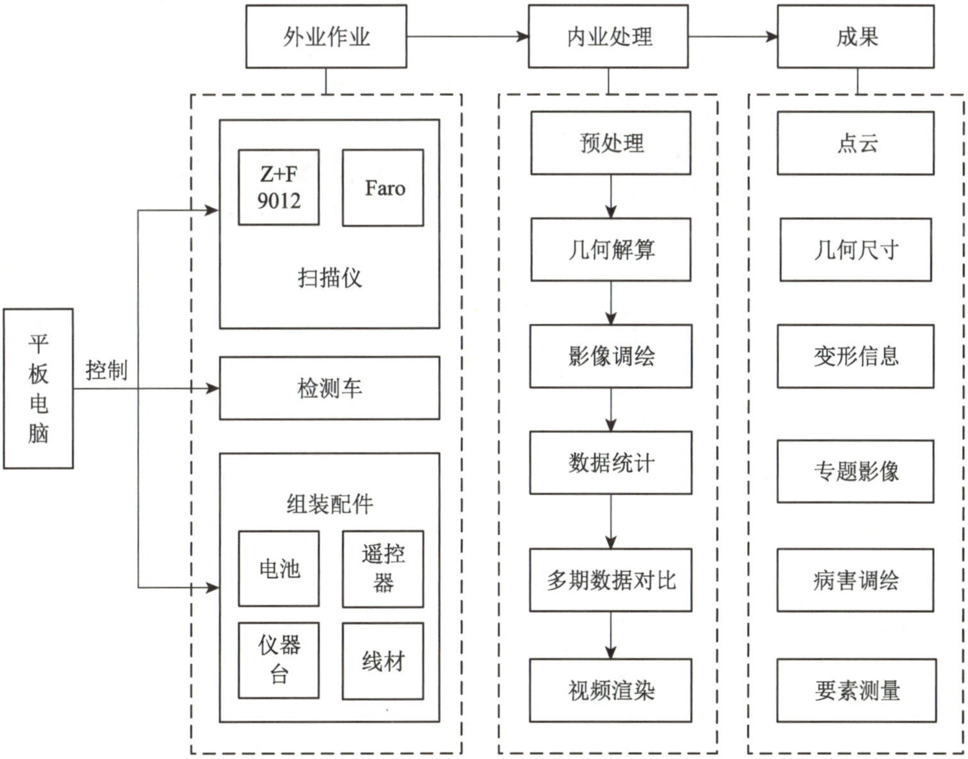

图 7-6　TLSD 系统主要功能模块

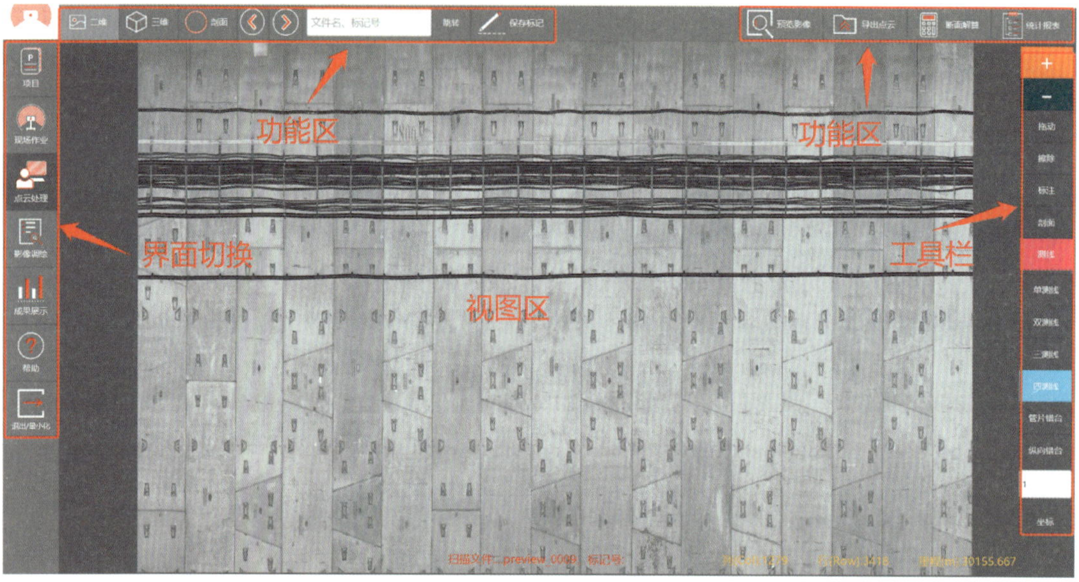

图 7-7　TLSD 系统界面

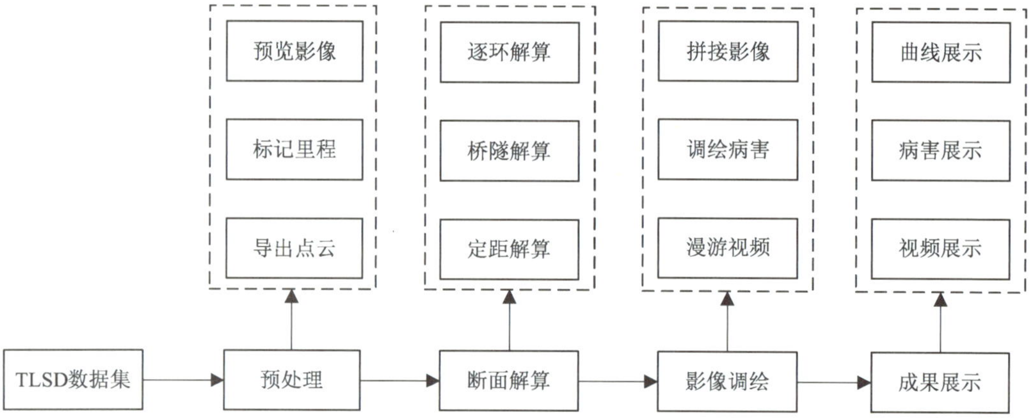

图 7-8　TLSD 系统数据处理流程

7.2 采集控制

采用激光扫描仪架站方式作业时，一般选用激光扫描仪配套的数据处理软件（如 Faro Scene、Z+F Control、Trimble Realworks 等）完成多站激光点云数据拼接，生成通用.las格式的点云数据。采用移动激光测量方式作业时,可选择断面扫描功能,基于官方软件开发工具包进行控制和采集系统开发。本节分别以 Z+F 9012 和 Faro 激光扫描仪为例,介绍 TLSD 系统的数据采集控制。

7.2.1 Z+F 9012 扫描仪

Z+F 9012 扫描仪作业开始前需要选择或新建一个文件夹用于保存项目,.tlsd 文件根据实际项目和作业现场情况填写作业项目基本信息。

Z+F 9012 扫描仪使用配套的 24 V/60 Ah 的锂电池供电,由操控器控制扫描仪开关,通过以太网网线将扫描仪连接到电脑,由平板电脑实现对扫描仪的控制。Z+F 9012 扫描仪有 6 个接口(图 7-9),其中,P3 接 24 V 电源,P4 接操控器,P5 接网线,P6 接外置里程计,P7 为主从同步接口,P8 为 GPS 与 PPS 秒脉冲接口。在车载移动扫描中,扫描仪不具备时间信息,为融合多源数据,需要对扫描仪数据流进行时间同步处理。使用 ZDA 或 GGA 格式,连接触发扫描仪和 IMU 时钟完成时间同步。Z+F 扫描仪提供时间同步接口 P8,输入 ZDA 或 GGA 时间信号与秒脉冲 PPS 即可触发扫描仪时间记录功能,为扫描数据打上时间标签。

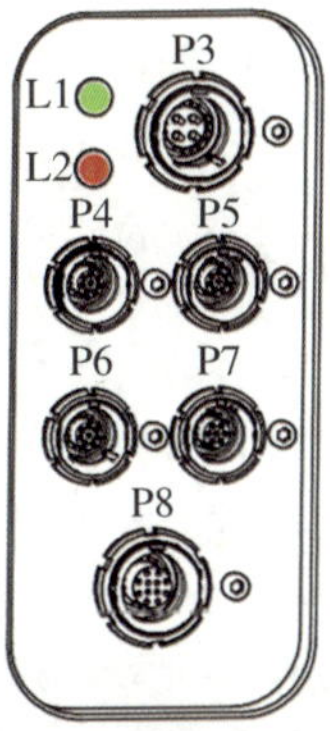

图 7-9 Z+F 9012 扫描仪接口

P3 接通电源后,按下 P4 开关按钮,P5 接平板电脑控制扫描仪启停、拷贝或删除扫描仪数据。更改电脑 IPv4 的网段与扫描仪 IP 地址前三位相同。Z+F 9012 扫描仪连接控制的相关设备清单如表 7-1 所示。

表 7-1 设备清单

设备名称	设备型号	数量
激光扫描仪	Z+F PROFILER 9012	1
供电线	E90LA000853	1
扫描仪操控器	E90LA000852	1
以太网网线	K90LE000135	1
大容量 SD 存储卡	128G SATA/ 2 x 32G USB	3
开发工具包 SDK	ZFS-SDK/ZFS-CTRL-SDK	2

点击操控器开关机按钮即可打开扫描仪。扫描仪指示灯 L1、L2 闪亮，操控器能正常显示 IP 地址 172.20.4.100 即工作正常，如图 7-10所示。扫描仪操控器的红色按钮可进行紧急制动操作。

图 7-10　计算机 IPv4 协议 IP 地址设置

连接成功后，可采用厂商提供的网页端完成对 Z+F 9012 扫描仪的连接与控制，具体操作如下：在网线与电脑连接的情况下打开网页并输入扫描仪 IP 地址，用账号密码登录，进入扫描仪控制界面，查看扫描仪型号、内存使用情况，并进行扫描命令设置、中断扫描、查看扫描文件、下载数据至电脑等操作。

利用厂商提供的 SDK 编程可以实现对 Z+F 9012扫描仪的连接控制，完成采集分辨率/频率、输出项目名称/文件名称、文件大小、是否远程存储、扫描控制等设置。Z+F 扫描仪支持 RJ45 网线，采用 TCP/IP 协议，可基于编程语言对其下达连接、修改扫描参数的命令，如图 7-11 所示。

图 7-11　Z+F 扫描仪控制窗口

Z+F 9012 扫描仪设置和连接完成后，启动扫描仪，待扫描仪完成自检、转速平稳并正常存储后，即可启动检测载体开始采集作业。

7.2.2 Faro 扫描仪

Faro Focus 系列三维激光扫描仪普遍支持二维断面扫描模式，该品牌扫描仪普遍重量较轻(约 4.2 kg，含电池)，几何尺寸也比较小(约 230 mm×183 mm×103 mm)，可用于移动式激光测量系统集成。以 Faro Focus^{3D} 120 三维激光扫描仪为例，扫描仪默认工作方式为底座固定，竖直视野 300°，水平 360°，螺旋线扫描模式下断面扫描频率为 97 r/s。连接控制采用 Wi-Fi 通信方式。Faro 扫描仪主机界面上可以设置螺旋线扫描模式(图 7-12)，也支持通过 SDK 二次开发实现设置。通过采集软件触发 SDK 接口函数达到对扫描仪的控制或数据存储设置的目的，设置界面如图 7-13 所示。

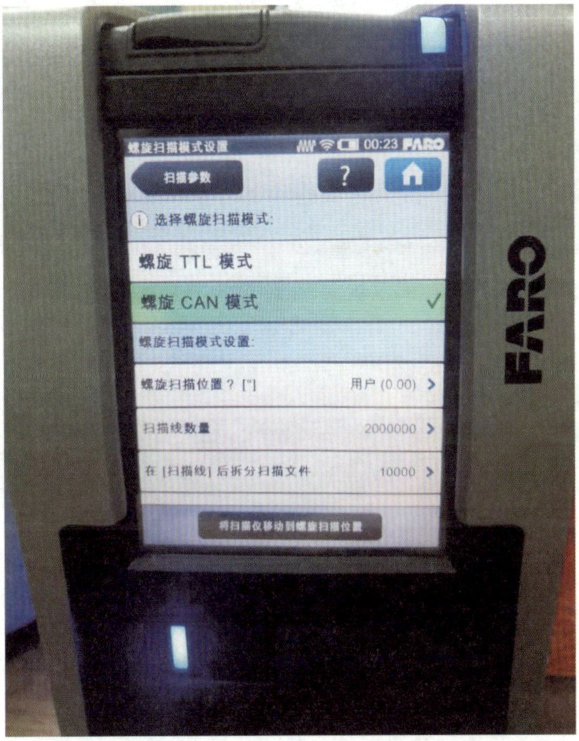

图 7-12 Faro 扫描仪主机螺旋线扫描设置界面

平板电脑连上扫描仪的 Wi-Fi 后，在 TLSD 软件中，选择 Faro 扫描设置，点击【连接扫描仪】。仪器参数设置完毕后，点击开始扫描。中途停止采集后，需要重新录入【项目名称】，但若只是暂停检测车，扫描仪未停止，则无需重新录入项目名称。如图 7-14 所示，扫描仪端提供 WLAN 配置页面，可以建立一个局部网络，实现扫描仪与计算机之间的无线通信。在这一页面，可以设置 IP 地址子网掩码、端口和通信参数，为 TLSD 系统记录采集数据提供通信支持。

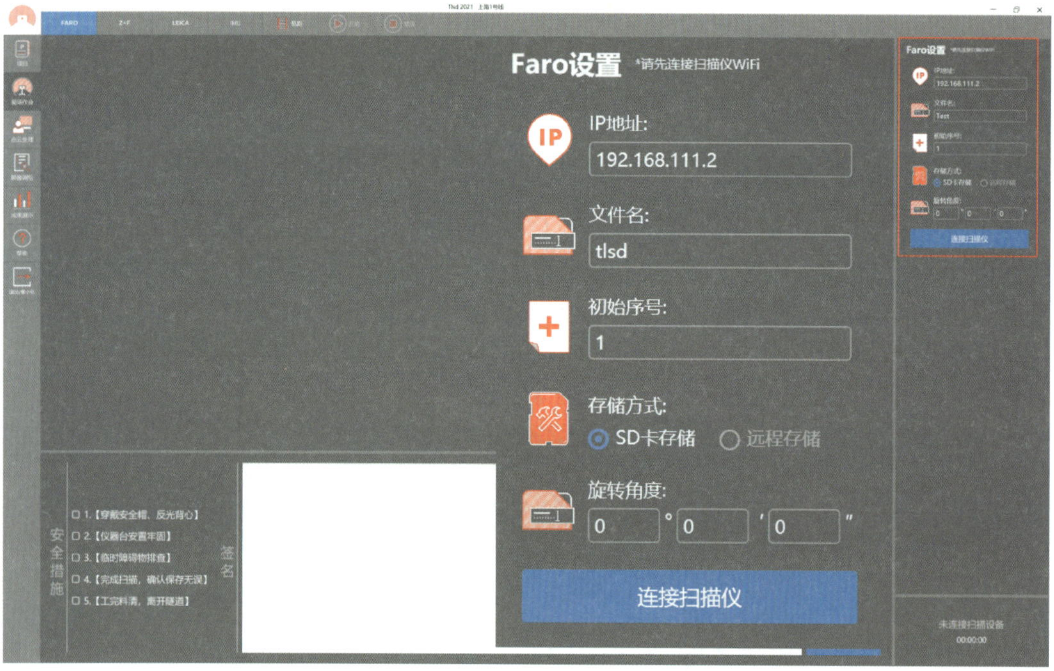

图 7-13　Faro 扫描仪螺旋线扫描模式设置参数（TLSD 软件）

图 7-14　Faro 扫描仪 Wi-Fi 连接界面

7.2.3 组合导航系统

组合导航系统用于获取轨道移动激光测量系统的位置与姿态。下面以 XD300A-DGI 光纤组合导航系统为例介绍其与 Z+F 9012 扫描仪的硬件同步连接设置，组合导航系统的背面和侧面如图 7-15 所示。

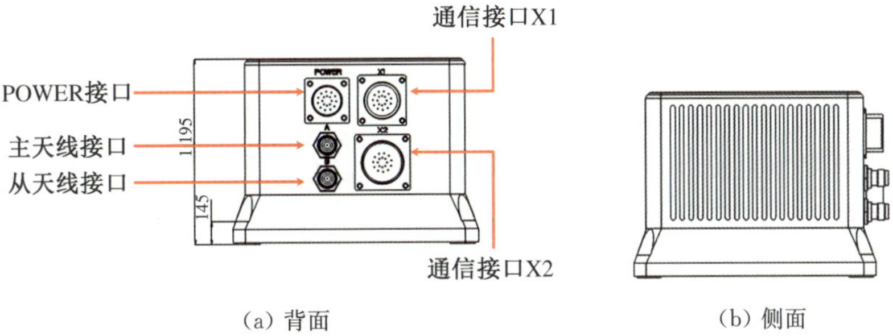

图 7-15 组合导航系统的背面和侧面

XD300A-DGI 光纤组合导航系统有 5 个对外连接接口，分别是两个通信接口 X1 和 X2、一个 POWER 接口(电源接口)、一个主天线接口 A 和一个从天线接口 B。在连接时首先使用电源连接线连接 9～36 V 的直流电源，建议与扫描仪电源分开使用以避免相互干扰。然后采用射频电缆一端接天线，另一端接天线接口 A/B。最后用一根通信电缆一端接通信接口 X2，另一端分出 3 个 RS232 串口，与采集平台计算机相连，若计算机无 COM 口，可以采用 USB-HUB 进行连接。第一个串口提供 Inspvasa 数据，波特率为 460 800；第二个串口提供 IE 解算的 rawData(原始数据)，波特率为 460 800，采样频率为 200 Hz；第三个串口提供与扫描仪 P8 线相连的 GGA 和 PPS 秒脉冲，波特率为 115 200。具体的针口对应关系如图 7-16 所示。

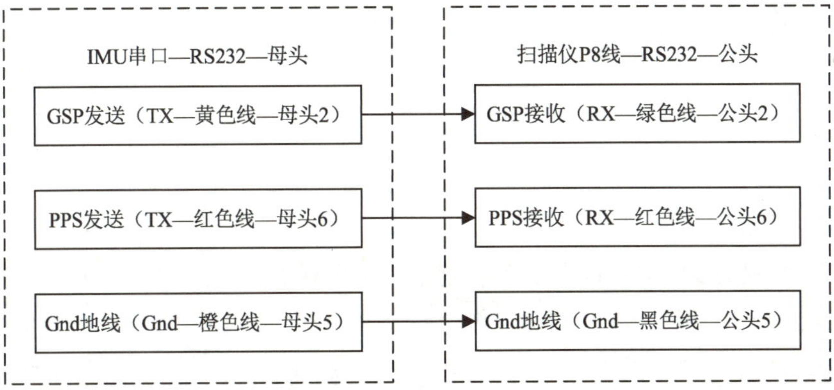

图 7-16 P8 线针口对应关系

Z+F 扫描仪默认 IP 172.20.4.100，在浏览器中输入网址：172.20.4.100：config，输入密码后完成下列设置：①参数 2132（是否接受 GNSS）对话框设置为 1；②GPS port 设置为 ttyS3；③GPS 波特率设置与 IMU 数据采集一致；④扫描仪接收 GNSS 的格式类型设置为 zda；⑤扫描仪 PPS 接收设置与 IMU 的 PPS 秒脉冲相同。

在组合导航数据采集中，利用 Serialport 串口通信，选择对应的端口进行连接，惯导波特率一致设置为 460 800。在软件窗口中实时显示 IMU 原始数据以及 GNSS 数据采集状况，也可在下方指令窗口输入命令的方式实现修改惯导的工作参数，如采样频率、组合导航模式以及恢复出厂设置等功能。

组合导航系统的数据采集设置分两个方面：一个是纯文本的数据输出，给出位置和姿态数据；另一个是原始观测数据，用于后处理解算。通过发送命令可以设置串口号以及波特率，如图 7-17 所示。

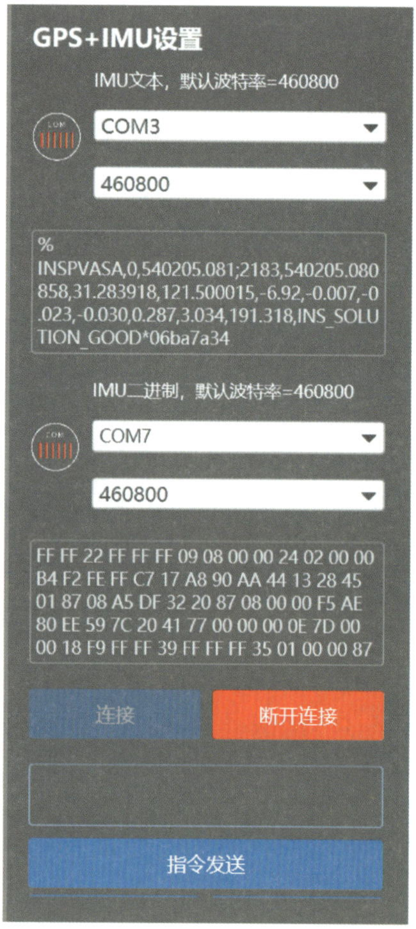

图 7-17　组合定位系统的采集控制

7.3 外业数据采集

电动检测车搭载扫描仪沿隧道里程方向运动，扫描仪在二维扫描模式下逐个采集隧道断面，从而获取螺旋线状的隧道内壁点云数据。考虑到扫描转速较快（50～200 r/s）、控制车速度较慢（1～4 km/h）以及收敛测量精度的要求，可将单个断面作为基本解算单元。Z+F 9012 扫描仪竖直方向视场角为 360°，Faro 扫描仪竖直方向视场角为 300°，断面扫描时存在一定的扫描盲区，如图 7-18 所示。

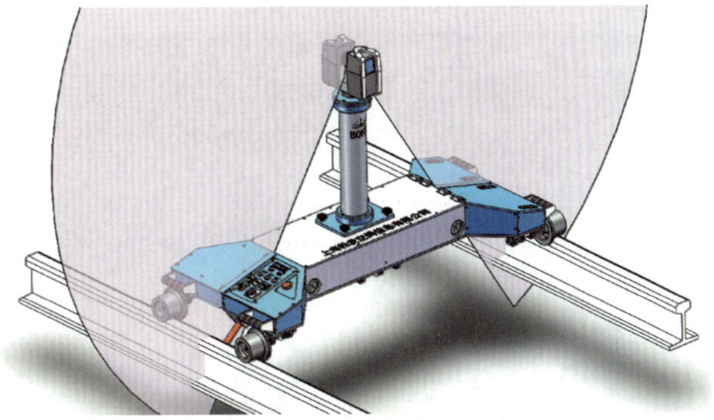

图 7-18 Faro 扫描仪扫描范围

7.3.1 设备组装

TLSD 系统作业前，需先完成设备组装和调试，具体包括：

(1) 确认设备和配件线材完备；

(2) 检查螺丝是否有松动，车轮是否粘有异物；

(3) 确保电动检测车和扫描仪电池充满电；

(4) 确认扫描仪镜头干净无污点；

(5) 提前完成仪器台组装，减少上道后的组装时间；

(6) 现场组装；

(7) 系统开机自检。

7.3.2 上道采集

组装完毕后，使用电动检测车试运行，确认电动检测车在低速挡位是否能平稳运行。若能平稳运行，先停止电动检测车，再选择所需挡位开始采集；若不能平稳运行，调整电动检测车放置角度和位置，继续试运行直至工作正常。

采用网线(Z+F 9012)或 Wi-Fi(Faro)通信方式建立采集用的平板电脑和扫描仪的连接。打开激光扫描处理软件，项目界面如图 7-19 所示。

点击【新建】，选择或新建一个文件夹用于保存项目，确定路径后根据实际项目和作业现场情况填写作业项目基本信息，包括项目名称、所在城市、线路号、所属区间、上下行或左右线、作业单位以及采集设备。另外还需要确定一些扫描参数，包括作业时扫描仪的安装朝向、行进方向里程以及环号是增加还是减少、隧道的类型，如果是盾构隧道还需要给出每环的环片数以及对应的圆心角度、环宽、盾构直径等。项目信息在数据内业处理的过程中发现有错误还可以进行修改。填写完成后点击【保存】，此时项目创建完成，并在相应路径文件夹中生成分类文件夹，如图 7-20 所示(其中.tlsd 为工程文件)。

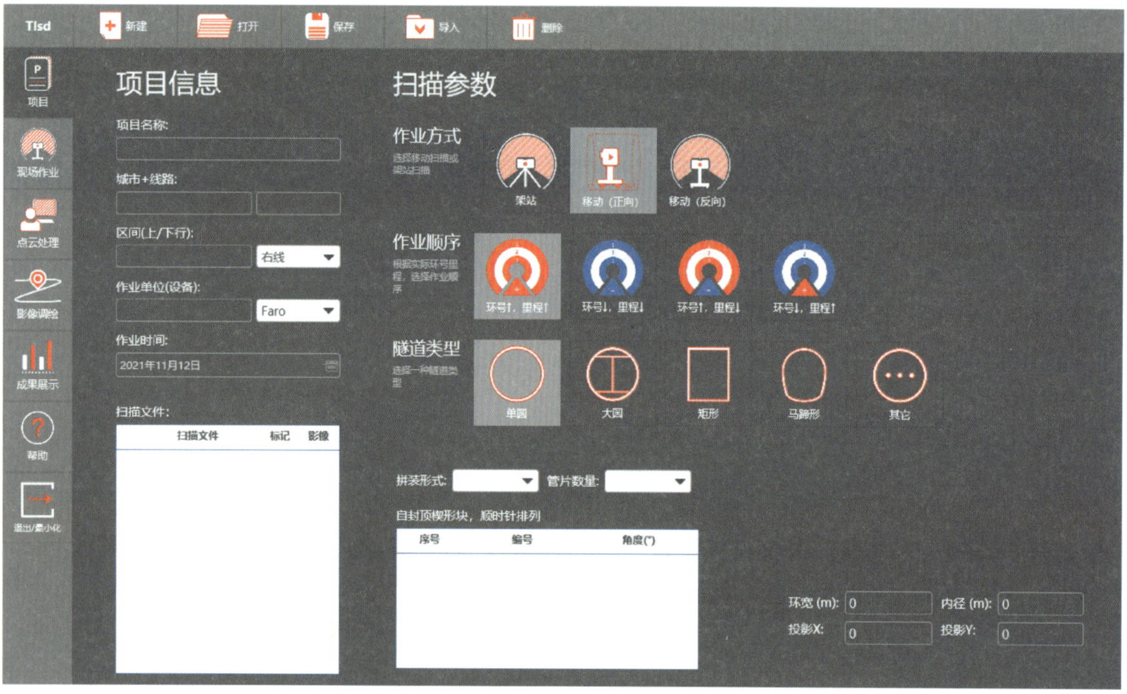

图 7-19　项目界面

图 7-20　项目文件

项目建立之后按照 7.2 节对扫描仪进行连接与控制便可进行数据采集。隧道灯光较暗，可以打开照明灯，提示前方其他工作人员注意避让，同时注意观察行进前方是否有妨碍检测车通行的障碍物，若有，则应及时停车，确保安全。在数据采集过程中，作业人员不要在扫描仪的断面范围内，以免对扫描数据造成干扰。TLSD 软件中给出了现场采集的视频演示（图 7-21）。

图 7-21 测量小车搭载扫描仪工作示意图

7.3.3 仪器拆卸

采集完成或更换轨道扫描时，需要先拆卸设备，过程如下：

(1) 电动检测车停止运行；

(2) 结束扫描并关机；

(3) 装上扫描仪镜头保护罩；

(4) 拔掉连接扫描仪各个接口的线材以及平板电脑和电源；

(5) 拆掉仪器台固定扫描仪的螺丝，取下扫描仪并将其放置于安全位置；

(6) 拆掉连接电动检测车和仪器台的螺丝；

(7) 关掉电动检测车的电源。

完成仪器拆卸后，最后拆下检测车控制手柄，清除轮子及车体上的油垢或污物。将小车平稳抬出轨行区，确认各项附件设备均被带出轨行区，运回后及时进行充电和维护。电动检测车重量较轻，方便运输和快速安装，在不同城市间的物流过程中使用配套的设备箱(图 7-22)，以免在物流过程中损坏。

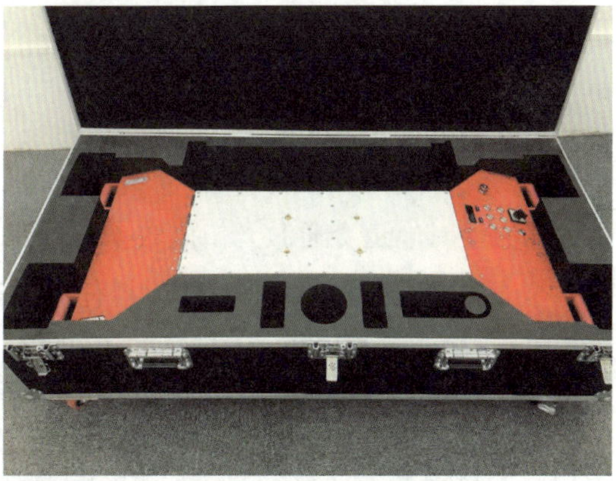

图 7-22 电动检测车设备箱

7.3.4 作业安全

进行铁路或地铁作业前，应严格按照程序申报作业天窗并落实防护要求。作业前应进行安全交底培训、清点设备、确认天窗等，退场前应清点所有人员和仪器设备，保证工完料清。其他作业安全注意事项还包括：

(1) 避让计轴计或接地。靠近计轴计（岔道处或其他障碍）时，根据小车时速提前按下轨道车控制器停止按钮将轨道车停下。待扫描仪镜头停止转动后，缓慢抬起轨道小车，注意防止小车前后偏转。当抬起距离较远或需从轨道一侧通过时需将扫描仪取下。

(2) 意外停止。如果扫描仪意外停止扫描，查看扫描文件个数，将检测车退回到已扫描的最后一环位置，继续完成该区间扫描。

(3) 信息安全。涉密数据成果交换应严格遵守国家保密规定，确保涉密存储介质与互联网物理隔离，确保数据成果信息安全。

(4) 人员安全。由于隧道内灯光较暗甚至没有照明，应时刻注意脚下情况，需要有一定的亮度以保障行走的安全，建议携带必要的照明工具，必要时也可以将手机作为照明工具。

(5) 时间窗口。严格遵守时间窗口。为作业退场留出充分的时间，务必保证在天窗期结束之前完成并撤离轨道，严禁将物品遗漏在轨道上，影响轨道运营安全。

7.4 内业处理

7.4.1 TLSD 数据框架

为方便对轨道交通激光扫描数据进行存储和管理，建立了 TLSD 数据框架。TLSD 数据框架中设计了一组数据标准，包括任务描述、原始扫描文件、解算文件、报表、影像、漫游视频等，成果格式包括通用 las 点云、Excel 报表、Word 报告、CAD 文件、tiff 影像、AVI 视频等，内容涵盖隧道断面水平直径、椭圆度、错台、测线等丰富参数，以满足轨道交通移动激光扫描数据和成果文件数据量大、专业性强、压缩存储、成果网页端在线浏览等应用需求。TLSD 数据框架主要包括以下五类数据（表 7-2）。

表 7-2　TLSD 数据框架的主要文件类型

文件类型	用途	格式说明
.tlsd	扫描任务描述	自定义的 JSON 文件
.scan	原始扫描文件	二进制文件，仪器原始数据格式
.rls	衬砌环解算参数	自定义的数据库记录，按环号为唯一 ID 存储
.image	隧道内壁影像	自定义，按 1 环、10 环、50 环或区间为单元存储
.video	漫游视频	自定义，按区间为单元存储

表 7-1 中，①.tlsd 文件是 TLSD 系统的项目工程文件，存储隧道名称、类型、监测日期、环宽、设计直径、起始结束环号、起始结束里程、影像分辨率、每个扫描线点数等字段；②.rls 文件存储以拼装环为单元的断面解算成果，包含环号、环中心里程、环宽、设计圆直径、拟合圆中心坐标、拟合圆直径、环片接缝位置、环片错台量等字段；③其他文件可根据隧道类型和应用需求进行扩充定义。

TLSD 内业处理过程主要包括数据预处理、点云操作、断面解算、多期比较、影像调绘、成果展示等六个方面。

7.4.2　数据预处理

1. 数据导入

采集任务完成后，打开外业数据采集时建立的项目，点击软件左上方【打开】按钮找到相应路径下的.tlsd 文件打开即可，利用【导入扫描】功能将扫描完成的数据直接复制到项目文件夹里的 scan 文件夹。不同型号扫描仪的具体操作如下。

(1) Z+F 扫描仪

将扫描仪与平板电脑连接，打开平板电脑内的浏览器，输入扫描仪的 IP 地址：172.20.4.100，即可查看数据情况，并根据实测情况导出数据，如图 7-23 所示。

Z+F 激光扫描仪的数据流按照指定文件名称和分段大小记录到内置 SD 卡中，生成“.zfs”压缩文件。使用仪器厂商提供的 SDK 以及激活账号密码，完成扫描数据的解析。在数据解析中，根据扫描应用场景，可以选择是否进行时间同步操作，是否为扫描像素提供时间信息等。数据解析是后续工作的基础。

(2) Faro 扫描仪

Faro 扫描仪数据一般直接存储在仪器 SD 卡中，完成扫描后将 SD 卡内容拷贝或删除，如图 7-24 所示。

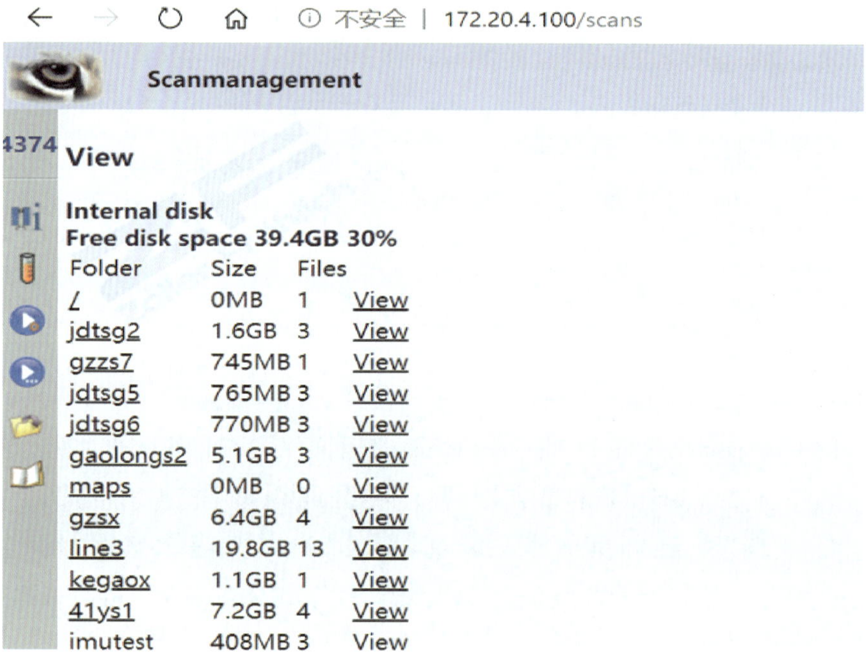

图 7-23　Z+F 9012 扫描仪文件夹

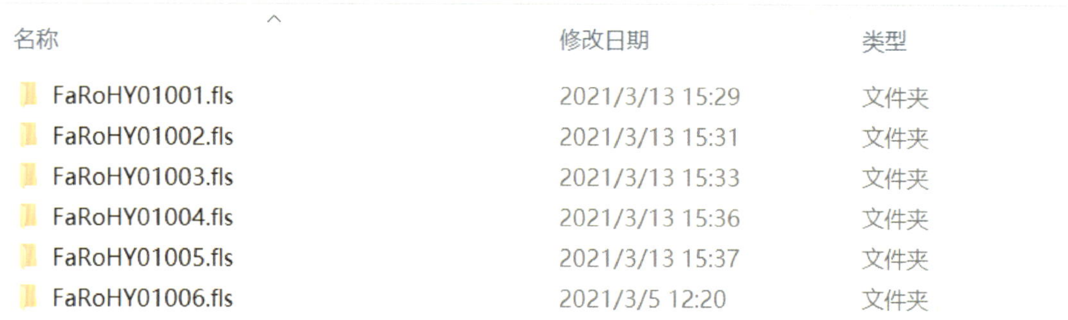

图 7-24　Faro 扫描仪数据

2. 预览影像

将下载或拷贝的数据复制到对应项目的 scan 文件夹内。数据拷贝完成后，运行软件打开数据，在界面切换区【项目】界面上方的【打开】按钮双击 TLSD 项目文件，软件中即可看到【扫描文件】栏中有原始数据列表，此时需要确认【项目信息】和【扫描参数】的设置与实际作业情况一致(图 7-25)。

点击左侧界面切换区【点云处理】下的【预览影像】，开始预处理，预处理过程中【预览影像】图标变为不可选中状态。

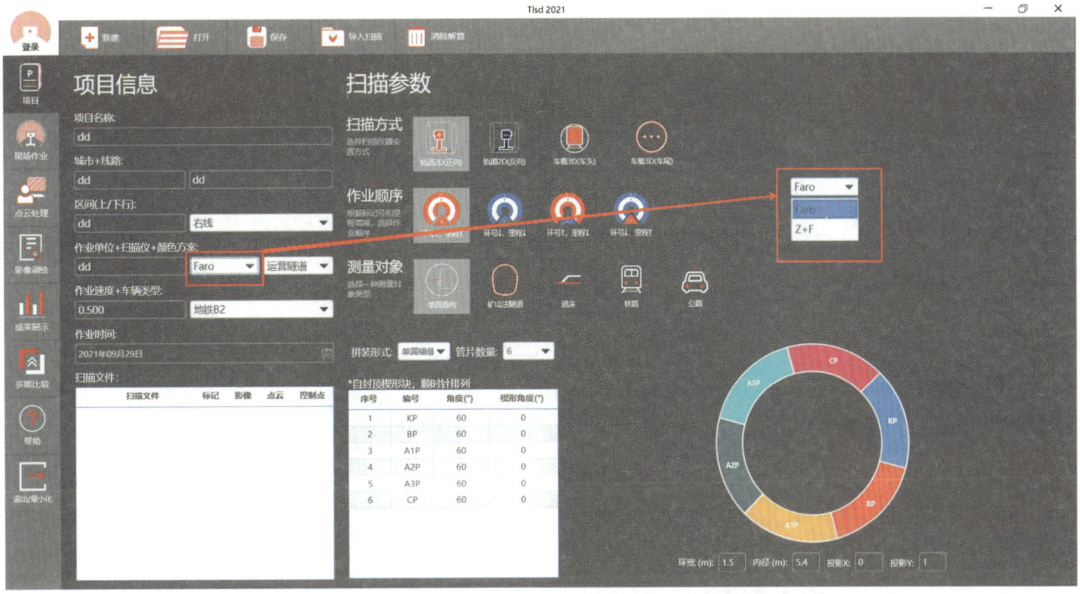

图 7-25　扫描仪类型选择

当所有数据预处理完成后，预览影像会重新变成可选的状态。每完成一幅影像都会在对应的文件夹中生成一个.tiff 文件。全部完成后重新点击左侧界面切换至【项目】，可看到【扫描文件】栏中的影像已经全部被勾选上，表示该扫描数据已生成预览影像。预览影像如图 7-26 所示，主要包含.tiff 的强度影像、.jpg 的深度影像以及.png 的专题影像图。

scan_preview_0005.tiff　　scan_preview_0005.bolt.jpg　　scan_preview_0005.pseudo.png

图 7-26　预览影像生成结果图

针对单圆盾构隧道扫描数据，【预览影像】功能可勾选 AI 分环分块和伪彩色影像，对隧道内壁附着管线、螺栓孔、环缝、接触网、疏散平台等自动检测并以不同颜色标注。其中，楔形块以深绿色矩形框标注，环缝以浅绿色竖线标注，接触网以深红色标注，管线以浅红色标注，螺栓孔洞区域以蓝色多边形标注，生成隧道附属设施专题影像图(图 7-27)。

影像生成后可通过右键点击图片展示区选择【视图】，选择切换不同影像，如图 7-28、图 7-29 所示。

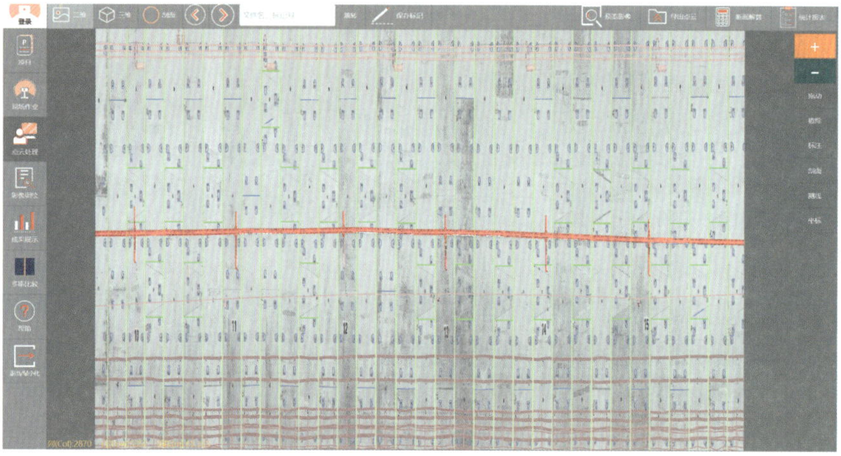

图 7-27　隧道附属设施专题影像图

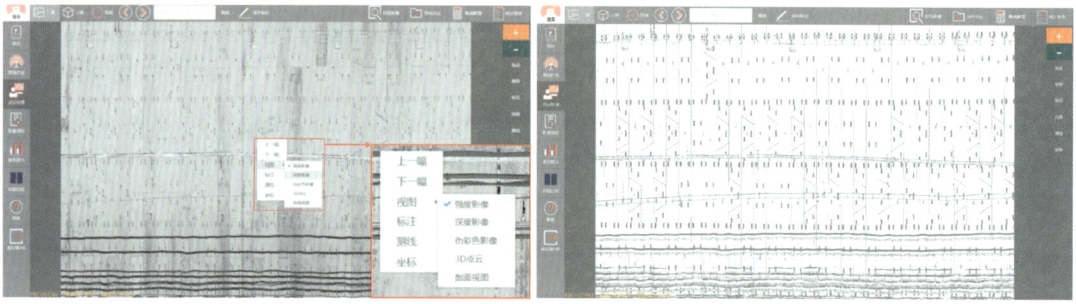

图 7-28　影像类型切换视图

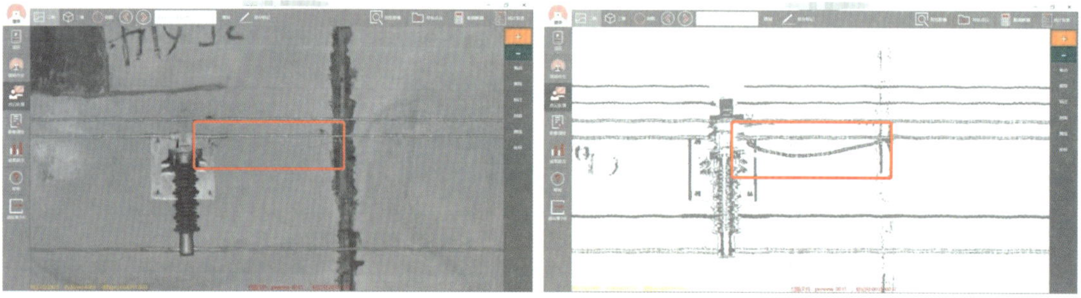

(a) 强度影像　　(b) 深度影像

图 7-29　强度影像和深度影像对比

3. 影像交互标记

通过预览影像可以找到百米标和环号(图 7-30),或现场作业时记录百米标和对应环号,以便于确认最小里程初始环的环号和实际里程。盾构隧道通过标记楔形块(封顶块)来进行位置纠正,矿山法隧道通过影像上的里程表来进行位置纠正。

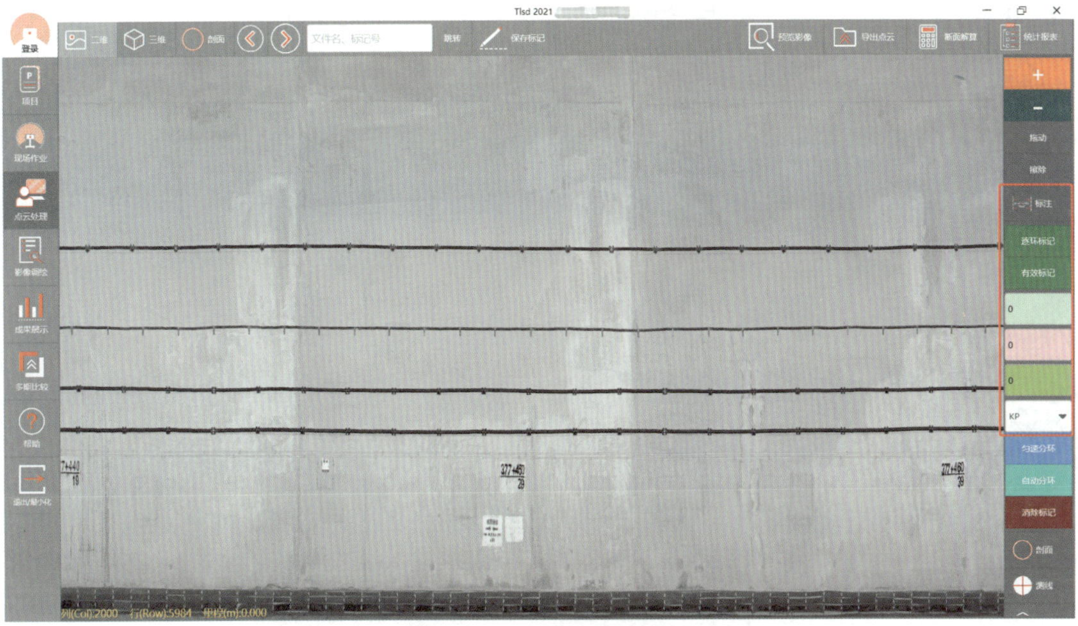

图 7-30　标记信息填写

7.4.3　点云操作

1. 点云导出

标记完成后，根据数据处理需求，点击界面切换区【点云处理】界面右上角按钮【导出点云】进行点云数据.las 格式输出。输出结果为整段测量区间的点云，结果保存在 scan 文件夹中。

点云导出时需导入相关文件进行相应的参数设置，需要导入 IE 解算的 pos 文件或轨道中线文件，并选择导出的点云格式以及成果类型，输入扫描系统的标定外参数以及扫描仪中心距离轨道中心的位置参数，如图 7-31 所示。输入生成点云的里程方向和环向抽稀比例，并根据距离滤波和强度滤波剔除无效的点云信息，如图 7-32 所示。

2. 点云去噪

采集点云数据时，由于环境、仪器设备、视线遮挡、密集障碍物等复杂因素影响，点云中会出现噪声点或飞点。软件会根据解算任务需要，自动采用稳健估计拟合、距离（强度）阈值、K-Means 聚类等算法剔除噪声点，去噪效果如图 7-33 所示。

3. 点云浏览

（1）二维/三维同步浏览

点云导出后，可在点云处理界面进行浏览，浏览方式默认为二维浏览，可点击功能区【三维】按键，对点云进行三维浏览，鼠标左键可以进行旋转，滚轮可以进行放大缩小，如图 7-34 所示。

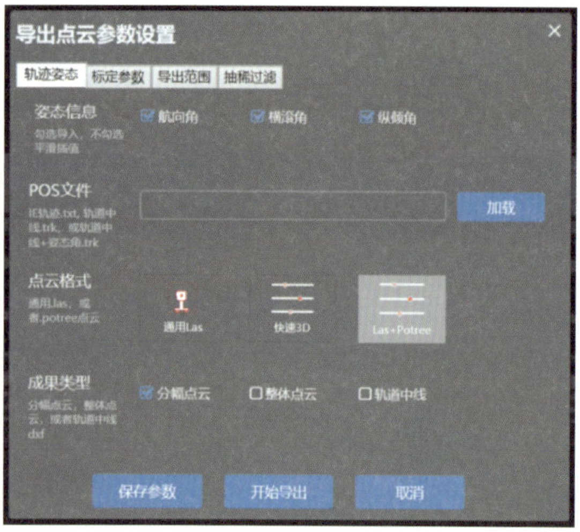

(a) 轨迹姿态

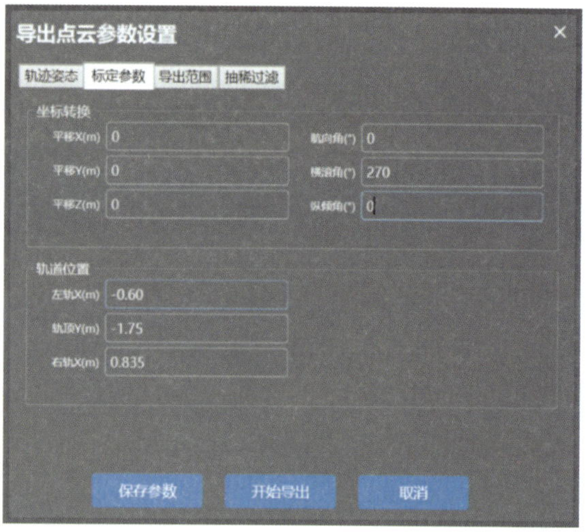

(b) 标定参数

图 7-31　轨迹姿态和标定参数设置

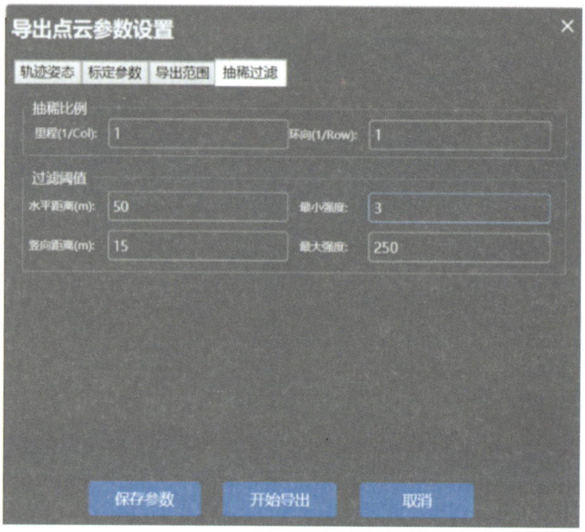

图 7-32　抽稀过滤设置

(a) 去噪前

(b) 去噪后

图 7-33　隧道点云去噪前后

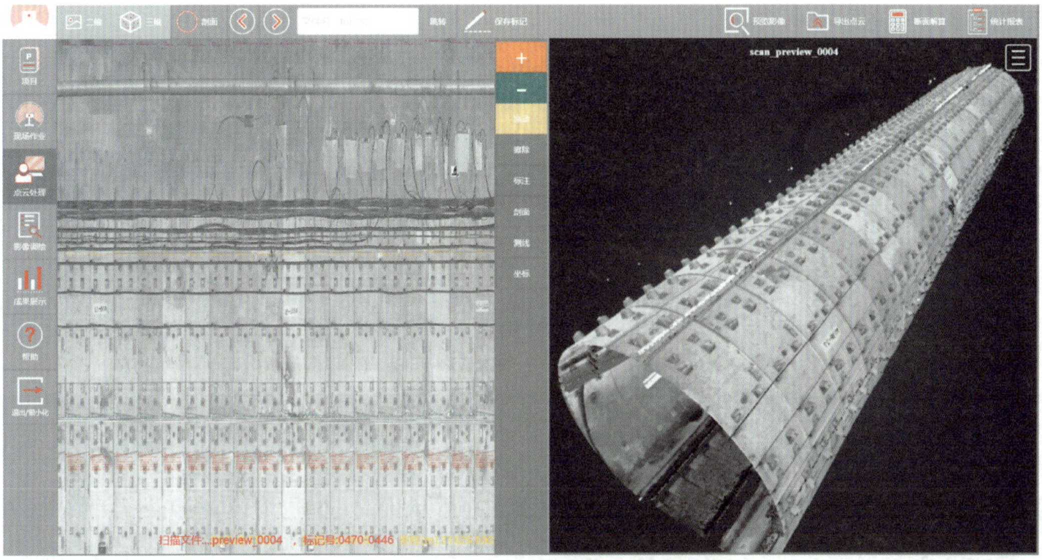

图 7-34　二维/三维点云同步显示界面

(2) las 文件浏览

对于 TLSD 软件导出的点云数据可采用 CloudCompare 或其他通用点云数据处理软件进行浏览，可使用强度、高度等进行点云渲染，查看点云渲染效果(图 7-35)。

图 7-35　利用 CloudCompare 浏览点云

(3) 浏览器浏览

利用数据转换工具 PotreeConverter，可将多种格式的点云数据转换为 Potree 专用数据格式，实现在浏览器中按视场范围动态加载预览大规模点云。图 7-36 所示是在浏览器中浏览几种典型铁路和地铁场景点云的截图。

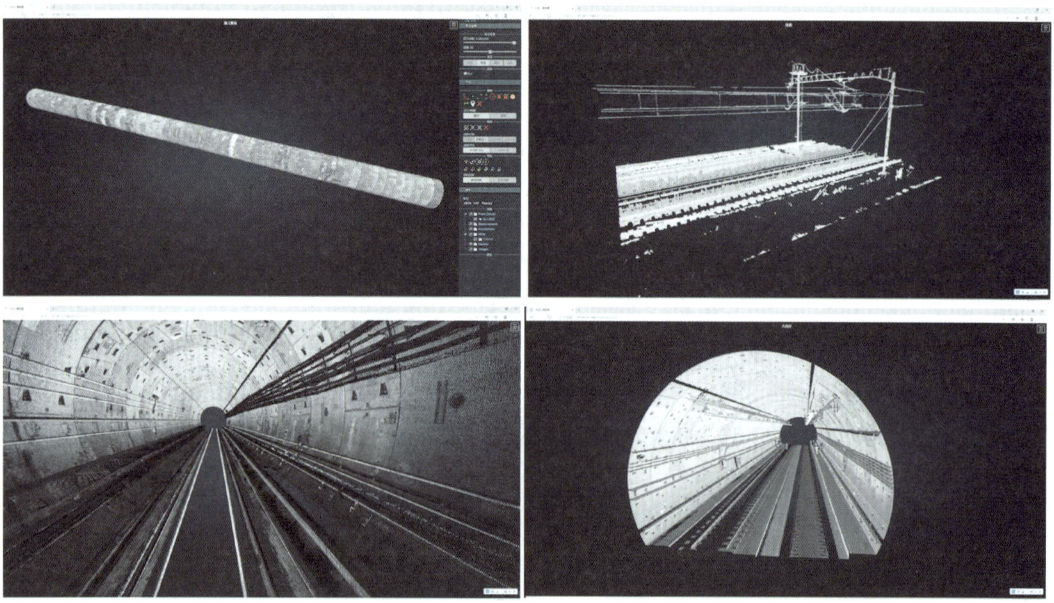

图 7-36　利用浏览器浏览点云

4. 点云清除

TLSD 软件提供点云清除功能，可对采集的数据中不属于项目关注的部分点云进行清除，可通过【项目】中扫描文件区域右键选择【清除点云】的操作实现点云清除（裁剪），如图 7-37所示。

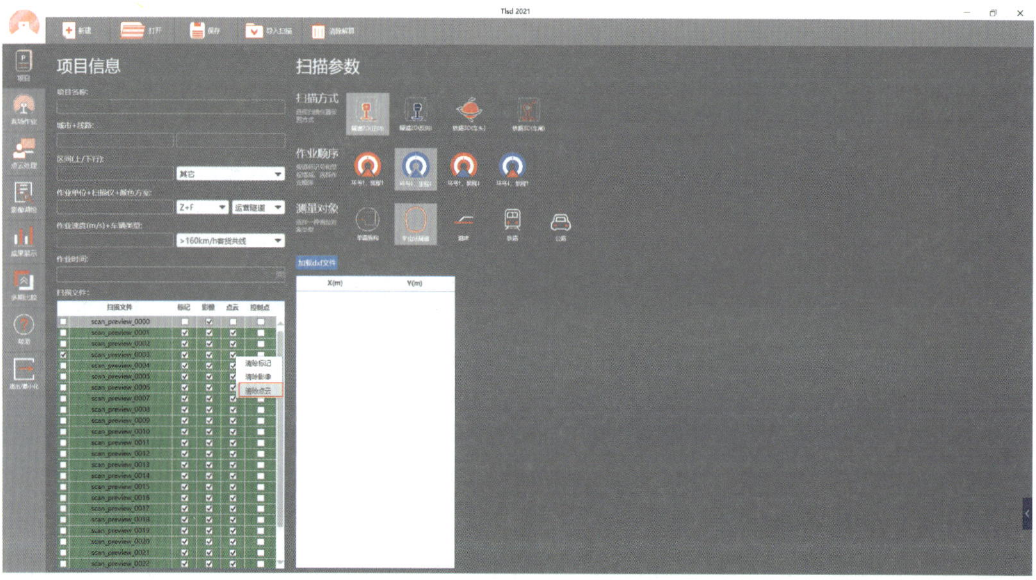

图 7-37　清除点云数据

7.4.4 断面解算

以扫描断面(或扫描线)为最小解算单元,通过断面解算获取水平直径、椭圆度、管片错台量、限界尺寸、接触网导高(拉出值)等,获取被测对象的基本几何尺寸和多期变形,对隧道结构尺寸和变形量进行精确量测。

1. 基本要求

(1) 用于隧道变形监测的激光扫描仪,距离测量精度不应低于±2 mm,反射强度分辨率不应低于 8bit,数据采集速度不宜小于 100 万点/s;

(2) 选择适用的解算模型和计算参数,剔除人员、设备遮挡和异常测值;

(3) 水平直径宜选取固定断面进行多期比较,错缝隧道水平直径优先选取环中间断面,通缝隧道水平直径计算可取多个断面计算平均值,遇到严重遮挡时选取该环遮挡较少的断面并备注说明;

(4) 椭圆度计算宜统一取环中间断面,遇到遮挡时可偏移并备注说明;

(5) 测量成果应包含区间、上下行、环号、里程等字段,根据不同变形阈值分段统计和报警提示;

(6) 水平直径与设计值较差超过 6 cm,或椭圆度超过 15‰以上的管片应加密出具全断面分析成果;

(7) 输出全断面、环间错台、管片错台、净空断面等 CAD 成果。

断面解算在计算限界时需选对列车类型,TLSD 软件中支持限界计算标准图(图7-38)。

图 7-38 限界计算标准图

2. 逐环解算

在【点云处理】界面,点击功能区【断面解算】按钮,在参数设置中选择【逐环解算】,断面解算参数设置界面如图 7-39 所示。其中,重要参数的推荐数值如下:

(1)【隧道影像】:实际根据采样频率、分辨率进行设置;

(2)【限界】:根据具体项目选择列车类型,铁路按国标《标准轨距铁路限界 第 2 部分:建筑限界》(GB 146.2—2020)执行;

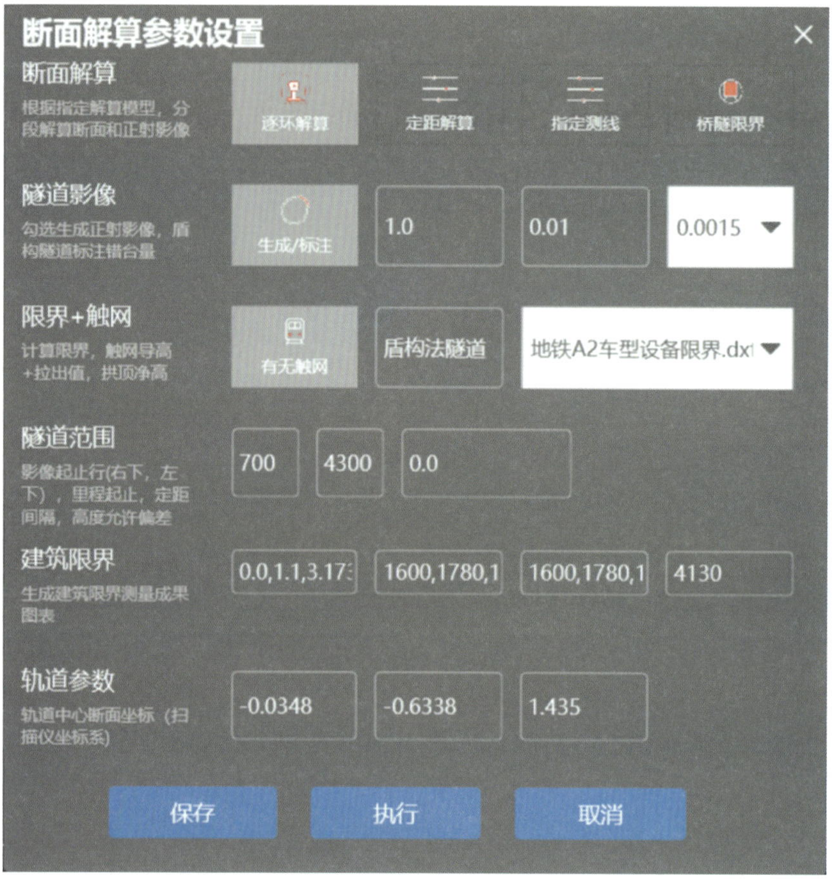

图 7-39　逐环解算参数设置

(3)【隧道起止】：用于区分隧道内壁和道床，弦长改正数默认为 0；

(4)【道床成像】：需要输出道床影像时需选中【生成影像】，标注轨距 1.435 m；

(5)【轨道参数】：若需计算限界，需根据剖面在 CAD 中准确量出轨道中心坐标。

注意：

(1) 收敛直径、错台数据以及测线的.dxf 文件存放在项目的 cad 文件夹中，图7-40与图7-41 给出了逐环解算成果。

(2) 断面解算完成后，点击【统计报表】可导出所有解算数据到 Excel 报表，存放在 reports 文件夹中，报表详细格式及内容请见 7.4.7 节。

3. 指定测线解算

指定测线功能可用于任意施工类型隧道，通过测线来评估断面收敛情况。

首先需要在界面切换区点击【点云处理】，在右侧功能区选择【测线】，根据工程实际情况选择【单测线】、【双测线】、【三测线】、【四测线】、【管片错台】或【纵向错台】。不同测线的类型及 TLSD 软件的界面效果如图 7-42 所示。

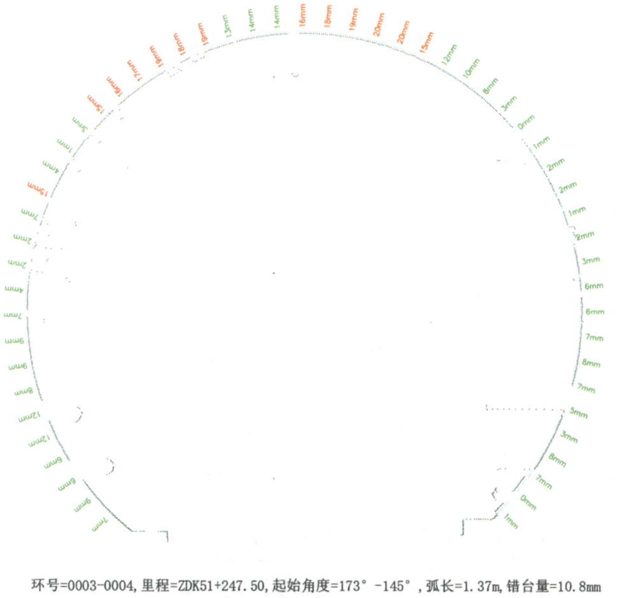

图 7-40　环间错台 CAD 示意图

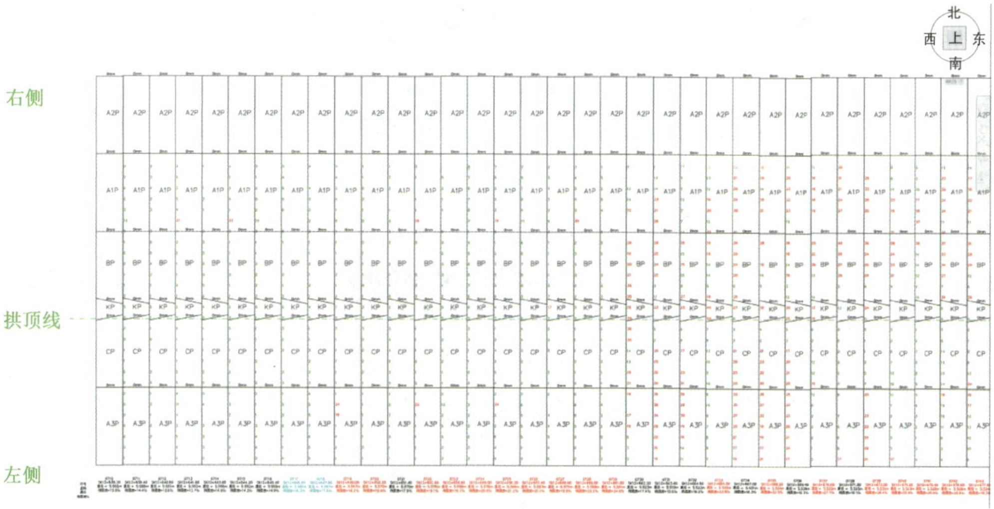

图 7-41　直径与错台总图 CAD 示意图

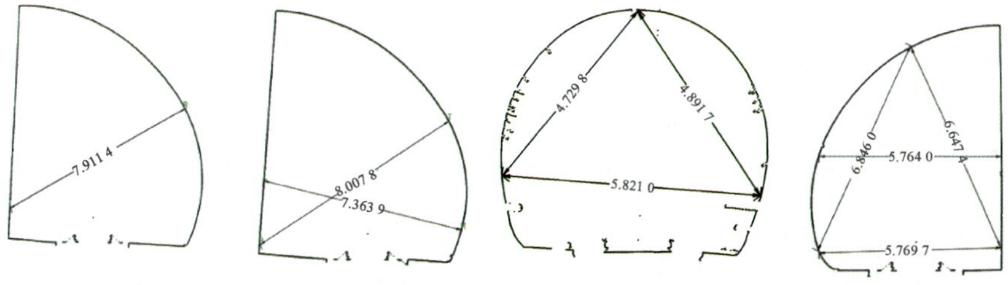

(a) 单测线　(b) 双测线　(c) 三测线　(d) 四测线

图 7-42　测线类型

在预览影像中标记需要计算测线的断面，全部标记完成后，点击【保存标记】。然后点击【点云处理】中的【断面解算】，在参数设置中选择【指定测线】，单击确定即可获得计算结果，如图 7-43 和图 7-44 所示。

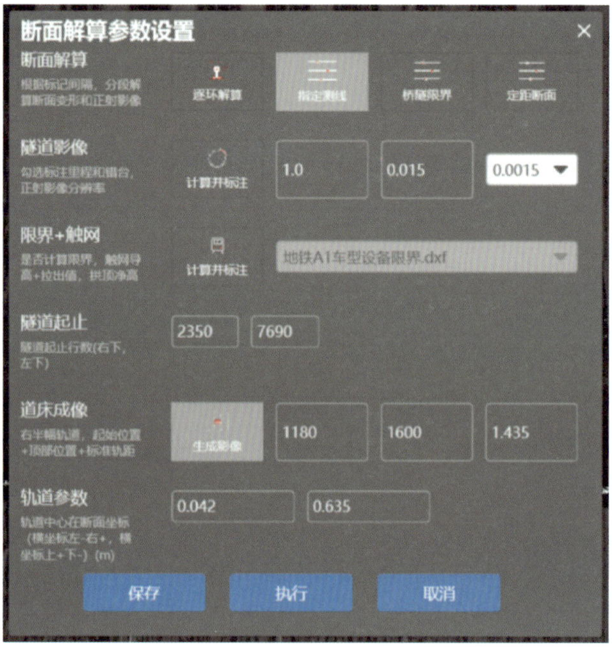

图 7-43　测线解算参数设置

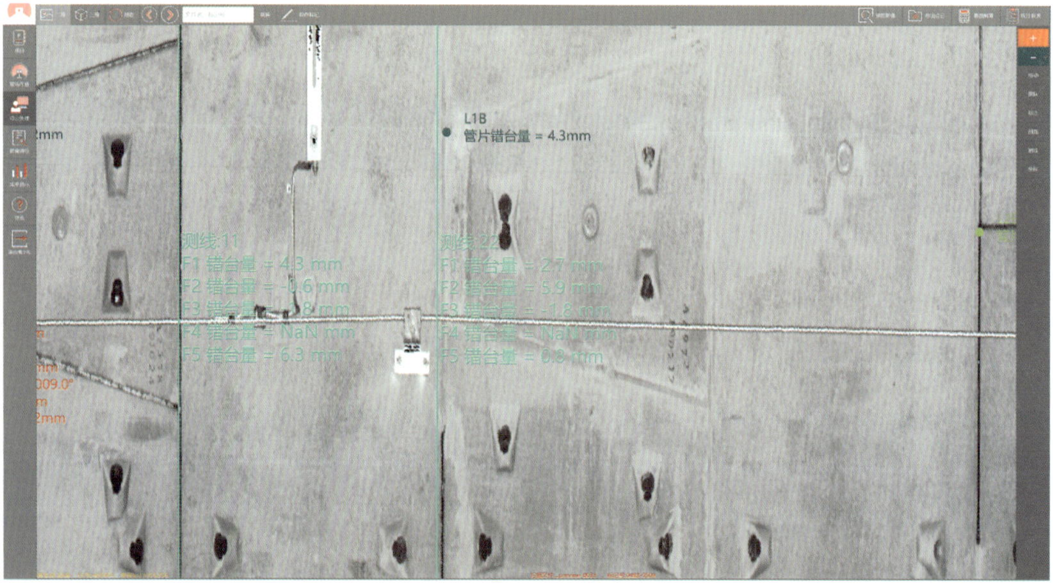

图 7-44　测线解算结果

4. 限界检测

TLSD系统支持常见地铁和铁路限界计算。在【点云处理】界面，点击【断面解算】按钮，在参数设置中按解算要求进行选择。其中，选择【定距解算】时，可在【隧道范围】中根据选择间隔指定距离进行解算。点击【限界＋触网】，可根据解算对象选择适用的限界类型。TLSD支持矩形隧道、马蹄形隧道、圆形隧道及站台等限界的计算，具体支持类型如图7-45所示。

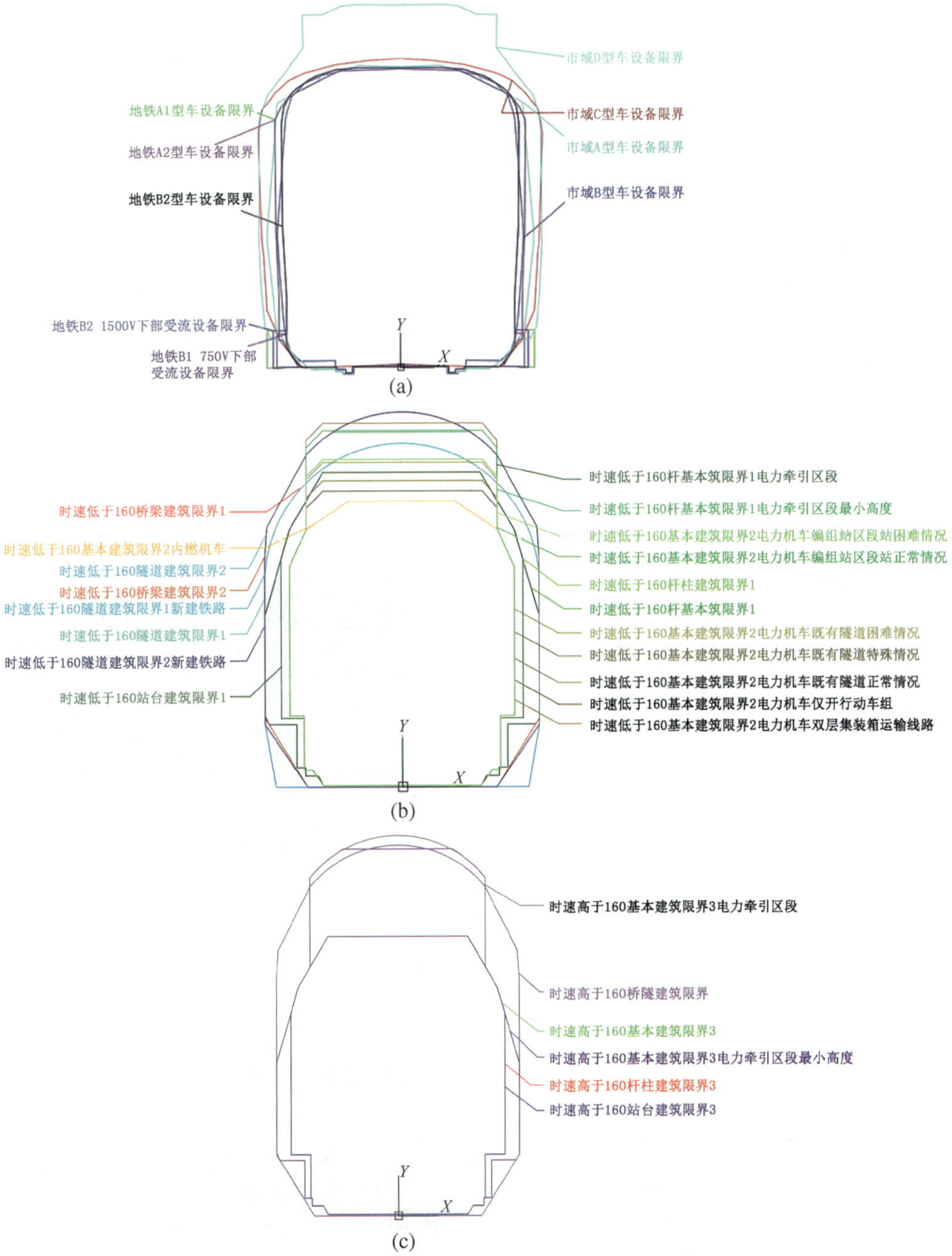

图7-45 TLSD系统支持限界类型(图中时速单位为km)

限界检测参数设置界面如图 7-46 所示。

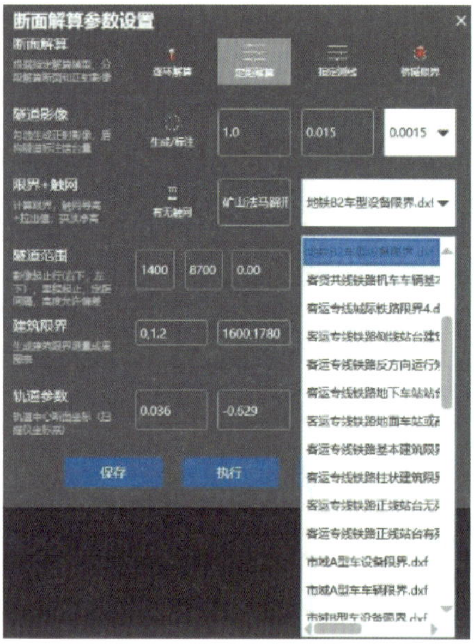

图 7-46　限界检测定距解算参数设置

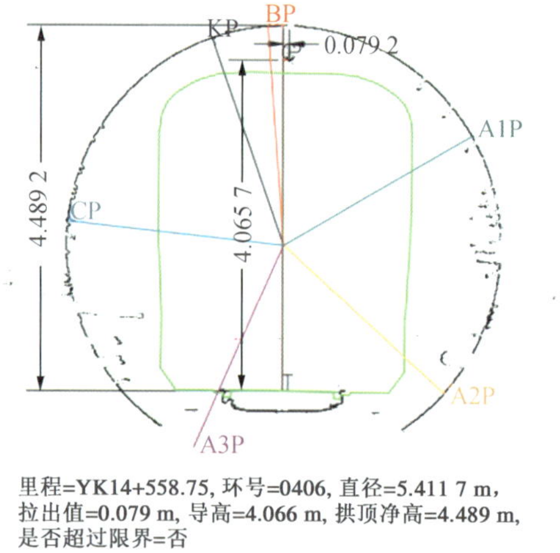

图 7-47　某线路圆形隧道地铁 B2 型车辆限界解算示意图

完成参数设置后，系统可自动完成线路限界检测并生成报表，解算结果如图7-47 所示。根据解算结果，可进一步进行侵限分析，寻找断面的侵限点，并根据侵限点坐标定位侵限的位置。

7.4.5　多期比较

隧道病害发展到一定阶段后可能突然加速劣化，通过多期影像精细比较可发现隧道内壁人眼难以判读识别的变化。基于里程和断面轮廓精密匹配可实现多期扫描数据在深度、反射率方面的精细比较。

1. 基本要求

多期比较前，应先生成预览影像用于多期对比匹配。多期扫描的距离测量精度不应低于±2 mm，反射强度分辨率不应低于 1024 色阶，数据采集速度不宜小于 100 万点/s。

2. 新建对比项目

在多期比较页面选择【新建对比项目】，如图 7-48 所示，在弹出窗口的【项目 1】和【项目 2】处分别选择需要对比的项目.tlsd 文件，并在

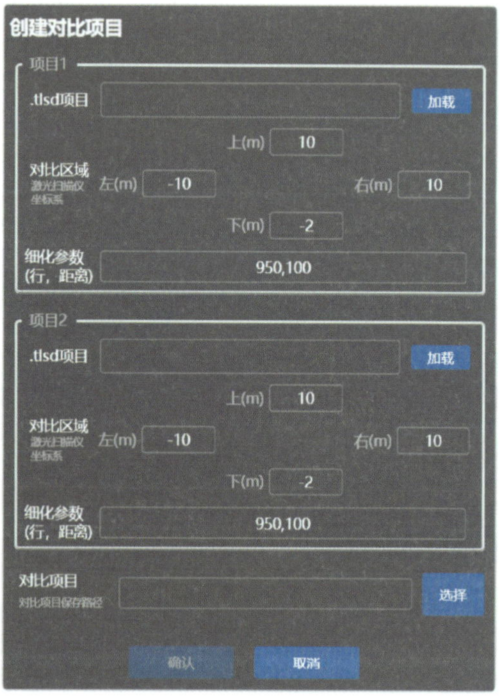

图 7-48　新建对比项目界面

【对比项目】处选择文件夹以存储对比过程中生成的文件。

在软件界面上加载两期扫描影像，在界面中可通过鼠标右键进行影像拖动，通过滚轮进行影像缩放，从视觉上对比两期影像的异同(图 7-49)。

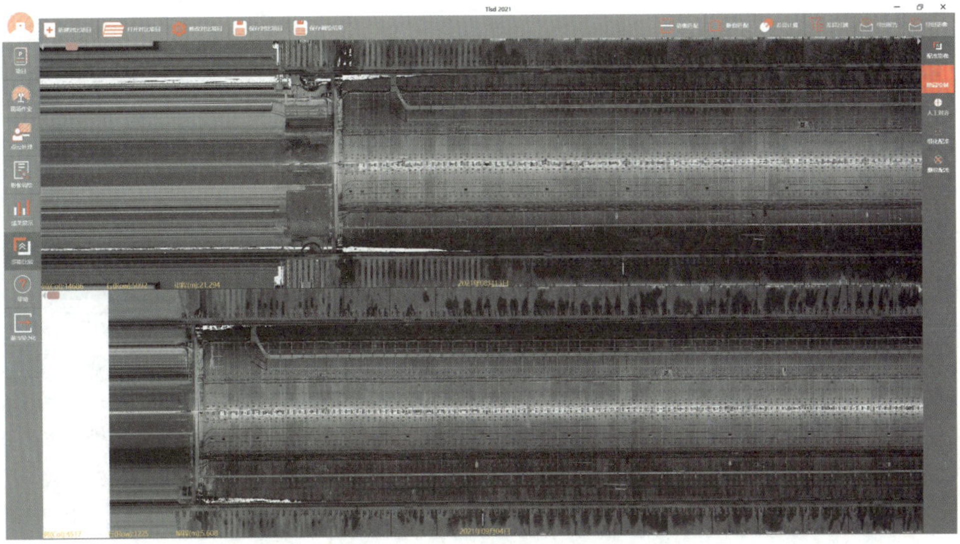

图 7-49　对比项目上下视图

3. 影像匹配

在实际检测作业中，里程计数据精度难以满足厘米级精确匹配要求，需将两张对比影像在列向(里程方向)进行匹配，需要先人工交互选择一些同名列，再通过软件自动细化匹配。点击左侧工具栏中的【人工对齐】，界面中将出现一条竖向辅助线辅助选择，可以利用隧道中管线等特征寻找明显的同名列，如图 7-50 所示。

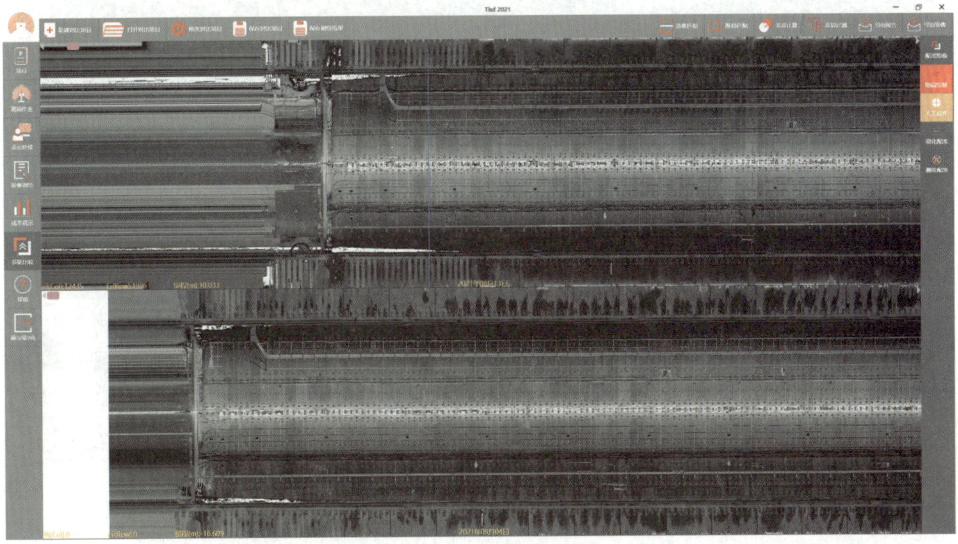

图 7-50　人工选择同名列

点击左键即选择起始结束列，以不同颜色代表不同顺序的人工选择列，点击【保存对比项目】即可保存该人工选择列。为保证形成有效区间，建议人工选择两对以上同名列，如图 7-51 所示。

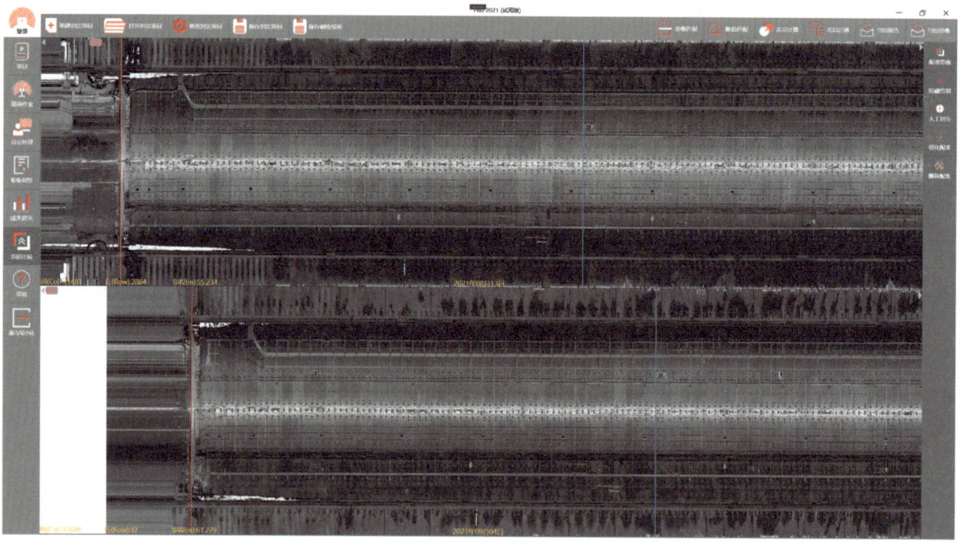

图 7-51　同名列

选择两对或两对以上的同名列后，点击按钮【细化配准】，软件根据选择的同名列间进行稠密匹配。稠密匹配完成后，同名列间将出现两种情况：如细化配准满足阈值，则用绿线标识；如细化匹配超过临界阈值，则用红线标识，需要人工删除错误的细化配准列，如图 7-52 所示。

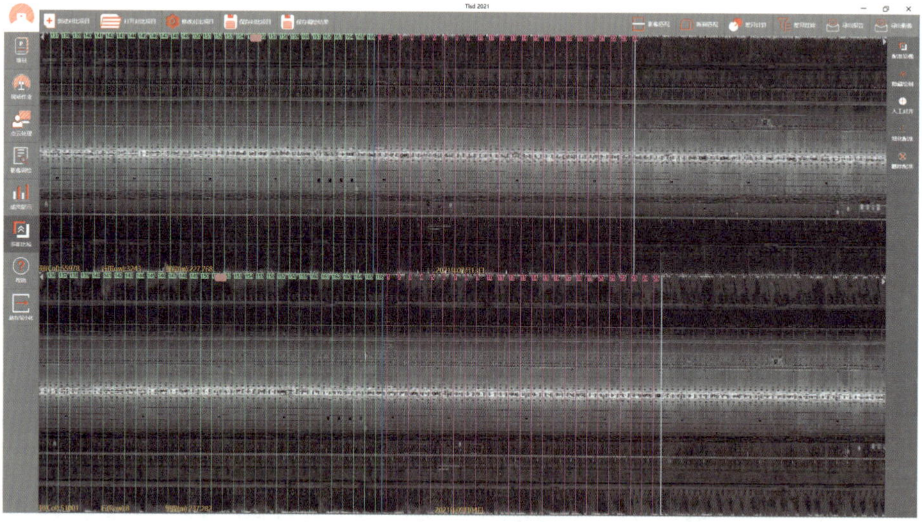

图 7-52　细化配准

如果删除后该区间可满足要求，则该区间内的细化线将会自动变为绿色，点击【保存对比项目】保存细化配准结果。

4. 差异计算

所有人工选择同名列间的细化匹配列都变为绿色时（图 7-53），表明细化配准工作已完成，可进行进一步分析。

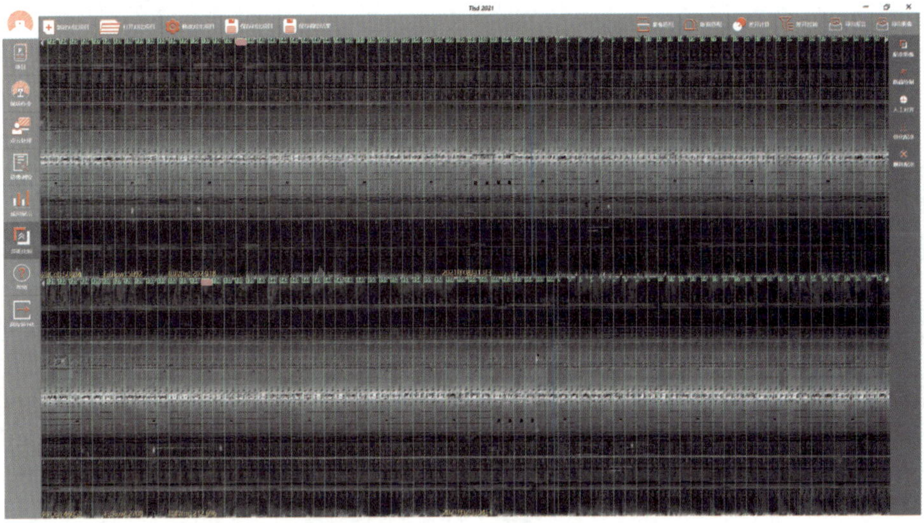

图 7-53　细化配准正确

点击上方【影像匹配】按钮，根据细化配准结果生成里程匹配的影像，完成后点击右侧【配准影像】按钮，配准后的两期影像如图 7-54 所示。

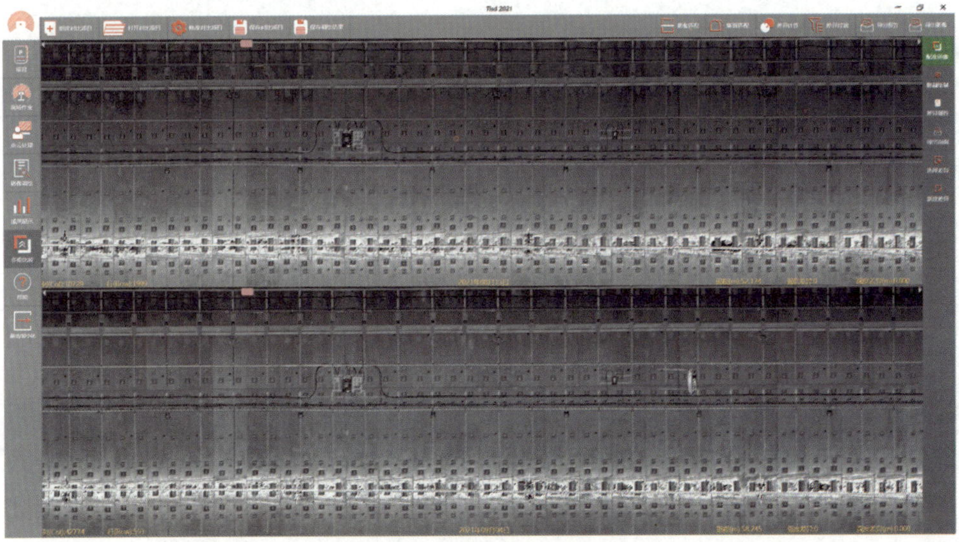

图 7-54　配准后的两期影像

若对里程匹配结果不满意，可返回影像匹配步骤，人工选择更多同名列，从而优化匹配效果。完成里程匹配后，点击上方【差异计算】按钮，根据匹配里程计算两期变化，两期之间的空间差异区域以红色标记显示（图 7-55），强度差异区域以蓝色标记显示（图 7-56）。

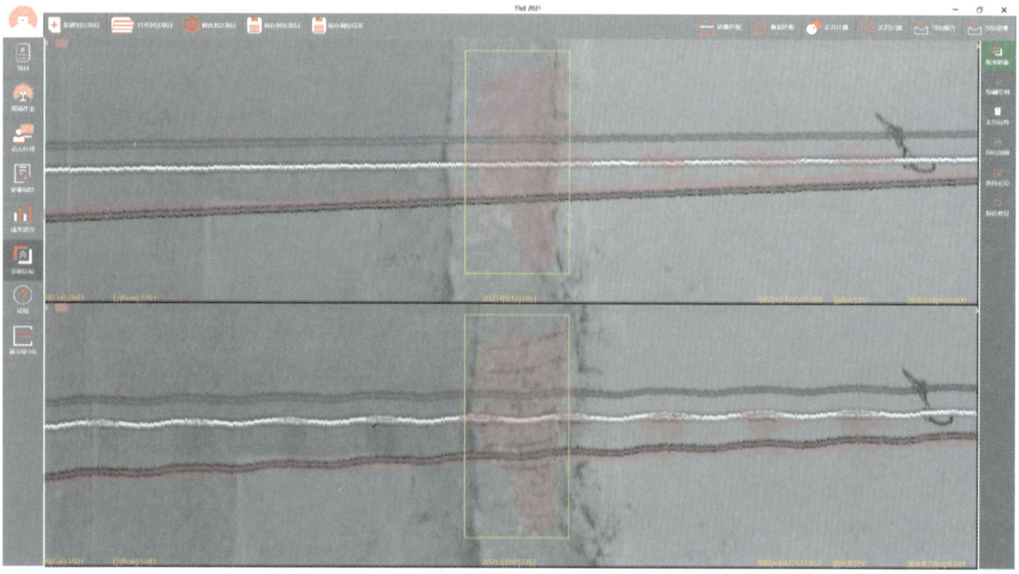

图 7-55　空间差异

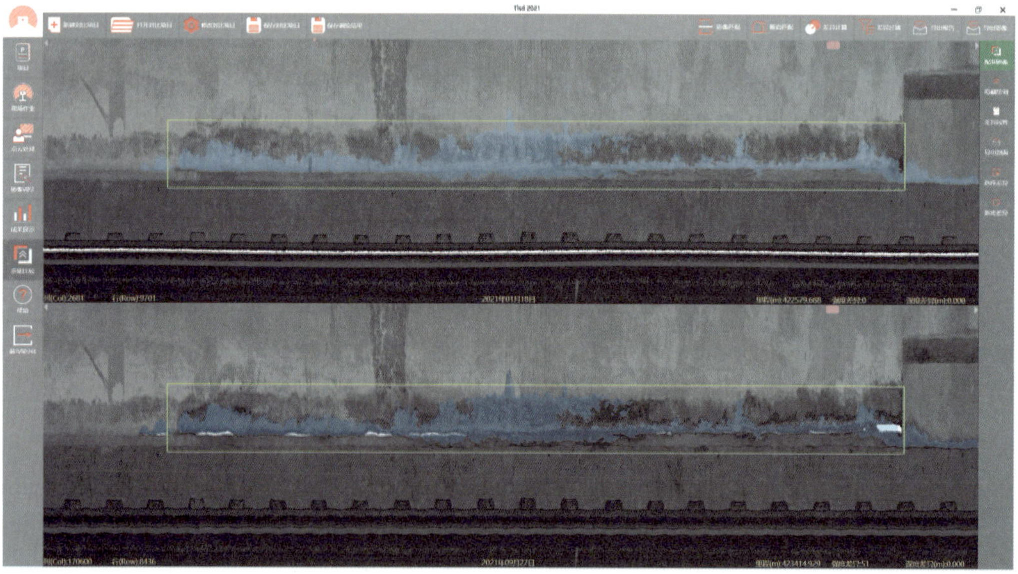

图 7-56　强度差异

7.4.6 影像调绘

1. 基本要求

(1) 利用点云反射强度、距离等生成灰度或伪彩色影像，灰度影像的分辨率不宜低于3 mm，色差应满足病害识别的要求；

(2) 采用固定设站激光扫描法时，计算测站间距应满足灰度影像分辨率的要求；

(3) 采用移动激光扫描法时，应根据分辨率要求配置合理的行进速度和扫描参数，保证螺旋线间隔及每个螺旋线上相邻点间距满足分辨率的要求；

(4) 应根据隧道断面的几何特性选用合适的数学模型，内壁影像宜采用等积投影展开图的形式表达，投影变形应小于±3%；

(5) 影像图的里程定位精度应优于 50 mm，盾构法隧道的影像图还应与拼装环编号关联；

(6) 提供影像调绘工具软件，统计病害类型、里程、几何信息(长度、面积、宽度)并生成报表。

图 7-57、图 7-58 所示分别为地铁、高铁隧道影像中的病害。

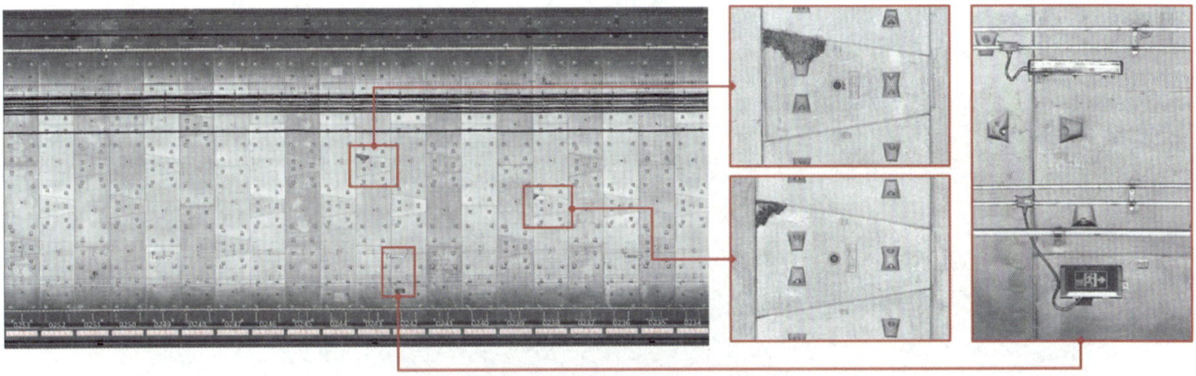

图 7-57 地铁隧道影像中的病害

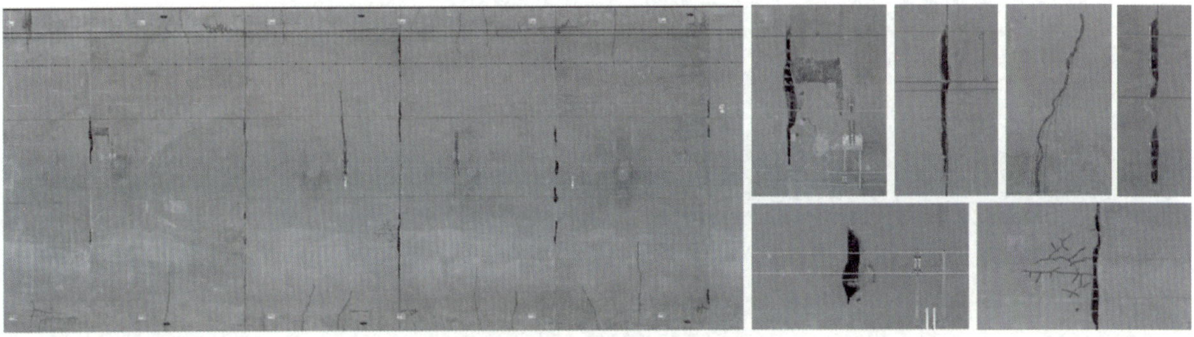

图 7-58 高铁隧道影像中的病害

2. 影像拼接

在进行影像调绘前，需要将单幅存储的影像进行拼接，便于整体分析与调绘。点击【影像调绘】界面右上角的【拼接影像】(图 7-59)，设置相关参数后完成影像拼接，拼接前后的影像如图 7-60、图 7-61 所示。

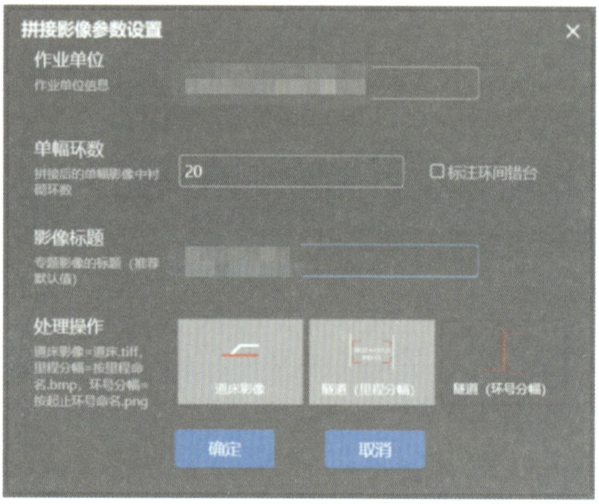

图 7-59 影像拼接参数界面

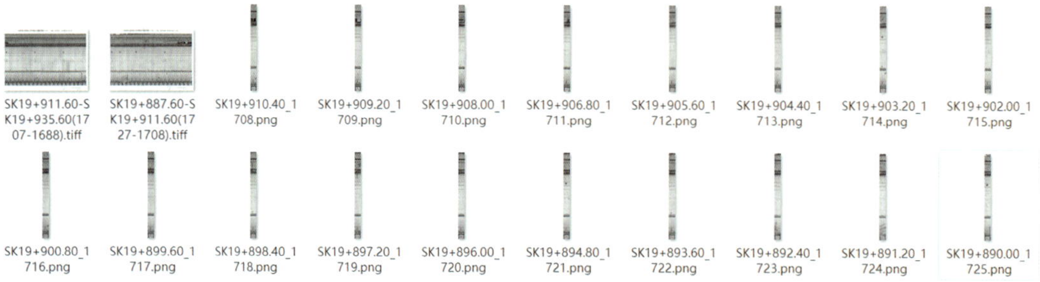

图 7-60 隧道影像拼接前后

图 7-61 拼接后的隧道影像

3. 交互调绘

在【影像调绘】界面(图 7-62)中,点击右侧工具栏【面状信息】、【线状信息】和【点状信息】,可以根据隧道实际情况进行标注,标注前先填写标记号、里程等关键信息。选择需要标记的影像,【点状信息】标注是单击鼠标左键即在鼠标指针处进行标记;【线状信息】【面状信息】是单击鼠标左键开始标注,每单击一次记录一个节点,双击鼠标左键结束标记。标注完成后点击【统计报表】按钮可以在 reports 文件夹中生成 Word 和 Excel 统计报表。

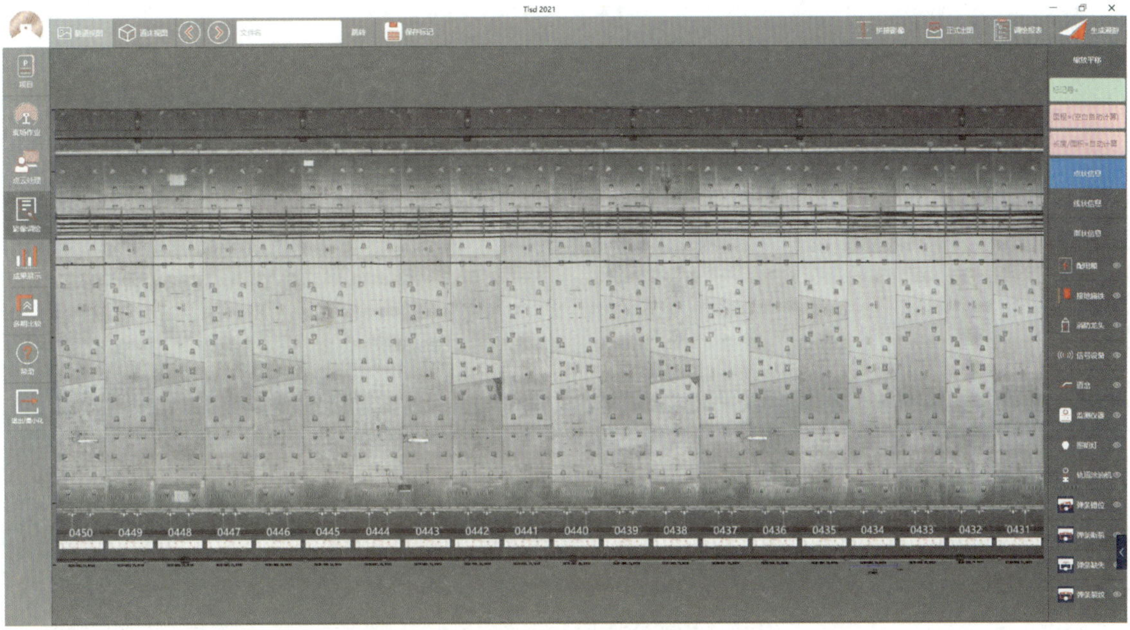

图 7-62 影像调绘界面

7.4.7 成果展示

TLSD 系统提供了多种成果展示功能和形式,包括报表形式、影像形式、漫游视频形式,成果格式包括通用的 las 点云数据、Excel 报表、Word 报告、断面 CAD 图、高清影像与视频等,内容涵盖隧道断面水平直径、椭圆度、错台量、测线等变形参数及其统计信息,并提供病害线划图与尺寸信息。TLSD 系统软件中成果展示功能模块对应于系统功能提供报表视图、影像视图和漫游视图。

1. 报表视图

除指定测线解算功能外,其他断面解算均可生成统计报表。解算完成后,点击【点云处理】界面功能区中的【统计报表】按钮(图 7-63),程序会自动生成报表。逐环解算和限界检测报表存储在 reports 文件夹中,定距解算报表存储在 cad 文件夹中。

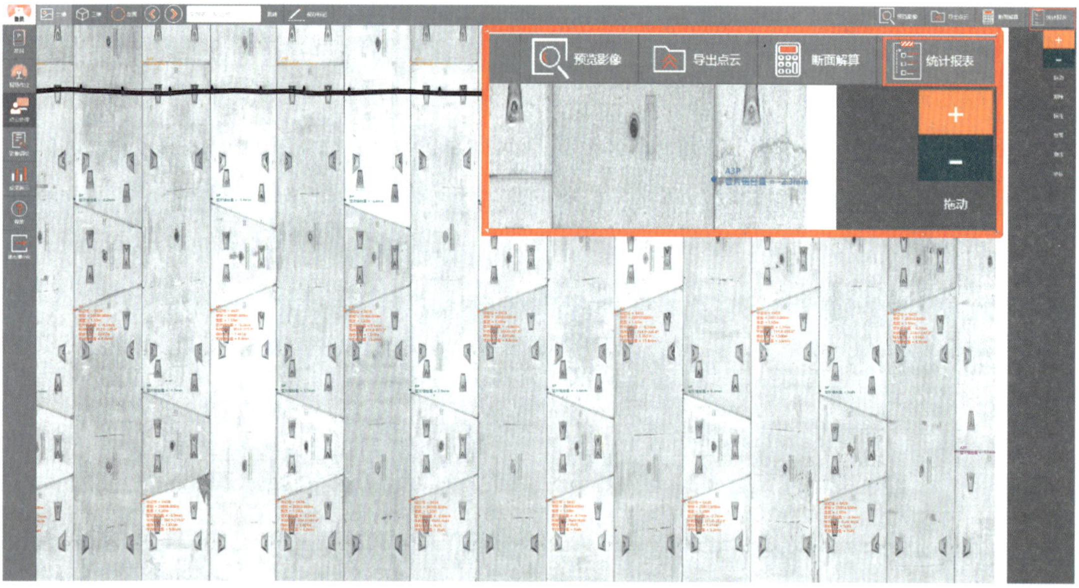

图 7-63　生成统计报表

在软件的成果展示功能界面，可在表格区域重点查看黄色或红色高亮标记数据，排除因遮挡、数据缺失等造成的解算误差；在曲线数据区域查看数据整体趋势，如有异常波动，也需人工复核；曲线区域还可通过设置不同的 X、Y 轴来查看对应要素的情况，展示效果如图 7-64 所示。对应的结果也可输出为电子表格，便于后续查看，表 7-3—表 7-5 分别给出了某盾构隧道区间的环间错台报表，收敛直径、椭圆度及环内错台报表，断面统计数据。

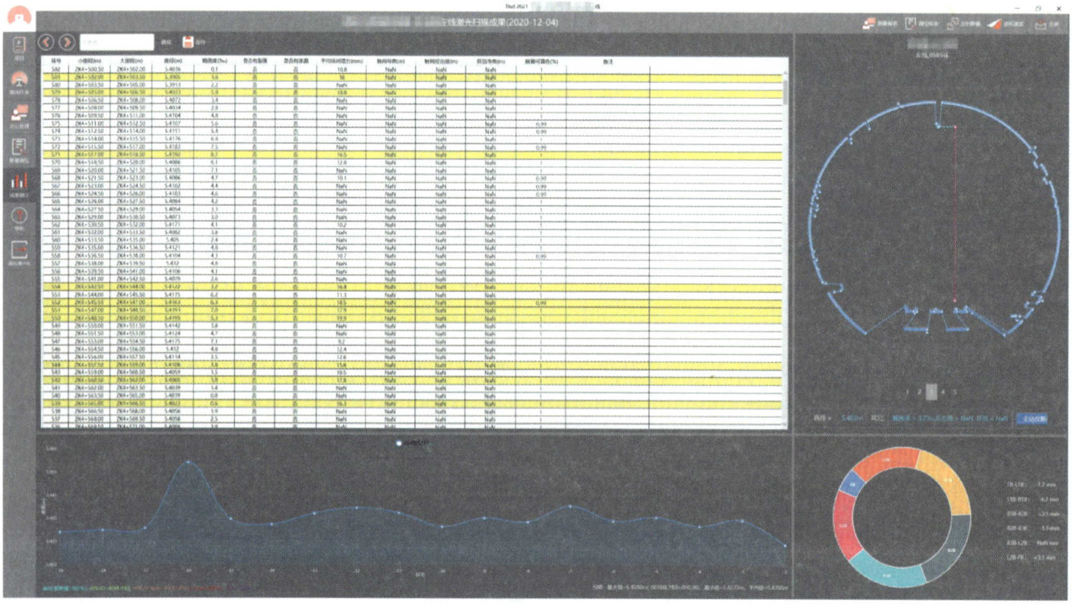

图 7-64　测量报表成果展示界面

环间错台报表(表 7-3)提供最大错台量的平均值、起止角度、对应的弧长等信息。

表 7-3 环间错台报表

序号	环号	环片宽度 1.5 m	隧道内径 5.4 m		两点间最大间隔 10 mm	
		环片小里程	环片大里程	起止角度/(°)	错台弧长/m	平均错台量/mm
1	971	YK19+737.00	YK19+738.50	53～296	5.6	26
2	970	YK19+738.50	YK19+740.00	77～319	5.6	24
3	968	YK19+741.50	YK19+743.00	336～314	1.1	18
4	966	YK19+744.50	YK19+746.00	59～348	3.4	19
5	965	YK19+746.00	YK19+747.50	297～230	3.2	17
6	949	YK19+770.00	YK19+771.50	254～230	1.2	17
7	948	YK19+771.50	YK19+773.00	27～4	1.1	16
8	947	YK19+773.00	YK19+774.50	41～344	2.7	15
9	941	YK19+782.00	YK19+783.50	296～253	2.1	15
10	928	YK19+801.50	YK19+803.00	324～279	2.2	17
11	927	YK19+803.00	YK19+804.50	298～225	3.5	21
12	926	YK19+804.50	YK19+806.00	325～233	4.4	21

收敛直径、椭圆度及环内错台报表(表 7-4)给出每一环的里程、椭圆长短半轴、椭圆度以及水平直径、错台量等信息。

表 7-4 收敛直径、椭圆度及环内错台报表

环中里程	椭圆长轴/m	椭圆短轴/m	环中水平直径/m	环左侧水平直径/m	环右侧水平直径/m	椭圆度/‰	差值/m	FB-L1B 错台/mm
YK14+537.75	5.417 8	5.384 7	5.417 2	5.417 4	5.418 2	6.1	0.017 2	0.9
YK14+539.25	5.411 2	5.392 3	5.411 8	5.411 5	5.412 6	3.5	0.011 8	1.8
YK14+540.75	5.402	5.400 1	5.402	5.403 2	5.401 4	0.3	0.002	2.5
YK14+542.25	5.405 5	5.397 8	5.408 3	5.407 3	5.404 6	1.4	0.008 3	
YK14+543.75	5.401 7	5.400 3	5.402 4	5.400 9	5.401 7	0.2	0.002 3	1.8
YK14+545.25	5.401 9	5.401	5.401 8	5.40 12	5.402 5	0.2	0.001 8	−3.9
YK14+546.75	5.402 2	5.398 8	5.400 6	5.400 9	5.400 8	0.6	0.000 5	−1.6
YK14+548.25	5.404 2	5.399 8	5.399 6	5.400 7	5.399 1	0.8	−0.000 4	1.3
YK14+549.75	5.403 3	5.398 8	5.397 8	5.399 2	5.398 9	0.8	−0.002 2	3.1
YK14+551.25	5.403 9	5.400 5	5.405	5.403 1	5.405 7	0.6	0.005	−2.7

TLSD 软件提供数据统计功能，对水平直径、椭圆度、环间错台超限等情况进行了统计，

便于形成报告并进行分析(表 7-5)。

表 7-5　断面统计数据

水平直径偏差	≤6‰D	6‰D～6 cm	≥6 cm	"竖鸭蛋"(<D)	无法解算	合计	最大直径/m	最大直径环号	最大直径里程/m
环数	235	5	1	5	0	246	5.462 1	242	14 898.5
所占比例/%	95.53	2.03	0.41	2.03	0	100			
椭圆度偏差	≤6‰	6‰～18‰	≥18‰	无法解算	合计	最大椭圆度/‰	最大椭圆度所在环号	最大椭圆度所在里程/m	
环数	233	9	4	0	246	24.5	242	14 898.5	
所占比例/%	94.72	3.66	1.63	0	100				
环间错台超限	>15 mm总环数	超限所占比例	最大环间错台所在环号	最大环间错台量/mm	最大环间错台弧长/m	最大环间错台所在里程/m	最大环间错台发生位置/(°)		
分项信息	6	2.44	242	19.7	2.969	14 898.5	313～251		

2. 影像视图

将软件的成果展示功能界面切换为影像视图时,可查看隧道影像与衬砌环解算以及病害统计和病害影像结果。图 7-65 所示盾构隧道影像视图给出了盾构隧道影像与衬砌环解算结果。

图 7-66 所示调绘报表展示界面给出了矿山法隧道影像调绘视图中的衬砌病害和统计成果。

3. 漫游视图

点击【点云处理】界面中的【生成漫游】按钮,根据需要设置对应参数可生成三维漫游视频。漫游视频存储在项目文件目录下的 video 文件夹中。漫游视频为通用格式的视频文件,可以用视频播放器进行播放(图 7-67)。

TLSD 软件支持数据处理后的专题成果展示(图 7-68),在软件成果展示界面可对漫游视频进行预览,同时展示逐环点云断面以及隧道管片分布情况。功能区按钮可切换展示生成不同视角的漫游视频和成果表。

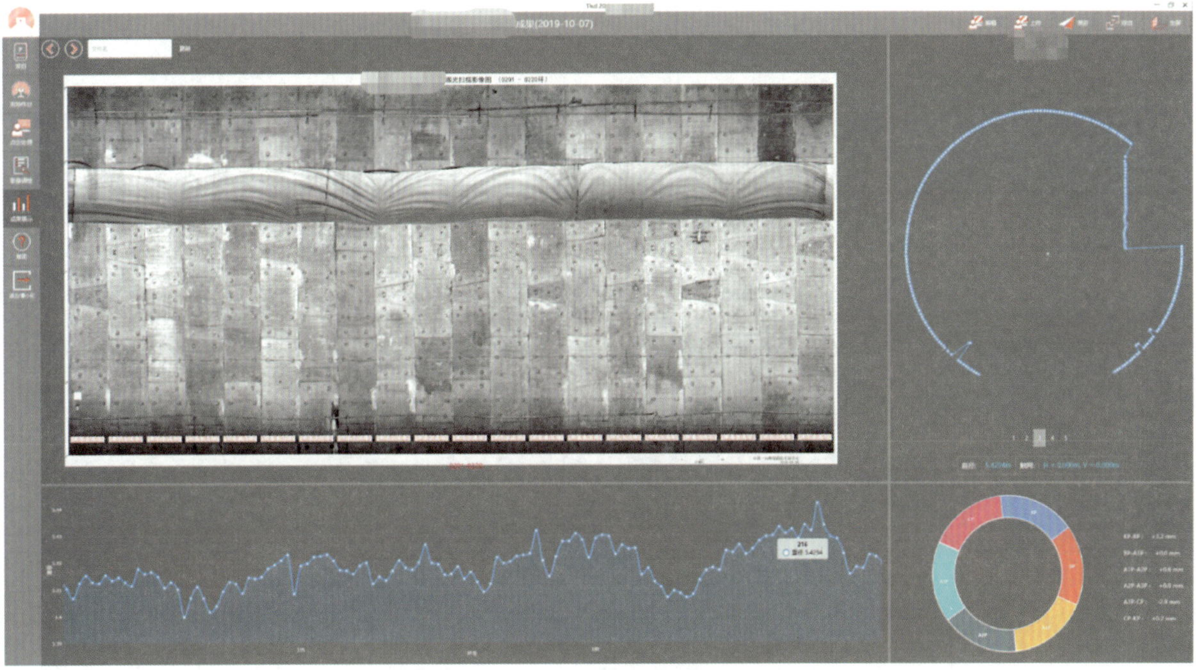

图 7-65　盾构隧道影像视图

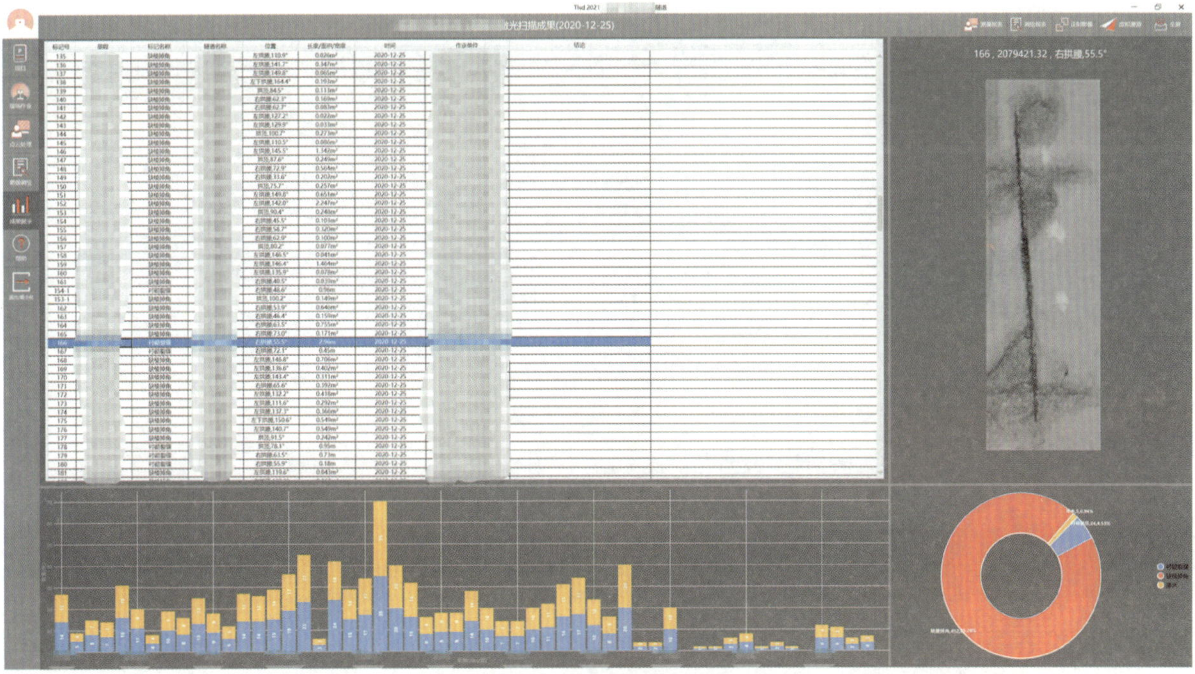

图 7-66　调绘报表展示界面

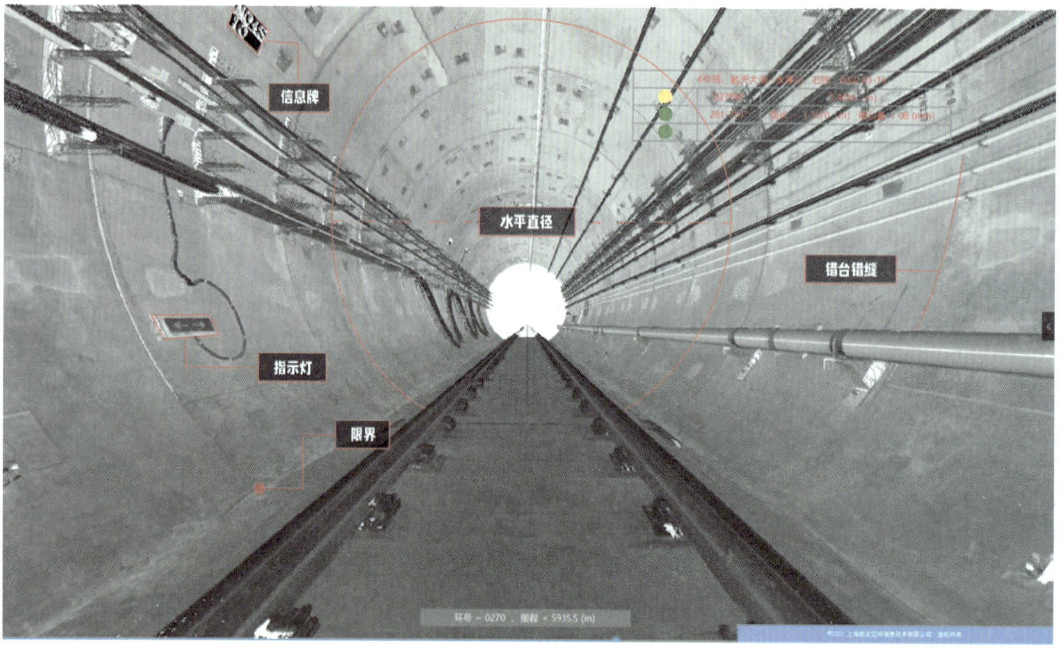

图 7-67　漫游视频截图

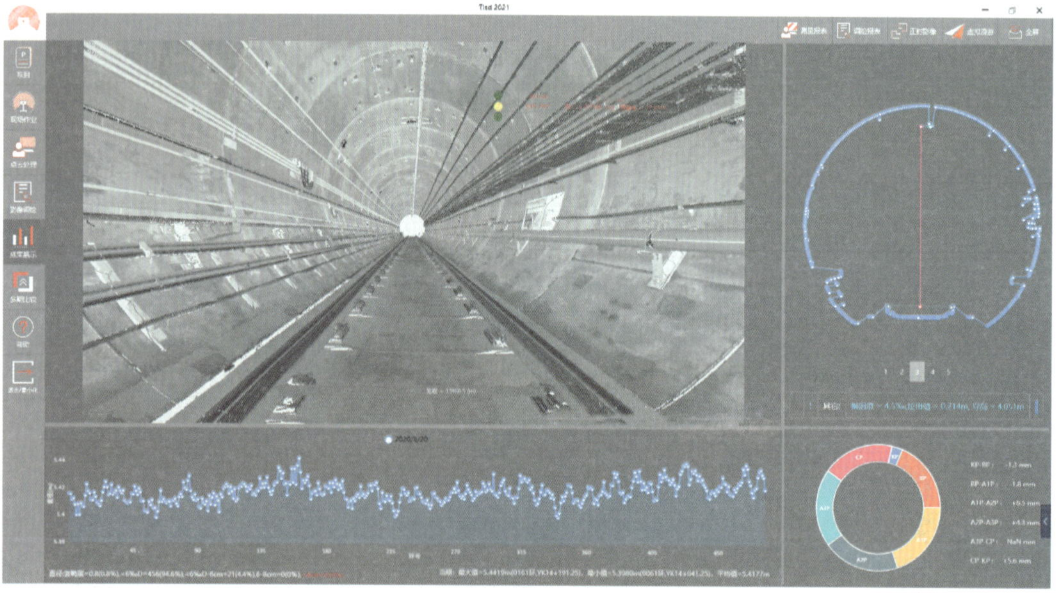

图 7-68　漫游视频展示区

7.5 本章小结

本章介绍的 TLSD 系统支持无惯导和集成惯导两种作业模式，适用于隧道变形监测、表观病害调查、竣工验收、既有线勘测、限界检测、接触网检测、土建结构及设施设备维护管理等场景的应用。TLSD 系统支持 Z+F 9012 和 Faro 等多种扫描仪的集成开发，发挥了小型电动检测车灵活方便的特点，可获取水平直径、椭圆度、错台、限界、接触网的导高和拉出值等几何参数。根据激光强度和距离通过算法获取高分辨率的强度影像和深度影像，提高病害检测、设施设备和多期变化的识别能力，通过算法高效重建隧道真实场景的高清漫游视频。

8

铁路工程应用案例

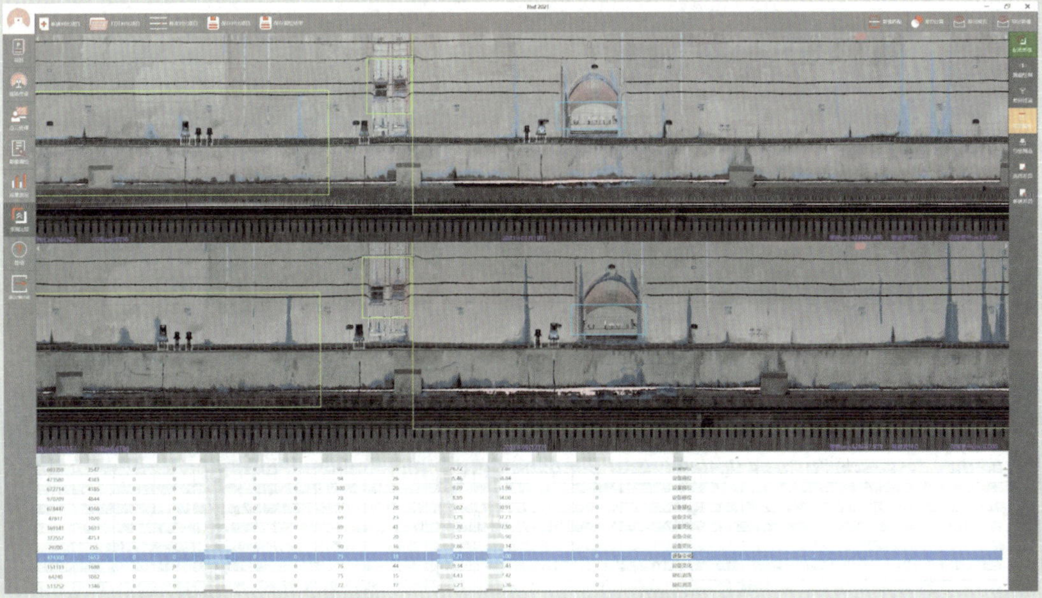

为保障铁路运营安全,铁路工务部门需要投入大量人力物力开展变形监测与病害调查等,以检测隧道结构状态、开展维护保养并确保运营安全。随着大批新建高速铁路、高寒(高原)铁路、重载地铁、特大桥隧等投入运营,常规检测方法在作业效率、环境适应性和经济成本上已无法满足需求,迫切需要研究先进高效的移动检测技术。

荷兰 Rila、德国 Pavemetric、意大利 Siteco、日本计测检查株式会社等国外公司已开展大量移动激光扫描应用。我国铁路行业已普遍将轨道检测小车、北斗测量系统应用于线路中线、轨道平顺性、线路调查等检测项目中。铁科院、中国铁设、铁一院、铁四院、铁二院等铁路行业领先勘测单位,已采用国产化移动测量系统开展既有线勘测、隧道病害调查、行车限界检测、接触网检测、新建隧道竣工验收等工程应用。

本章以作者近年参与的若干铁路工程项目为例,介绍轨道移动激光检测技术在铁路三维数据获取、变形测量、基础设施与病害调查等方面的应用。

8.1 线路三维数据获取

8.1.1 应用需求

某重载铁路建设时间较早,运营时间较久,缺少线路三维数据,尤其是隧道区间的三维数据。综合考虑数字化管理、三维建模以及病害检测等需求,采取车载移动激光扫描方式获取三维数据,要求数据具有绝对位置信息。该线路全长约 200 km,隧道区间近 70 km,考虑到天窗时间零散,线路隧道区间采用集成组合导航系统的车载激光扫描方式获取高密度三维点云。

考虑到铁路数据获取的效率需求,隧道三维数据获取主要依靠轨道移动激光测量系统(图 8-1),系统集成 Z+F 9012 激光断面扫描仪与组合导航系统。利用组合导航系统获取载体平台的空间位置和三轴姿态信息,经多传感器时空同步、坐标转换、点云解算、控制点纠正等处理步骤后,获得线路沿线的三维点云成果。

图 8-1 轨道移动激光测量系统(工务巡检车为载体平台)

8.1.2 准备与作业

在铁路隧道三维数据获取项目实施前期，根据项目要求明确作业内容，根据线路隧道信息以及天窗计划，规划制订详细的作业方案。由于线路较长、天窗有限且避免影响正线行车，选择工务巡检车（图 8-1）搭载激光测量系统进行作业，在检测区间运行时速范围 8～24 km。为提高三维轨迹解算精度，需在作业区间沿线设置固定 GNSS 基站，作业期间全程开机测量。项目实施时，考虑受天气、线路其他作业项目影响以及长隧道卫星失锁可能造成轨迹偏差的情况，为此与线路工务部门协调，允许利用非天窗时间采用高速（60～70 km/h）进行低密度点云获取与轨迹数据补测。高速运行方式能够降低系统运行时间，提高效率的同时，减少组合导航卫星信号失锁时间，对系统定位精度有益。

项目实施前，首先需解决轨道移动激光测量系统的安装，结合工务巡检车车头结构中可固定螺栓部位，设定测量系统安装位置，结合传感器与工务巡检车安装部位设计安装工作台（图 8-2）。

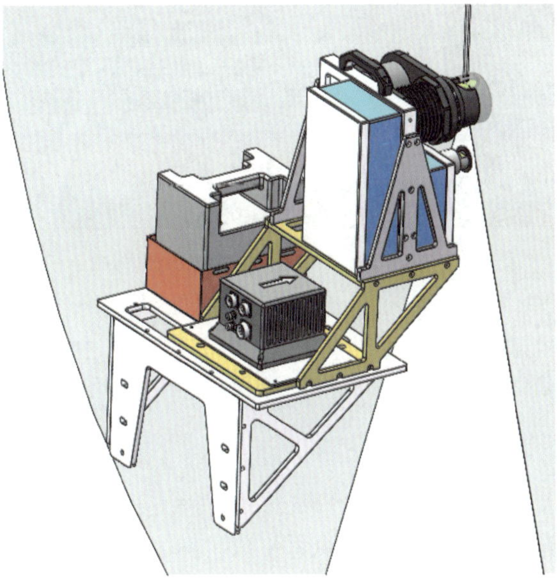

图 8-2　轨道移动激光测量系统工作台设计和安装

组合导航系统和激光扫描仪借助二维/三维坐标转换方法进行系统坐标系的统一，实现系统空间同步即系统标定，可利用标靶球、反射片、棱镜等测量标志，建立全站仪、激光扫描仪与载体坐标系间的公共点，全站仪采用自由设站，激光扫描仪具有自带的独立断面坐标系，载体坐标系利用天线棱镜与三个反射片位置建立。解算过程参考 2.3.1 节空间同步与第 3 章坐标转换相关内容。

具体测量过程参考图 8-3，将标靶球布置在垂直载体前进方向的同一断面，且尽量处于不同高度，用激光笔（或激光测距仪等）校准，保证四个靶球同时被扫描仪扫到同一半球，在测量平台的三个角点粘贴反射片（图 8-2），在天线位置安装棱镜（本项目安装在工务车车顶）。利用全站仪测量车体三个反射片和天线位置棱镜的坐标。标靶球中心坐标测量通过全站仪测量标靶球上下左右边缘的水平角和竖直角，计算球心水平角和竖直角，调整全站仪至球心的水平角和天顶距位置，利用测距模式测出斜距，从而结合标靶球半径计算出全站仪坐标系下的球心坐标。标靶球在激光扫描坐标系下的坐标，可通过断面扫描、圆拟合、球半径进行球心坐标推算。通过全站仪实测标靶球的三维坐标，实现激光扫描坐标系和载体坐标系的转换。

图 8-3　系统标定现场

图 8-4　线路控制点

对于车载移动测量系统的时间同步验证，选择在线路上布设特征点，如使用人工喷漆方式建立标志点（图 8-4），以便于从点云上提取，同时利用 RTK 测量其三维坐标。

8.1.3　数据处理与成果

三维点云数据处理包括组合导航轨迹解算、轨迹纠正与点云生成。

组合导航轨迹解算使用 Inertial Explorer 组合导航事后组合处理软件，需要输入基准站和流动站 GNSS 原始观测数据，并对其进行格式转换。若基准站 GNSS 天线所在位置的大地坐标系的坐标已知，可以将已知坐标作为基准站的固定坐标；如果坐标未知，软件可以通过观测坐标平均的方式为基准站提供概略位置。利用 Inertial Explorer 软件解算轨迹数据（图 8-5），结果给出惯导中心的轨迹数据，包括 UTC 时间、三维坐标、经纬度以及横滚角、俯仰角和航向角等信息。

轨迹解算后，需对数据结果进行检查，必要时需要进行轨迹纠正。对于部分隧道群（隧道间隔不足 500 m），受惯导精度与卫星信号失锁影响，Inertial Explorer 解算的轨迹数据与

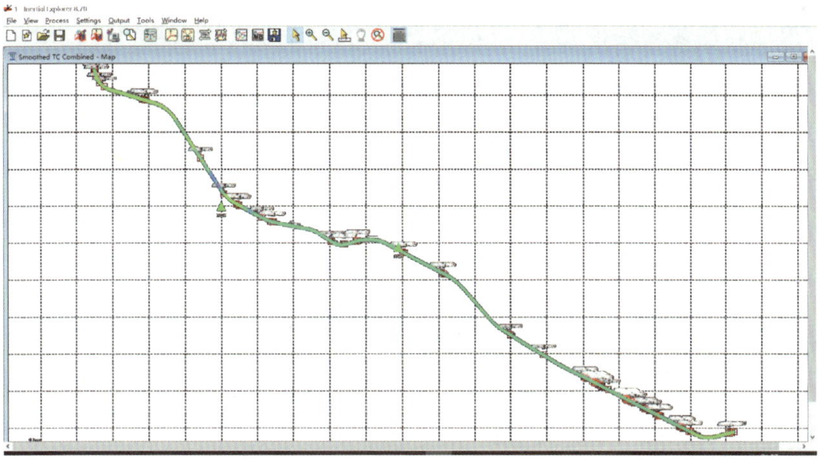

图 8-5 IMU 中心轨迹数据结果

真实轨迹可能会出现较大偏离。轨迹纠正主要参考两个方面，即高速检测结果和设计曲线参数。

利用高速运行轨迹纠正低速运行轨迹，主要是考虑到组合导航系统中，惯导数据受运行时间影响会产生偏移，时间越长则精度越差，长距离隧道测量时更易导致轨迹数据出现偏移。为减少测量系统在隧道区间的运行时间，可采用高速运行方式(60～70 km/h)同时获取线路轨迹，作为低速运行轨迹的参考，并将同一隧道区间重复采集轨迹叠加到卫星影像图，结合设计隧道表、曲线表等参考信息，逐段判断并人工选择有效轨迹。对于需要使用高速轨迹纠正低速轨迹的区段，考虑到需要进行同区段激光点云数据匹配，配准可借助点云强度影像(图 8-6)，识别隧道内同名点，如里程标、隧道内指示箭头、边坡电线杆特征点等，借助同名点里程进行区间轨迹内插与纠正。

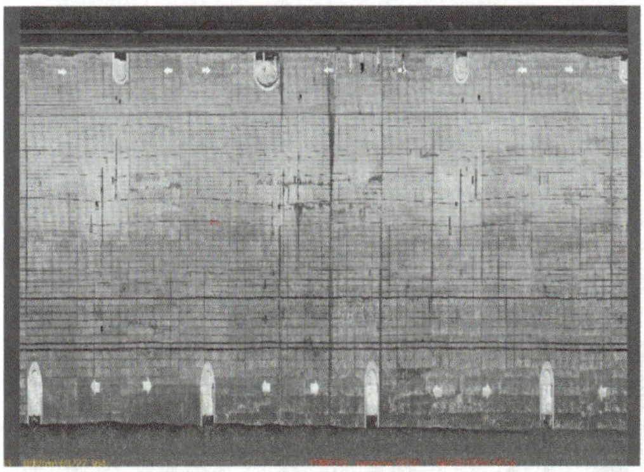

(a) 隧道

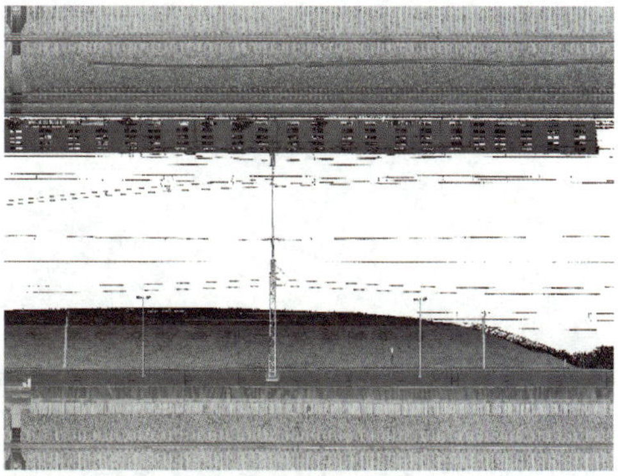

(b) 边坡

图 8-6 高速扫描隧道和边坡灰度影像

对于特长隧道(超过 10 km),高速运行的组合导航系统直接获取的轨迹数据也与真实数据存在较大偏差。针对这种隧道区段,借助设计曲线参数与实测轨迹点进行轨迹纠正。使用到的设计曲线参数包括曲线里程起终点、断链、偏转方向、半径、转向角、超高、缓和曲线长等信息。参考设计曲线参数解算设计轨迹坐标,结合隧道区段前后实测轨迹坐标,推算隧道区段真实位置与方位角。利用推算线路坐标与方位角,解算绝对曲线轨迹坐标,并与实测轨迹叠加、验证与修正。该方法使用设计曲线参数推算线路轨迹,在隧道内部与真实数据的偏差不可预估,需进一步通过全站仪测量完成精度验证。

三维点云数据生成需结合解算轨迹、车载系统标定参数、组合导航姿态信息与扫描点云同步信息进行解算,实现相对点云到地理坐标系的转换。解算后的三维点云数据如图 8-7、图 8-8 所示,其中,图 8-7 为某铁路全线三维点云数据,图 8-8 为隧道区间与非隧道线路路基段三维点云数据。

图 8-7　某铁路全线三维点云数据

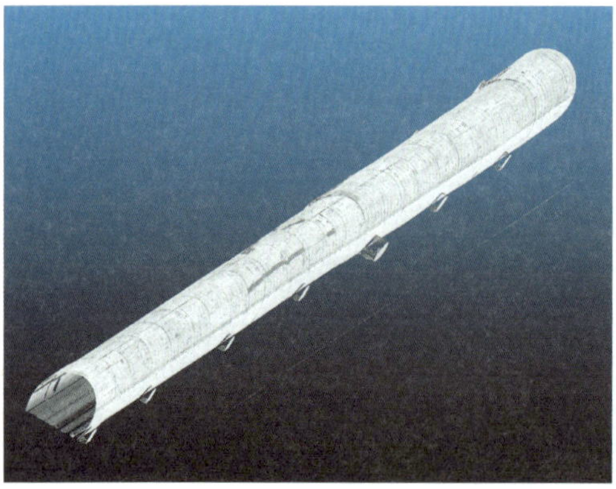

(a) 隧道段

(b) 路基段

图 8-8　隧道区间与非隧道线路路基段三维点云数据

本次获取的隧道段原始三维数据经组合导航定位定姿预处理、轨迹纠正、点云纠正，最终获得.las 格式的点云数据 297GB。对获取的隧道三维点云数据进行数据质量分析，包括点密度以及利用线上 RTK 进行成果验证。

将隧道点云输入到点云软件 CloudCompare 中（图 8-9），查看高速运行的轨道移动激光测量系统获取的点云环向密度约 10 mm，径向密度约 80 mm。

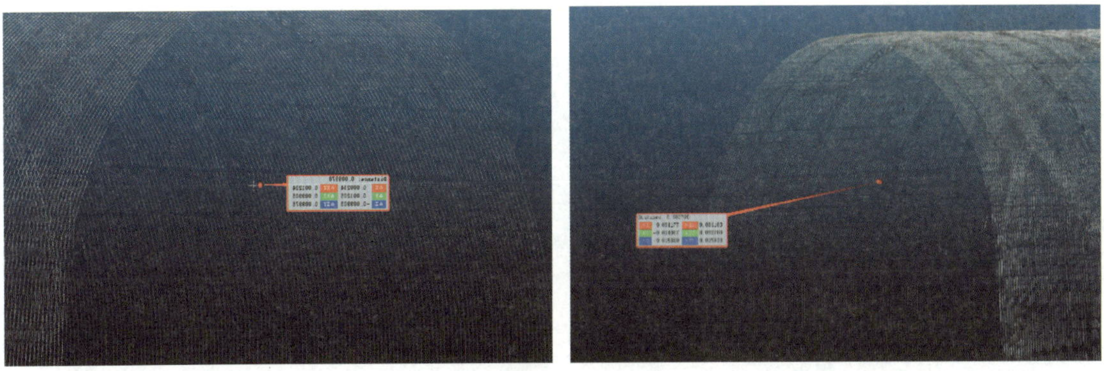

(a) 环向密度　　(b) 径向密度

图 8-9　高速点云环向密度、径向密度量取示意图

上线期间低速点云隧道内采集速度约为 8 km/h，在 CloudCompare 中量测高速点云环向密度约 2 mm，径向密度约 30 mm（图 8-10）。

(a) 环向密度　　(b) 径向密度

图 8-10　低速点云环向密度、径向密度量取示意图

为验证数据精度，利用 RTK 测量线路上人工标志点的坐标信息，与轨道移动激光测量系统获取的对应点的坐标进行对比。验证点的点云坐标与 RTK 测量坐标差异如表 8-1 所示，三维坐标分量的绝对平均偏差约 10 cm。

表 8-1　RTK 验证公共点坐标偏差

序号	北坐标/cm	东坐标/cm	高程/cm
1	−16.7	6.8	3.9
2	−8.8	−2.6	7.3
3	−11.6	14.6	6.1
4	−18.8	2.12	8.0
5	−9.3	12.2	8.5
6	−5.4	9.7	7.0
7	−11.8	12.0	6.5
8	5.5	2.0	−10.9
9	11.1	4.5	−10.8
10	8.2	3.8	−11.1
11	5.3	10.3	−9.7
12	2.8	8.5	−10.0
绝对平均偏差/cm	9.6	7.4	8.3

8.2 站台限界及雨棚变形测量

8.2.1　应用需求

国家铁路局于 2021 年 6 月 1 日发布实施《铁路客站结构健康监测技术标准》(TB/T 10184—2021)，该标准系统分析了铁路客站结构特点和风险，总结了相关研究成果和工程实践经验，明确了健康监测的对象及指标，提出了结构预警和状态评估的确定原则。铁路站房作为大型公共建筑，具有结构体系复杂、人流高度密集、使用年限长等特点，一旦结构严重受损，将会造成严重的社会影响。为定期复测站台限界、有效监测站房结构的健康状况和及时发现站房结构失稳隐患，最大程度地保障铁路站房的结构安全，有必要对铁路站房结构进行健康监测。

本项目针对某铁路特等站进行限界和雨棚变形测量，要求使用移动激光扫描技术获取站房、站台、雨棚的毫米级精度绝对坐标及高分辨率影像，做到对目标对象的“实景复制”，建立车站 1∶1 三维可量测模型，记录车站设施设备的相关信息（几何尺寸、地理位置等），记录车站建筑结构的三维数字档案。通过对站房建筑结构重点部位（如干挂石材、钢结构、玻璃幕墙、站台帽石、雨棚封檐板等）进行独立分析，以三维精细模型为载体管理各类空间位置、几何尺寸、运营维护记录、变形数据等，支持数据的图文查询、增删和历史数据回溯、多期测量结果比对，通过可视化手段直观展示侵限（风险）位置及整改效果。综合各类人工巡检和变形检测数据，对站房结构的安全性和稳定性进行综合评估、风险预警、险情上报和辅助治理决策，相关技术条款参照《铁路建筑实际限界测量与数据格式》（TB/T 3308—2013）、《标准轨距铁路限界 第 2 部分：建筑限界》（GB 146.2—2020）等技术标准。

8.2.2 准备与作业

待检铁路站台采用轨道移动检测系统（Z+F 9012 扫描仪）按 0.5 m/s 速度、100 线/s、10 200 点/线的参数，利用三个天窗作业点完成 17 个站台的移动扫描检测，采集的点云可满足站台限界、雨棚测量和三维建模需求。检测设备和站台情况如图 8-11 所示。

图 8-11 站台限界移动激光扫描

8.2.3 数据处理与成果

项目结合移动激光点云数据，主要对铁路客运站的站台限界、雨棚立柱剖面尺寸与排水沟剖面进行检测与分析。项目成果主要包括限界 CAD 图、限界数据成果表、雨棚剖面图、雨棚平整度分析图以及排水沟影像图。

1. 限界

采用移动激光扫描设备在标准站台范围内进行精细扫描，获取线路沿线断面点云数据。精确标定扫描仪与钢轨之间的几何参数，以轨面为测量基准，按照 2.5 cm（速度 0.5 m/s）、5.0 cm（速度 1 m/s）的断面间隔计算最小建筑限界图和成果表。

参考《铁路建筑实际限界测量和数据格式》（TB/T 3308—2013），以轨面为测量基准，曲线内侧建筑限界折减按下式计算：

$$X = B - 40\,500/R \tag{8-1}$$

同时，曲线外侧建筑限界折减按照下式计算：

$$X = B - 44\,000/R \tag{8-2}$$

式中，B 为实测建筑限界半宽(mm)；X 为折减后建筑限界半宽(mm)；R 为曲线半径(m)。

为保证限界测量成果精度，对各站台股道单独进行数据采集，剔除临时遮挡后生成最小建筑限界尺寸图和成果表，最小建筑限界尺寸图（图 8-12）和成果表（图 8-13）的电子成果以附件形式作为项目成果提供。最小建筑限界尺寸图中，绿色线为"$v \leqslant 160$ km/h 客货共线铁路基本建筑限界中的站台建筑限界"；灰色线为实测最小建筑限界轮廓，左右侧最大半宽超过 2 440 mm 以外区域为站台或邻近股道；红色线为侵界位置，需结合现场情况进行确认，确实侵界时需进行维修调整。

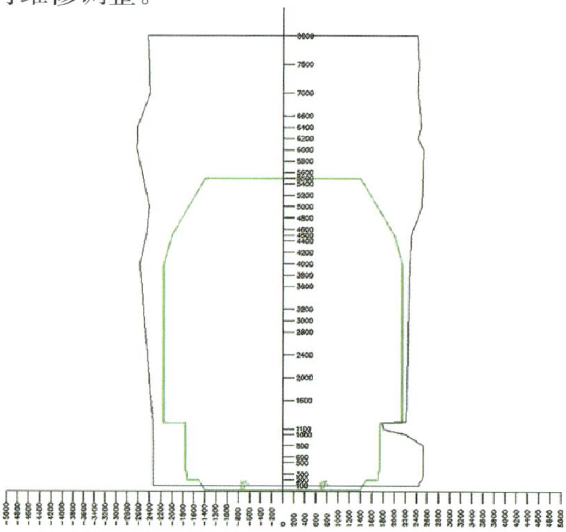

图 8-12　最小建筑限界尺寸图（示意图）

<table>
<tr><td colspan="7">×××隧道</td><td colspan="10">桥隧综合最小建筑限界尺寸表</td></tr>
<tr><td colspan="2">线路名称</td><td colspan="3">×××</td><td colspan="2">区段</td><td colspan="4">××区间</td><td colspan="2">面向站名</td><td colspan="4">统一面向大里程</td></tr>
<tr><td colspan="2">桥隧名称</td><td colspan="3">×××隧道</td><td colspan="2">中心里程</td><td colspan="4">K31+488.000</td><td colspan="2">起讫里程</td><td colspan="4">K31+116.00—
K31+860.00</td></tr>
<tr><td colspan="2">最小曲线
半径/m</td><td colspan="3">800</td><td colspan="2">最大外轨
超高/mm</td><td colspan="4">65</td><td colspan="2">最低接触网
高度/mm</td><td colspan="4"></td></tr>
<tr><td rowspan="3">距轨面
高度
/mm</td><td colspan="4">直线部分</td><td colspan="6">左曲线</td><td colspan="6">右曲线</td></tr>
<tr><td colspan="2">实际尺寸
/mm</td><td colspan="2">控制点位置、
设施设备名称</td><td colspan="2">折减后尺寸
/mm</td><td colspan="2">曲线半径
/m</td><td colspan="2">控制点位置、
设施设备名称</td><td colspan="2">折减后
尺寸/mm</td><td colspan="2">曲线半径
/m</td><td colspan="2">控制点位置、
设施设备名称</td></tr>
<tr><td>左侧</td><td>右侧</td><td>左侧</td><td>右侧</td><td>左侧</td><td>右侧</td><td>左侧</td><td>右侧</td><td>左侧</td><td>右侧</td><td>左侧</td><td>右侧</td><td>左侧</td><td>右侧</td><td>左侧</td><td>右侧</td></tr>
<tr><td>8000</td><td></td><td></td><td></td><td></td><td></td><td></td><td>800</td><td>800</td><td></td><td></td><td></td><td></td><td></td><td></td><td></td><td></td></tr>
<tr><td>7500</td><td></td><td></td><td></td><td></td><td></td><td></td><td>800</td><td>800</td><td></td><td></td><td></td><td></td><td></td><td></td><td></td><td></td></tr>
<tr><td>7000</td><td></td><td></td><td></td><td></td><td></td><td></td><td>800</td><td>800</td><td></td><td></td><td></td><td></td><td></td><td></td><td></td><td></td></tr>
<tr><td>6600</td><td></td><td></td><td></td><td></td><td></td><td></td><td>800</td><td>800</td><td></td><td></td><td></td><td></td><td></td><td></td><td></td><td></td></tr>
<tr><td>6400</td><td>1404</td><td>1420</td><td>31821.9</td><td>31467.0</td><td>1353</td><td>1349</td><td>800</td><td>800</td><td>31151.4</td><td>31344.5</td><td></td><td></td><td></td><td></td><td></td><td></td></tr>
<tr><td>6200</td><td>1450</td><td>1512</td><td>31390.3</td><td>31373.9</td><td>1420</td><td>1496</td><td>800</td><td>800</td><td>31215.4</td><td>31364.0</td><td></td><td></td><td></td><td></td><td></td><td></td></tr>
<tr><td>6000</td><td>1664</td><td>1743</td><td>31396.9</td><td>31373.9</td><td>1639</td><td>1728</td><td>800</td><td>800</td><td>31223.4</td><td>31363.2</td><td></td><td></td><td></td><td></td><td></td><td></td></tr>
<tr><td>5800</td><td>1844</td><td>1927</td><td>31397.4</td><td>31380.4</td><td>1822</td><td>1911</td><td>800</td><td>800</td><td>31223.4</td><td>31364.0</td><td></td><td></td><td></td><td></td><td></td><td></td></tr>
<tr><td>5600</td><td>1997</td><td>2085</td><td>31699.4</td><td>31374.0</td><td>1971</td><td>2065</td><td>800</td><td>800</td><td>31223.4</td><td>31363.9</td><td></td><td></td><td></td><td></td><td></td><td></td></tr>
<tr><td>5500</td><td>2062</td><td>2151</td><td>31699.0</td><td>31373.8</td><td>2039</td><td>2132</td><td>800</td><td>800</td><td>31223.4</td><td>31363.9</td><td></td><td></td><td></td><td></td><td></td><td></td></tr>
<tr><td>5400</td><td>2123</td><td>2211</td><td>31699.5</td><td>31374.0</td><td>2104</td><td>2194</td><td>800</td><td>800</td><td>31223.4</td><td>31363.9</td><td></td><td></td><td></td><td></td><td></td><td></td></tr>
<tr><td>5200</td><td>2234</td><td>2327</td><td>31698.3</td><td>31673.9</td><td>2226</td><td>2308</td><td>800</td><td>800</td><td>31223.5</td><td>31364.0</td><td></td><td></td><td></td><td></td><td></td><td></td></tr>
<tr><td>5000</td><td>2320</td><td>2412</td><td>31698.0</td><td>31522.3</td><td>2321</td><td>2410</td><td>800</td><td>800</td><td>31223.4</td><td>31358.7</td><td></td><td></td><td></td><td></td><td></td><td></td></tr>
<tr><td>4800</td><td>2396</td><td>2395</td><td>31698.1</td><td>31455.9</td><td>2406</td><td>2476</td><td>800</td><td>800</td><td>31223.4</td><td>31364.0</td><td></td><td></td><td></td><td></td><td></td><td></td></tr>
<tr><td>4600</td><td>2456</td><td>2559</td><td>31698.0</td><td>31522.6</td><td>2473</td><td>2557</td><td>800</td><td>800</td><td>31223.3</td><td>31364.0</td><td></td><td></td><td></td><td></td><td></td><td></td></tr>
<tr><td>4500</td><td>2486</td><td>2582</td><td>31698.1</td><td>31522.5</td><td>2502</td><td>2591</td><td>800</td><td>800</td><td>31223.3</td><td>31364.0</td><td></td><td></td><td></td><td></td><td></td><td></td></tr>
<tr><td>4400</td><td>2509</td><td>2605</td><td>31768.4</td><td>31522.6</td><td>2527</td><td>2619</td><td>800</td><td>800</td><td>31223.3</td><td>31364.0</td><td></td><td></td><td></td><td></td><td></td><td></td></tr>
<tr><td>4200</td><td>2545</td><td>2642</td><td>31768.4</td><td>31522.6</td><td>2573</td><td>2656</td><td>800</td><td>800</td><td>31223.4</td><td>31363.9</td><td></td><td></td><td></td><td></td><td></td><td></td></tr>
<tr><td>4000</td><td>2578</td><td>2672</td><td>31830.8</td><td>31522.6</td><td>2613</td><td>2684</td><td>800</td><td>800</td><td>31223.4</td><td>31364.0</td><td></td><td></td><td></td><td></td><td></td><td></td></tr>
<tr><td>3800</td><td>2602</td><td>2658</td><td>31830.8</td><td>31523.4</td><td>2648</td><td>2713</td><td>800</td><td>800</td><td>31223.4</td><td>31364.0</td><td></td><td></td><td></td><td></td><td></td><td></td></tr>
<tr><td>3600</td><td>2627</td><td>2680</td><td>31830.8</td><td>31547.1</td><td>2678</td><td>3732</td><td>800</td><td>800</td><td>31223.4</td><td>31364.0</td><td></td><td></td><td></td><td></td><td></td><td></td></tr>
<tr><td>3200</td><td>2659</td><td>2696</td><td>31830.8</td><td>31550.4</td><td>2729</td><td>2767</td><td>800</td><td>800</td><td>31223.4</td><td>31364.0</td><td></td><td></td><td></td><td></td><td></td><td></td></tr>
<tr><td>3000</td><td>2670</td><td>2546</td><td>31830.8</td><td>31379.8</td><td>2743</td><td>2707</td><td>800</td><td>800</td><td>31223.4</td><td>31323.5</td><td></td><td></td><td></td><td></td><td></td><td></td></tr>
<tr><td>2800</td><td>2676</td><td>2641</td><td>31830.8</td><td>31802.5</td><td>2756</td><td>2575</td><td>800</td><td>800</td><td>31223.4</td><td>31353.1</td><td></td><td></td><td></td><td></td><td></td><td></td></tr>
<tr><td>2400</td><td>2677</td><td>2755</td><td>31831.7</td><td>31835.9</td><td>2768</td><td>2726</td><td>800</td><td>800</td><td>31298.1</td><td>31356.1</td><td></td><td></td><td></td><td></td><td></td><td></td></tr>
<tr><td>2000</td><td>2666</td><td>2737</td><td>31830.7</td><td>31836.1</td><td>2759</td><td>2688</td><td>800</td><td>800</td><td>31298.1</td><td>31356.1</td><td></td><td></td><td></td><td></td><td></td><td></td></tr>
<tr><td>1600</td><td>2636</td><td>2695</td><td>31405.8</td><td>31835.9</td><td>2656</td><td>2645</td><td>800</td><td>800</td><td>31299.9</td><td>31356.1</td><td></td><td></td><td></td><td></td><td></td><td></td></tr>
<tr><td>1250</td><td>2459</td><td>2637</td><td>31499.9</td><td>31835.8</td><td>2700</td><td>2609</td><td>800</td><td>800</td><td>31298.1</td><td>31356.1</td><td></td><td></td><td></td><td></td><td></td><td></td></tr>
<tr><td>1210</td><td>2452</td><td>2631</td><td>31499.9</td><td>31835.8</td><td>2695</td><td>2606</td><td>800</td><td>800</td><td>31298.1</td><td>31356.1</td><td></td><td></td><td></td><td></td><td></td><td></td></tr>
<tr><td>1100</td><td>2571</td><td>2612</td><td>31405.8</td><td>31835.8</td><td>2680</td><td>2599</td><td>800</td><td>800</td><td>31298.1</td><td>31356.1</td><td></td><td></td><td></td><td></td><td></td><td></td></tr>
<tr><td>1000</td><td>2555</td><td>2588</td><td>31405.8</td><td>31835.8</td><td>2667</td><td>2641</td><td>800</td><td>800</td><td>31298.2</td><td>31326.7</td><td></td><td></td><td></td><td></td><td></td><td></td></tr>
<tr><td>800</td><td>2519</td><td>2536</td><td>31405.8</td><td>31835.8</td><td>2637</td><td>2553</td><td>800</td><td>800</td><td>31298.1</td><td>31353.8</td><td></td><td></td><td></td><td></td><td></td><td></td></tr>
<tr><td>600</td><td>2480</td><td>2508</td><td>31405.8</td><td>31836.1</td><td>2600</td><td>2559</td><td>800</td><td>800</td><td>31298.1</td><td>31326.5</td><td></td><td></td><td></td><td></td><td></td><td></td></tr>
<tr><td>500</td><td>2459</td><td>2484</td><td>31405.8</td><td>31835.9</td><td>2582</td><td>2537</td><td>800</td><td>800</td><td>31298.1</td><td>31326.5</td><td></td><td></td><td></td><td></td><td></td><td></td></tr>
<tr><td>350</td><td>2425</td><td>2442</td><td>31405.8</td><td>31835.9</td><td>2551</td><td>2499</td><td>800</td><td>800</td><td>31298.1</td><td>31326.1</td><td></td><td></td><td></td><td></td><td></td><td></td></tr>
<tr><td>300</td><td>2413</td><td>2427</td><td>31405.8</td><td>31835.9</td><td>2540</td><td>2486</td><td>800</td><td>800</td><td>31298.1</td><td>31326.0</td><td></td><td></td><td></td><td></td><td></td><td></td></tr>
<tr><td>200</td><td>2389</td><td>2399</td><td>31405.8</td><td>31835.9</td><td>2517</td><td>2459</td><td>800</td><td>800</td><td>31298.1</td><td>31326.2</td><td></td><td></td><td></td><td></td><td></td><td></td></tr>
<tr><td>150</td><td>2376</td><td>2384</td><td>31405.8</td><td>31835.9</td><td>2506</td><td>2444</td><td>800</td><td>800</td><td>31298.1</td><td>31326.8</td><td></td><td></td><td></td><td></td><td></td><td></td></tr>
<tr><td>100</td><td>2362</td><td>2370</td><td>31405.8</td><td>31835.9</td><td>2495</td><td>2429</td><td>800</td><td>800</td><td>31298.1</td><td>31326.7</td><td></td><td></td><td></td><td></td><td></td><td></td></tr>
<tr><td colspan="17">线路中心线上方最低净高 6695 mm</td></tr>
<tr><td colspan="17">注：桥梁包括半穿式及下承式桁梁、天桥、公路或铁路跨铁路的跨线桥等。本综合最小建筑限界包括桥隧内附属设施。控制点位置填中心里程。</td></tr>
</table>

图 8-13　最小建筑限界成果表(样表)

2. 雨棚立柱剖面尺寸

TLSD 系统可获取雨棚立柱和雨棚顶部的点云数据(图 8-13),也可将建筑限界断面叠加到点云数据中查看侵界情况。

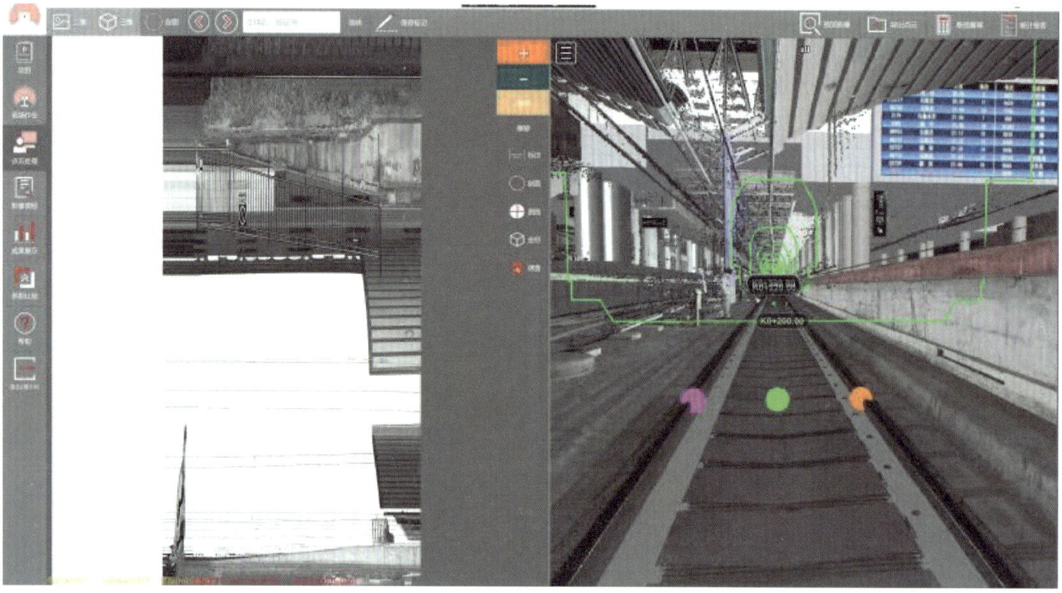

图 8-13　TLSD 软件展示雨棚立柱和雨棚顶部的影像和点云

首期精细扫描后,可通过截取点云数据获取雨棚剖面数据,结合雨棚剖面数据进行其结构挠度和几何尺寸量测或解算。

TLSD 系统可获取均匀分辨率的雨棚立柱和雨棚顶部的点云数据,利用点云数据分析雨棚立柱剖面点云分布,雨棚立柱三个剖面的点云分布统计图如图 8-14 所示,图中横坐标为线路里程,纵坐标为雨棚高度,单位均为“m”。可以通过雨棚剖面点云分布分析其平整度,可结合扫描点云拟合剖面,并对拟合偏差进行统计分析,用不同颜色表达曲面偏差大小,如图 8-15 所示,偏差较大的用蓝色表示,偏差较小的用绿色表示。

3. 排水沟剖面

该车站雨棚投入运营已超 15 年,部分钢结构附着结构已发生锈蚀或铆钉脱离,导致发生悬挂物、封檐板脱落等病害。雨棚屋面设有排水沟槽(图 8-16),通过落地雨水管路及时将屋面的雨水排出,保证雨棚屋面不发生积水、变形等病害现象。利用高精度的三维点云数据,绘制了排水沟的横纵断面图。经过分析,排水沟整体坡度平稳,局部位置存在反坡,可能会导致雨棚积水,需要定期维护。

结合轨道移动激光系统获取的点云数据,通过 TLSD 软件系统,可以对车站多期扫描结果做进一步配准与变化检测,从而识别变形和封檐板位移(图 8-17、图 8-18),结合检测结果进行现场复核以确认是否存在安全隐患。

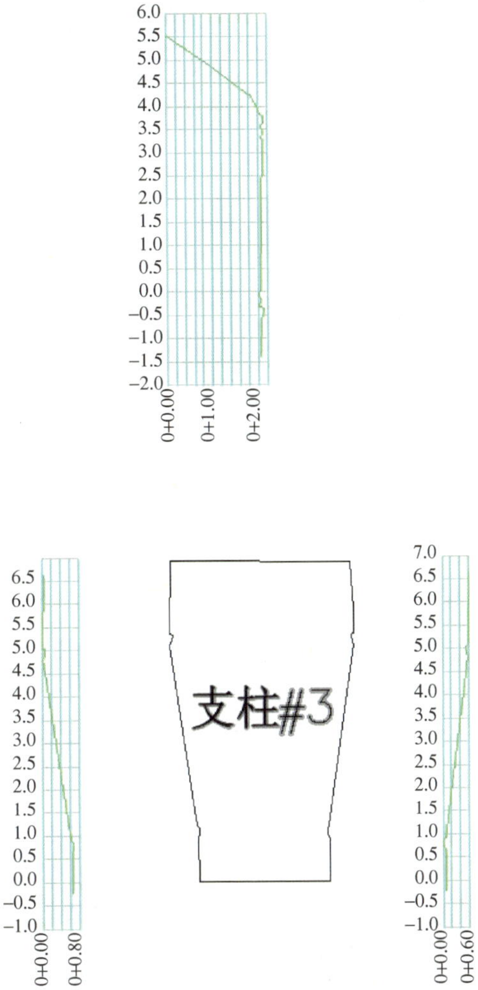

图 8-14　雨棚立柱剖面图

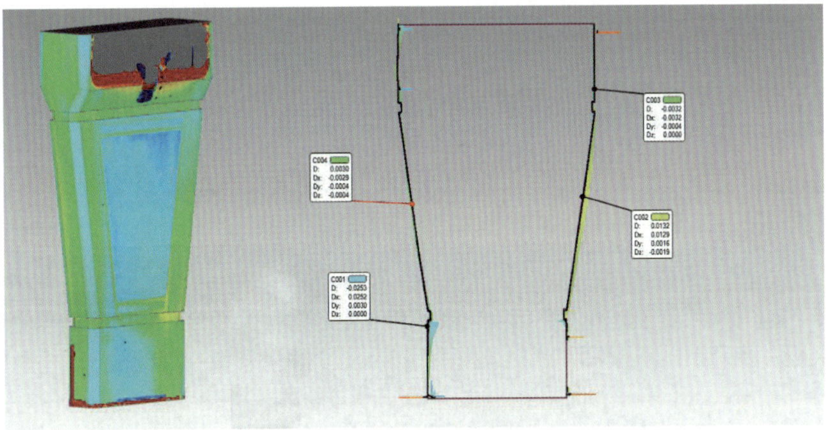

图 8-15　雨棚立柱平整度分析

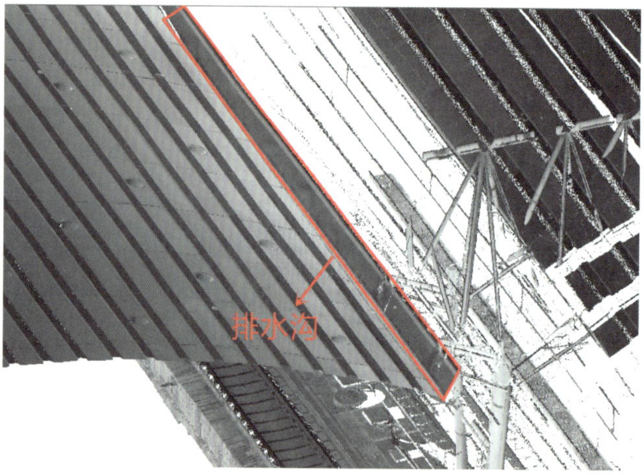

图 8-16　排水沟

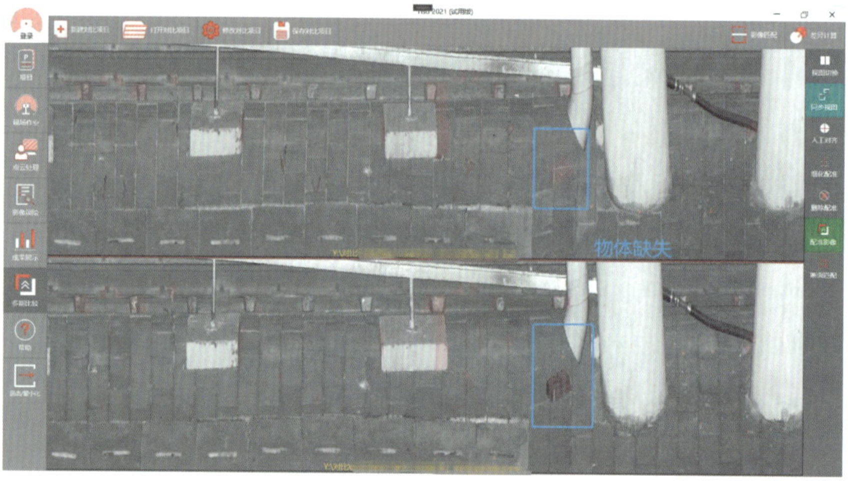

图 8-17　站台两期扫描成果比较

图 8-18　车站场景点云对象分割

8.3 接触网几何参数检测

8.3.1 应用需求

接触网是铁路工务巡检的一项重要内容。接触网一般由电力杆、悬臂、接触线和悬链线四部分组成。激光雷达系统具有高速度、高效率、高精度等优点，以非接触方式检测电力线的高度、坡度等，可避免人工巡检存在的高危险、低效率、工作量大等缺点。

针对某铁路沿线接触网检测要求，采用轨道移动激光测量系统获取线路点云数据，提取电力线相关要素并进行接触网几何参数的检测。检测区间含非隧道区间，可结合集成组合导航系统的轨道移动激光测量系统进行检测。接触网几何参数检测主要包括接触网导高值和拉出值。需结合轨道移动激光测量获取的线路三维点云数据进行线路轨道中心线、电力线的提取，并对电力线设施中悬链线点云和接触线点云进行检测和分类，从而进一步对接触网导高值和拉出值进行计算。

采用集成组合导航模式的轨道移动激光测量系统（图 8-19），在开阔的区域架设基站用于后续惯导数据差分处理，采集并记录沿着轨迹运动方向上的扫描仪和惯导系统数据。使用 Inertial Explorer 软件解算试验中车体的轨迹和姿态角信息，通过时间匹配和系统的标定参数完成传感器之间的数据融合，生成试验扫描区域的基于绝对坐标系下的三维点云数据，并对生成的三维点云数据利用标志点的 RTK 测量坐标进行精度验证。最后，基于轨道移动激光扫描系统采集的数据，提取轨道中心线和电力线点云，完成接触网几何参数检测。

图 8-19　数据采集设备

8.3.2 数据处理与成果

1. 轨道中心线提取

铁路接触网的几何参数计算是基于轨道中线的，为此需要进行轨道中线的提取。基于轨道移动激光测量系统获取的点云数据，结合设计钢轨断面参数，利用模板匹配算法，根据距离最小化的原则，使用循环迭代和基于最小二乘的二维 ICP 匹配算法，使模板点云和钢轨扫描断面点云达到最佳匹配（匹配过程如图 8-20 所示），进而计算出铁路轨道中心线点集，利用三次样条对铁路轨道中心线进行分段拟合，从而解算出轨道中心线。

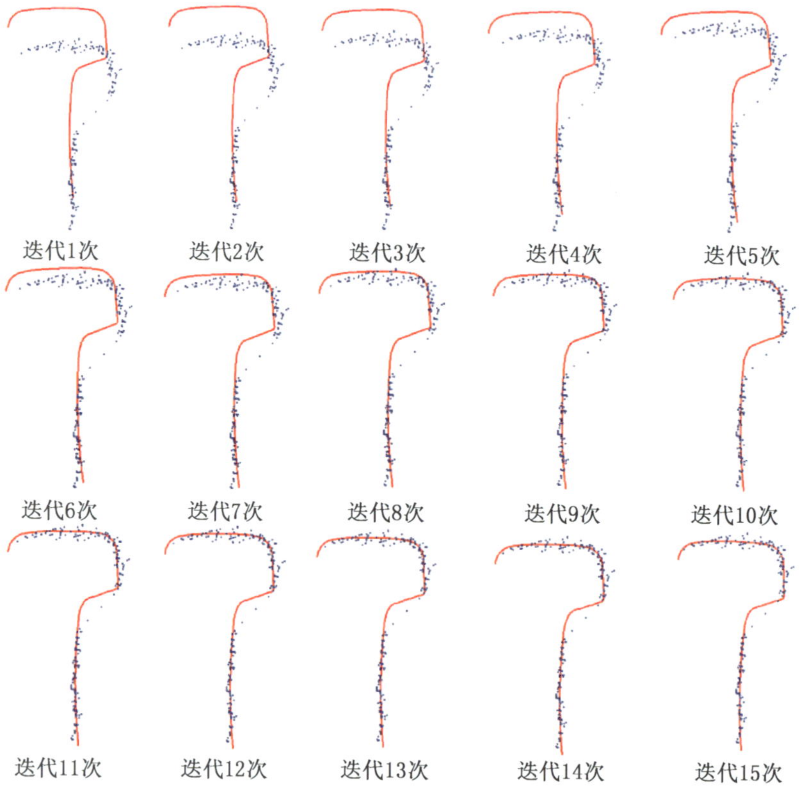

图 8-20　钢轨断面的扫描点云和模板点云的匹配优化图

在获取轨道及其周边的三维点云后，为验证三维点云的测量精度，采用扫描点云的绝对精度和相对精度指标来进行评价。通过提取现场的 21 个标志点的点云坐标（图 8-21），与 RTK 测量的坐标进行作差比较，得到该系统点云数据的绝对精度。在两次重复扫描的点云中，分别测量这 21 个标记点的点云坐标，通过对比同名点在重复扫描点云中的坐标差值，获取点云的相对误差。由表 8-2 和表 8-3 中的误差统计信息可得，标志点的坐标北方向上绝对值平均误差为 2.1 cm，最大差值为−3.7 cm，坐标东方向上绝对值平均误差为 1.3 cm，最大差值为 2.7 cm，高程绝对值平均误差为 3.3 cm，最大差值为−5.5 cm，即点云的三维坐标平均误差为 4.1 cm，证明点云的整体精度较高；标志点的坐标北方向中误差为 0.9 cm，坐标东方向中误差为 0.9 cm，高程中误差为 1.5 cm，表明整个系统具备极好的稳定性。

图 8-21 扫描点云标志点量测

表 8-2 坐标误差

点号	北坐标/cm	东坐标/cm	高程/cm	点号	北坐标/cm	东坐标/cm	高程/cm
Point 1	−0.9	0.2	−5.1	Point 12	−1.1	2.5	−4.7
Point 2	−2.0	0.3	−5.3	Point 13	−1.9	2.7	−3.7
Point 3	−3.1	1.4	−4.6	Point 14	−2.4	1.4	3.3
Point 4	−3.0	−2.2	−5.5	Point 15	−1.8	2.1	−4.0
Point 5	−3.7	0.1	−0.7	Point 16	−2.3	0.9	−4.8
Point 6	−3.1	2.1	−2.1	Point 17	−1.5	1.0	−0.3
Point 7	−2.9	1.9	−3.3	Point 18	−1.8	0.9	−3.6
Point 8	−3.1	0.4	−2.7	Point 19	−0.5	−0.5	4.2
Point 9	−0.6	2.5	−1.9	Point 20	−2.1	0.3	−3.0
Point 10	−0.8	−1.8	−1.5	Point 21	−2.1	2.7	−3.2
Point 11	−2.4	0.1	−1.3				

表 8-3 绝对值坐标误差统计

统计量	北坐标/cm	东坐标/cm	高程/cm
平均值	2.1	1.3	3.3
标准差	0.9	0.9	1.5

经模板匹配精度评估和轨道平顺性处理剔除提取的轨道中心线粗差后，可以得到效果较好的试验区域轨道中心线，如图 8-22 所示，其中红色线为提取的轨道中心线。

图 8-22　基于模板匹配提取的轨道中心线

2. 轨道电力线提取与参数解算

针对该区段激光点云数据，经过初步的去噪与裁剪后，人工设置聚类种子点，根据电力线的延伸性和不间断性建立电力线的矢量方向，基于接触线矢量方向的矩形约束点云分类算法，对接触网点云进行分类，再对接触线和承力索点云分别进行提取，得到的结果如图 8-23 所示，其中红色部分为接触线点云，浅绿色部分为承力索点云。

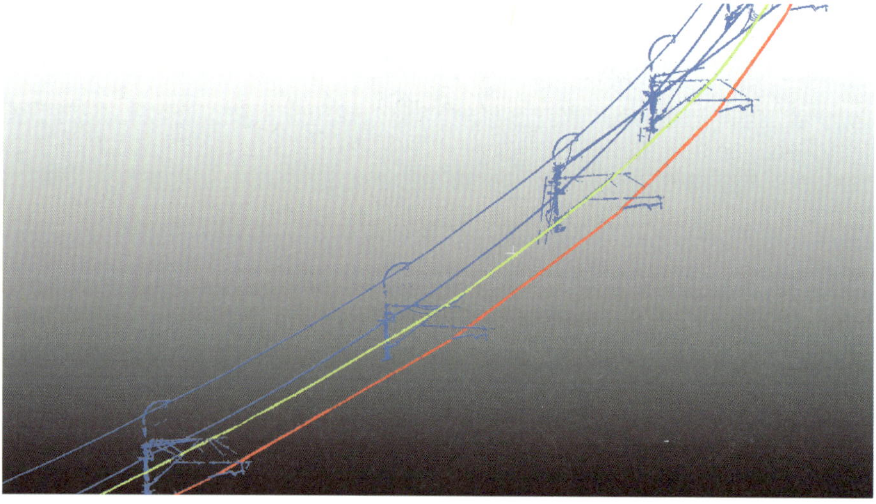

图 8-23　某线路接触线、承力索点云提取效果图

在对接触网点云进行分类后，相邻腕臂间的接触线点云可以用直线模型进行拟合，承力索点云可以使用抛物线模型进行拟合。针对该检测路线，进行接触线和承力索点云方程拟合，并计算点云中点到拟合方程的平均距离作为拟合精度。接触线点云的拟合方程及拟合精度如表 8-4 所示，拟合方程的 x 为东坐标，y 为北坐标，z 为高程。承力索点云在拟合时为避免方程中数值过大，对每段承力索点云数据进行中心化处理，经中心化处理后的承力索点云在承力索方向平面内的拟合方程和拟合精度如表 8-5 所示，其中，x 和 y 坐标为承力索点云坐标在承力索方向和高程方向所构平面内投影后的二维坐标。

表 8-4　接触线点云拟合方程及拟合精度统计表

分段	拟合方程	拟合精度/cm
第一段	$\frac{x-472\ 104.430}{14.388}=\frac{y-3\ 463\ 534.095}{-0.317}=\frac{z-17.250}{-0.058}$	1.77
第二段	$\frac{x-472\ 135.932}{18.886}=\frac{y-346\ 353\ 3.287}{-0.874}=\frac{z-17.186}{0.021}$	2.00
第三段	$\frac{x-472\ 170.112}{17.646}=\frac{y-3\ 463\ 531.677}{-0.461}=\frac{z-17.233}{0.034}$	1.61

表 8-5　承力索点云经中心化后在投影平面内的拟合方程及拟合精度统计表

分段	拟合方程	拟合精度/cm
第一段	$y=0.001\ 15x^2+0.003\ 63x-0.095\ 09$	0.77
第二段	$y=0.001\ 07x^2+0.004\ 36x-0.118\ 64$	0.79
第三段	$y=0.001\ 01x^2-0.000\ 56x-0.142\ 06$	0.98

由表 8-4 和表 8-5 可得点云中的接触线和承力索，拟合精度在 2 cm 以内，可为铁路的安全检测提供一定的数据支持。

结合电力线提取结果，对线路接触网导高值进行计算。以模板匹配算法计算得到的轨道两条钢轨的轨面中心和轨道中心线为基准，提取接触网的电力线点云，计算接触网导高值，计算统计图如图 8-24 所示。

经计算，该段轨道线路接触网导高值的平均值为 4 565.6 mm，最大值为 4 595.2 mm，最小值为 4 538.9 mm，中误差为 14 mm，导高值无较大起伏变化。为验证导高值检测识别精度，采用人工截取点云断面量测的导高值作为参考值，其对比结果如表 8-6 所示。

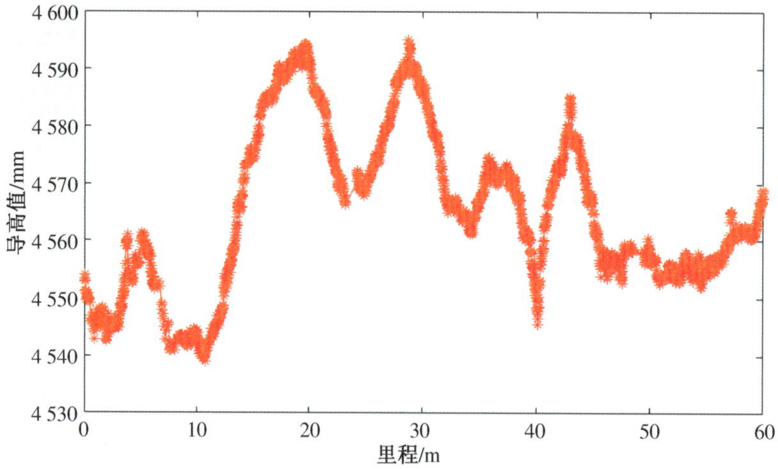

图 8-24　某铁路轨道接触线导高值检测统计图

表 8-6　接触网导高值的检测值与参考值数据对比

点号	导高值/mm		
	检测值	参考值	误差
1	4 554.9	4 558.8	3.9
2	4 544.0	4 544.3	0.3
3	4 576.1	4 577.7	1.6
4	4 585.6	4 586.4	0.8
5	4 570.7	4 571.0	0.3
6	4 567.6	4 566.5	−1.1
7	4 552.0	4 556.5	4.5
8	4 553.6	4 554.8	1.2

如表 8-6 所示，接触网导高值检测方法计算的接触网导高值与参考值的误差在 5 mm 以内，平均误差为 1.4 mm，满足导高值误差小于 10 mm 的相关接触网检测的技术指标规定，从而验证了本方法的可靠性。

在获取轨道电力线、轨道中心线以及相应的钢轨轨面中心数据后，对该线路区段中相邻六个悬臂之间的五段电力线拉出值进行计算，检测结果如图 8-25 所示。

经三次样条拟合剔除拉出值的粗差后，五段电力线拉出值的最大值为 244.8 mm，最小值为−165.1 mm，平均值为 24.7 mm，三次样条拟合中误差分别为 4.4 mm，7.9 mm，

5.5 mm，4.1 mm，4.7 mm，线路整体拉出值的分布符合规范要求。为判定该线路接触网检测值的绝对精度，通过人工截取点云断面，对接触网的拉出值进行手工量测作为参考值，其与检测值的对比如表 8-7 所示。

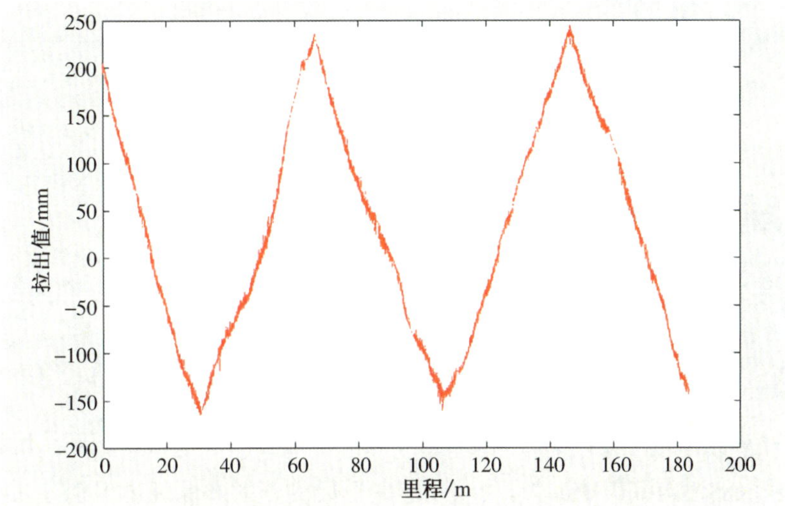

图 8-25　某线路轨道接触线拉出值经三次样条剔除粗差后的统计图

表 8-7　接触网拉出值的检测值与参考值数据对比

点号	拉出值/mm		
	检测值	参考值	误差
1	−60.8	−59.0	−1.8
2	−113.6	−117.0	−3.4
3	−19.2	−17.5	−1.7
4	138.3	133.7	4.6
5	146.4	143.3	3.1
6	19.1	11.0	8.1
7	−41.7	−43.6	1.9
8	164.0	160.9	3.1
9	102.2	94.9	7.3

如表 8-7 所示，自动解算接触网拉出值与参考值的误差在 10 mm 以内，平均误差为 2.36 mm，满足拉出值毫米级的精度检测要求。

8.4 隧道设备与表观病害调查

8.4.1 应用需求

隧道混凝土剥落、裂缝、渗漏水等病害调查与维修，对保障隧道安全和列车正常运行具有重要作用。通过采集影像和断面信息，记录和保存隧道结构现状状态，判读识别隧道病害（裂缝、渗漏、脱落）并制作专题影像图、调查报表和漫游视频。

本项目针对我国某工务段 153 km 客运专线隧道进行附属设备及表观状况普查，采用激光扫描技术获取隧道内壁表观影像，利用严密纠正后的正射影像判读识别渗漏水、混凝土剥落、裂缝等，统计病害发生的里程、位置、面积、长度并制作病害专题影像图。对轨旁设备，包括 CPⅢ控制点、公里标等标志标识类、安防类、照明类等附属设施，并对隧道基础设施信息进行统计，包括里程、数量、宽度、深度、净高等信息。

8.4.2 准备与作业

考虑天窗作业时间与单隧道线路长度因素，本项目选用小型电力驱动型轨道移动激光测量系统上线作业，部分长大隧道（单线＞8 km）安排两个作业组相向同时作业。作业前，确认作业计划并检查软硬件设备，综合考虑隧道长度、作业效率、上下道位置等不确定因素。为保证影像质量，采用两套轨道移动激光检测设备（图 8-26）按表 8-8 所列作业参数完成现场数据采集。

表 8-8　隧道激光扫描检查内容

作业内容	技术参数	成果说明	备注
扫描检测	1.8 km/h，10 200 点/360°	调整检测小车速度和激光扫描仪转速	
隧道影像	全隧道判读识别	经正射投影纠正后，量取病害的长度、面积、里程、位置等，制作隧道病害专题影像图	tiff 影像和 Excel 报表
渗漏水	全隧道判读识别		
混凝土剥落	全隧道判读识别		
裂缝	全隧道判读识别		
漫游视频	制作隧道虚拟漫游视频	前视图漫游视频	

图 8-26 隧道激光扫描检测系统装备图

8.4.3 数据处理与成果

隧道表观病害调查数据处理过程中主要利用 TLSD 系统软件对隧道内壁正射影像进行调绘(图 8-27),调绘中可针对点、线、面不同结构形态的基础设施与病害进行标注,系统会根据标注结果进行对应的位置信息提取与几何参数解算,完成病害统计分析、编制调查报告和制作病害专题图(图 8-28)。

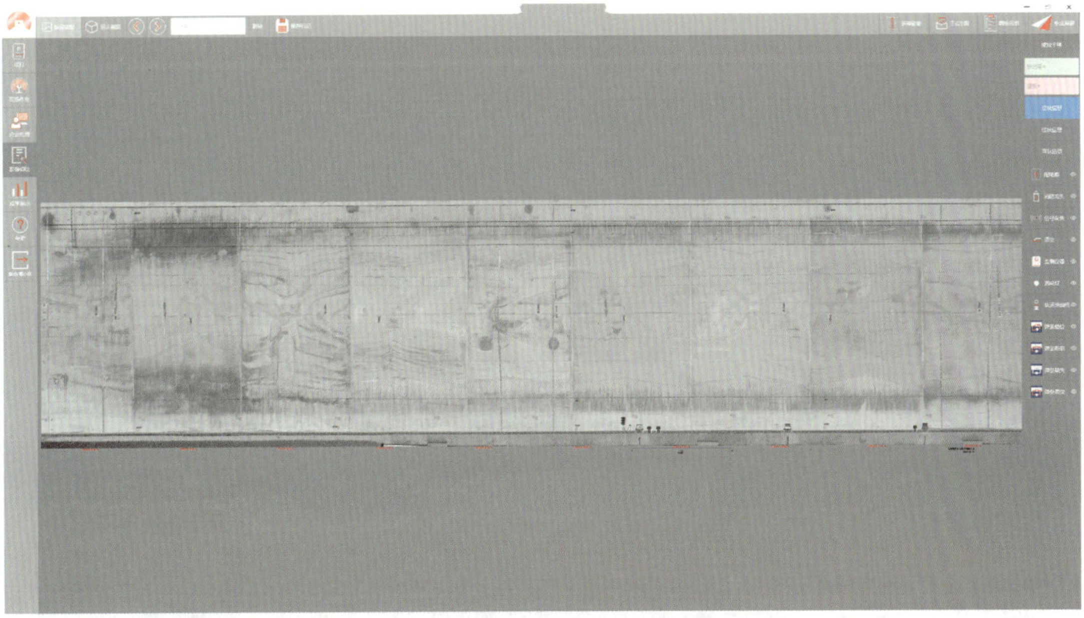

图 8-27 隧道病害专题图(影像调绘界面)

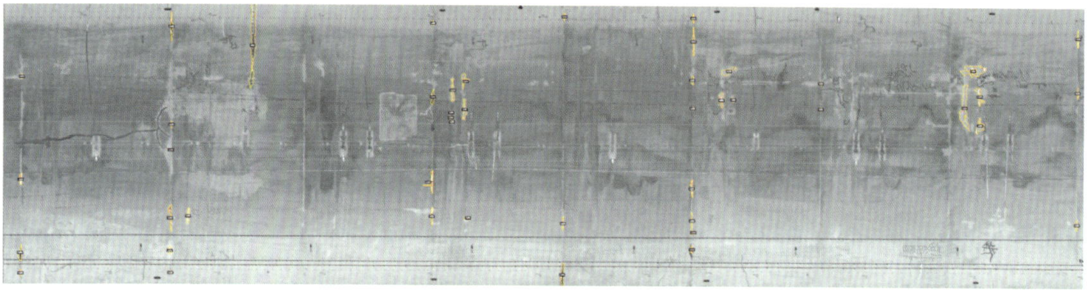

图 8-28　隧道病害专题图(正式出图)

隧道内壁正射影像生成时,考虑到各隧道设计断面因设计断面形状、曲线半径、特殊设计等不尽相同,一般取隧道进口位置断面作为该隧道统一断面,绘制隧道断面多段线用于扫描点云的正射投影纠正。隧道影像经正射投影纠正后,量取病害的长度、面积、里程、位置等,制作隧道病害专题影像图,标注里程、渗漏、裂缝、剥落等信息。

隧道表观病害调查主要对衬砌渗漏水与仰拱积水、衬砌压溃(剥落)与裂缝以及设备构件调查。通过软件逐一调查病害类型、位置、面积、类型、影像等(图 8-29),编制病害调查统计表和制作病害专题影像图,针对重点风险(图 8-30)安排整治和定期复检。

混凝土剥落和裂缝主要包括隧道内壁混凝土剥落、漏筋、裂缝等,通过激光扫描数据可以生成剥落灰度影像和深度影像(图 8-31)。按隧道编制混凝土剥落统计表和制作专题图,在病害专题影像图上标注剥落、裂缝所在里程桩号、位置、长度、面积等,并生成剥落位置剖面 CAD 图(图 8-32),可进行几何尺寸的量测。

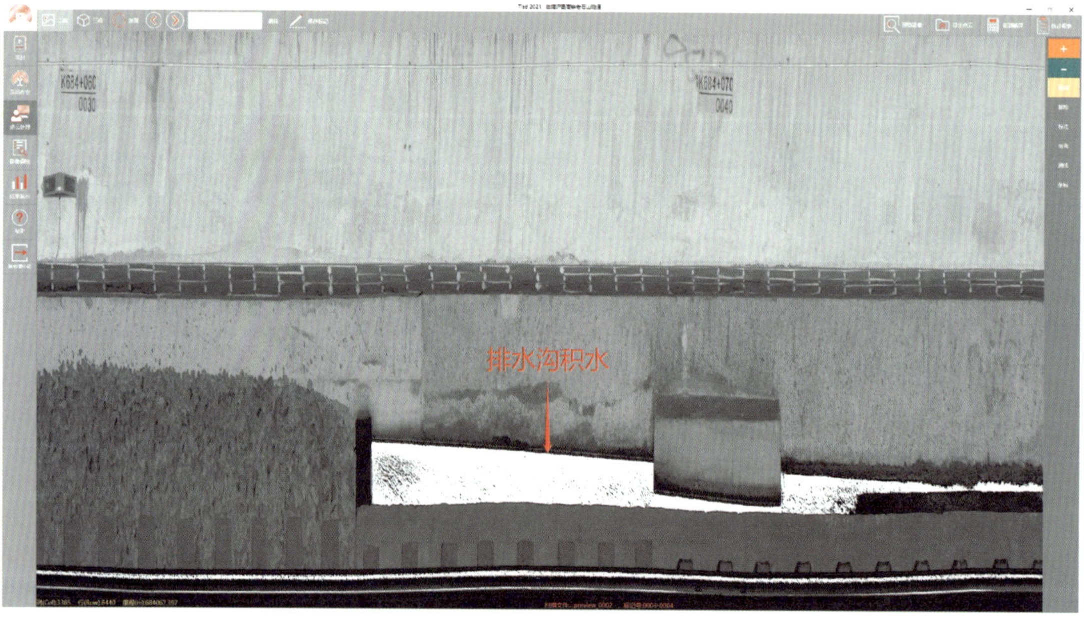

图 8-29　某里程隧道排水沟旁积水

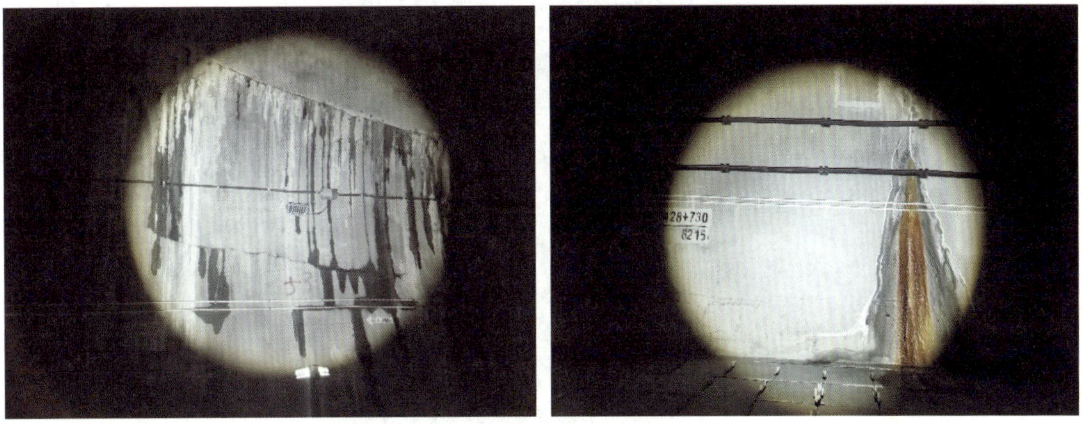

图 8-30　隧道渗漏水现场图片(部分)

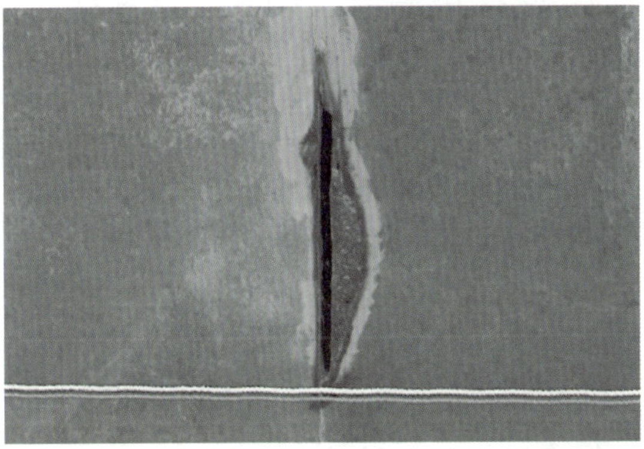

(a) 灰度影像

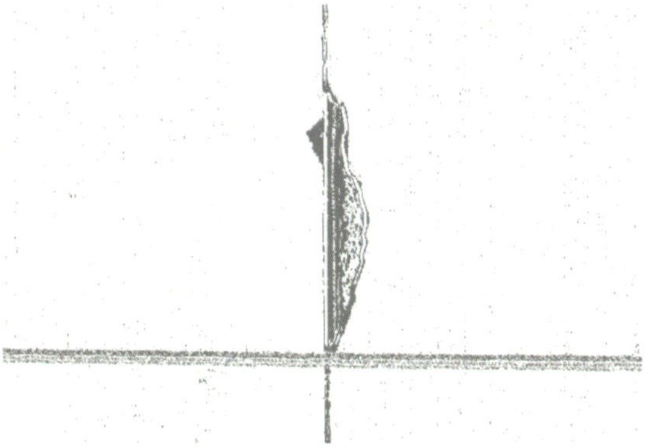

(b) 深度影像

图 8-31　剥落灰度影像和深度影像

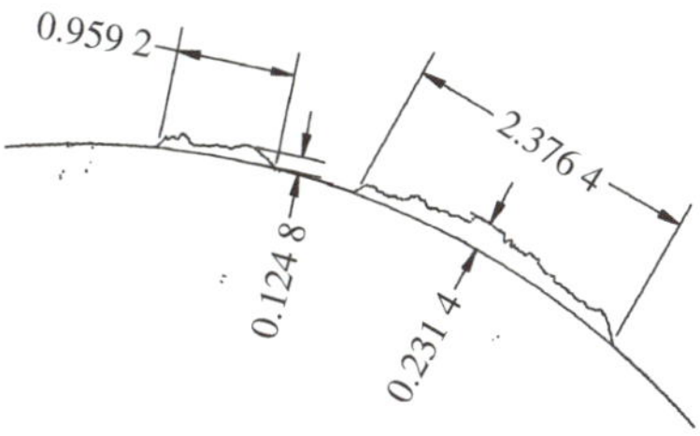

图 8-32　剥落位置剖面 CAD(长度、深度,单位: m)

设备构件调查包括隧道内接地扁铁状态、衬砌边墙附挂物、接触网悬臂等的检查。按设计要求,接地扁铁应采用“切割＋凿除”的开槽安装方式,开槽尺寸为 55 mm×8 mm,槽内使用热镀锌扁钢(宽 50 mm×厚 4 mm,单节长度 5.0 m,镀锌层厚度不小于 86 μm),扁钢接头搭接长度不得小于 10 cm 且不得位于拱顶位置。

现状接地设备中，部分接触网安装底座与接地扁铁采用导线连接，存在一定的连接线缆脱落隐患。调查时需重点针对隧道内接地扁铁状态进行调查。利用 TLSD 系统获取的激光影像[图 8-33(a)]可以对接地扁铁进行识别与提取，也可以查看其深度影像[图 8-33(b)]，对尺寸进行量测。

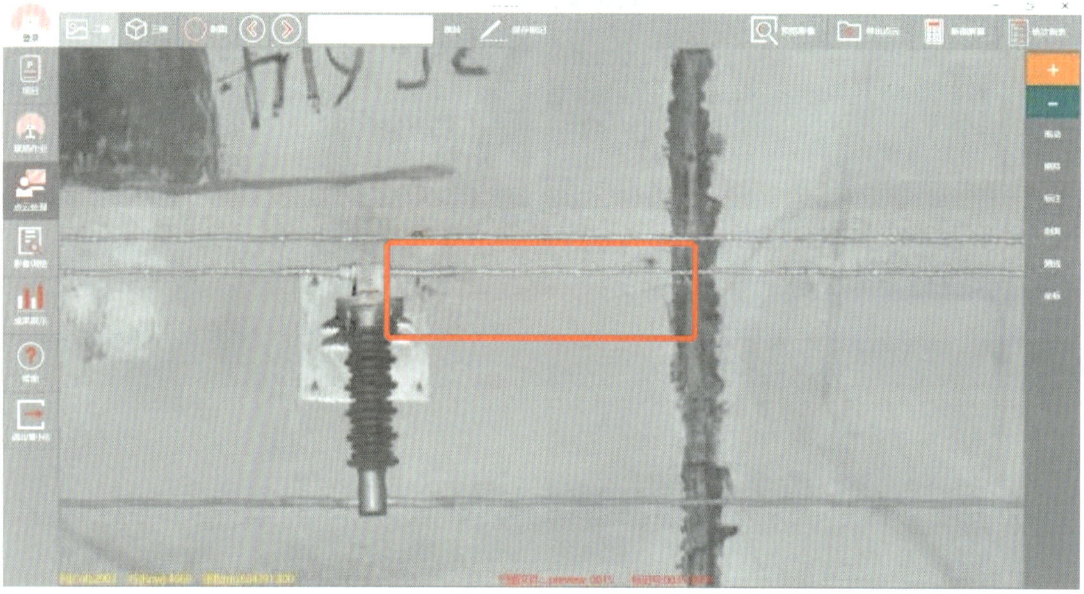

(a) 激光强度影像

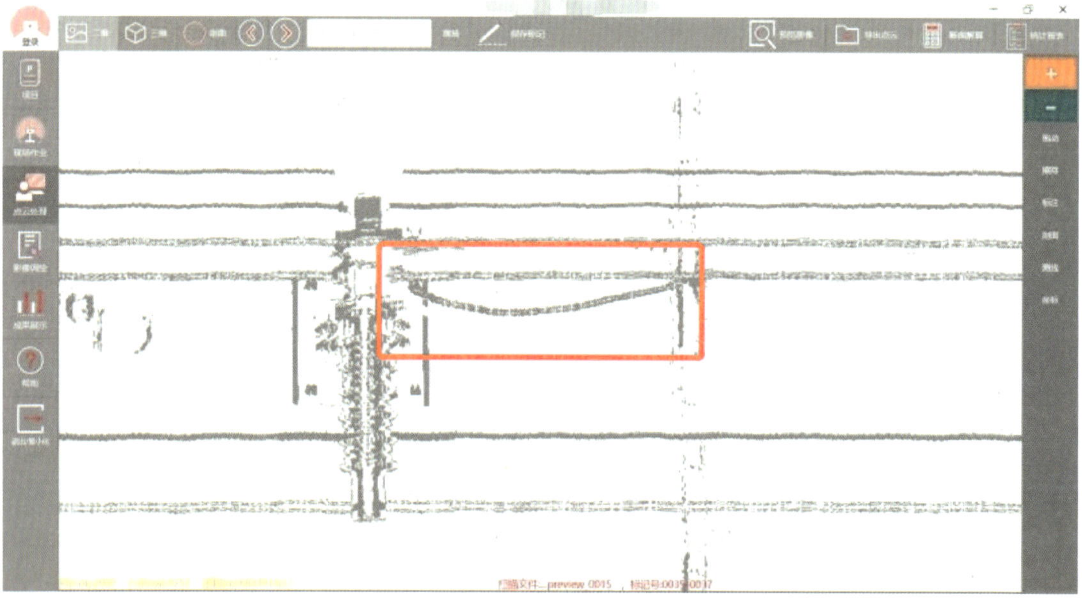

(b) 深度影像

图 8-33　接地扁铁典型样图

衬砌边墙上存在部分后装设备或临时线缆，针对附挂物尚未建立基础资料和数据台账。激光扫描影像成图后，可在影像[图 8-34(a)]上判读标识附挂物所在里程、安装位置、设备类型等，便于及时组织隐患排查、拆除、加固等，也可以查看其深度影像[图 8-34(b)]，对尺寸进行量测。

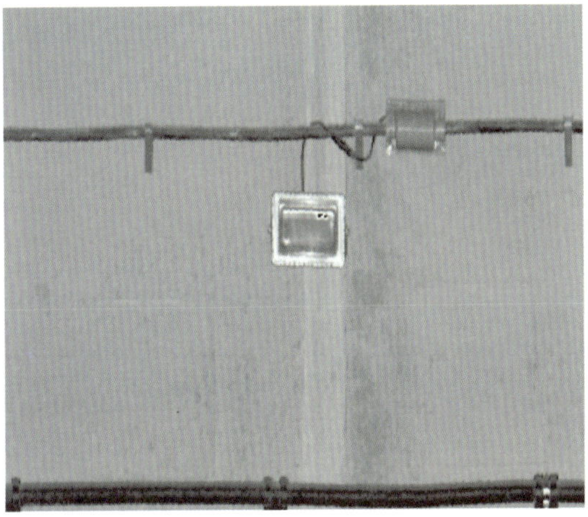

(a) 激光强度影像

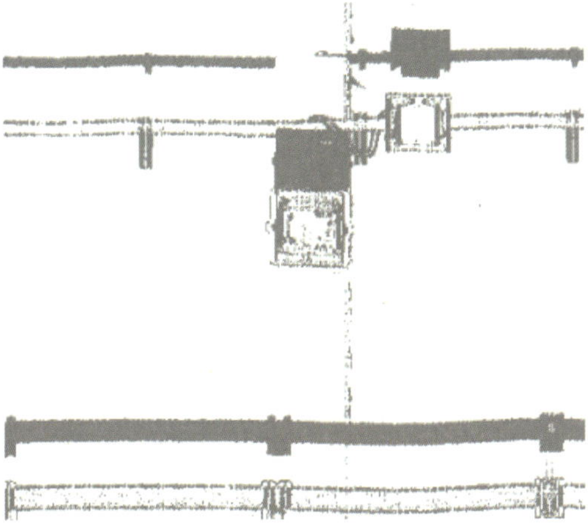

(b) 深度影像

图 8-34 衬砌边墙附挂物样图

接触网悬臂及接地电缆等的检查在隧道表观病害调查中也受到广泛关注，也是电力巡检的重要内容。结合 TLSD 系统获取的隧道内壁影像，可以查看接触网接地电缆(图 8-35)、接触网悬臂(图 8-36)状态，确认其是否缺失或破损。

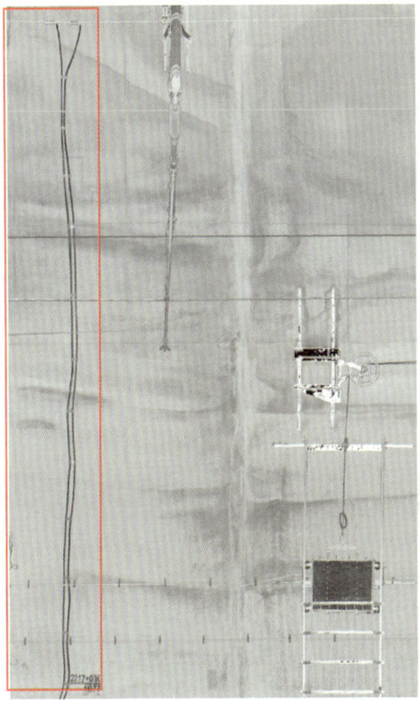

图 8-35 接触网接地电缆

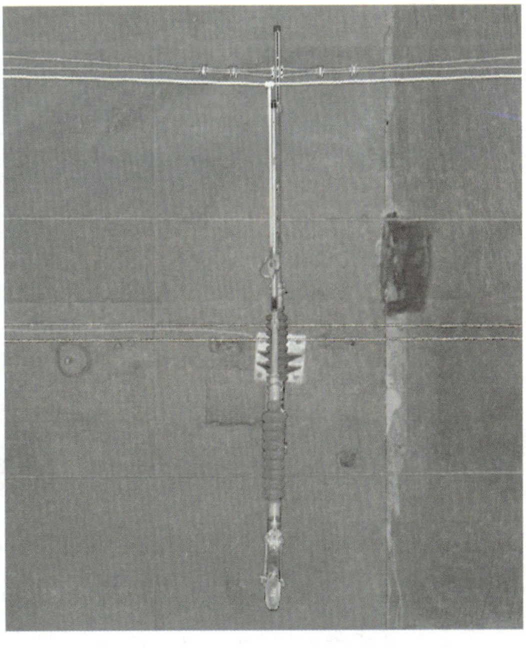

图 8-36 典型接触网悬臂

隧道的净空测量,可通过激光扫描断面轮廓(10 200 点/360°)数据,按照 1 m 间隔导出隧道轮廓.dxf 文件(图 8-37),可对每个断面输出净空尺寸(图 8-38),留存以便用于隧道净空、接触网导高、拉出值等量测。

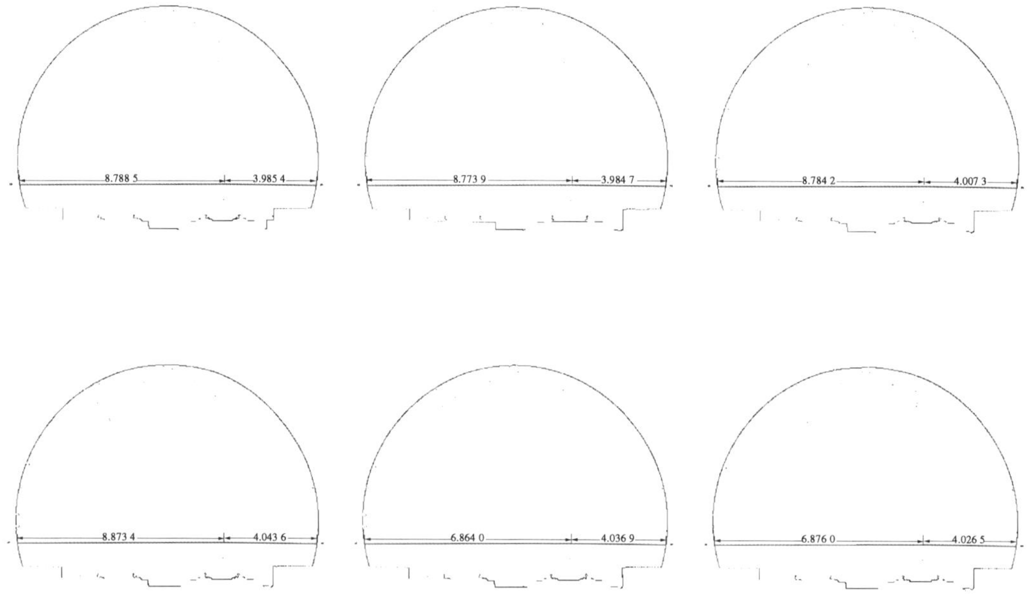

图 8-37　定距生成隧道轮廓

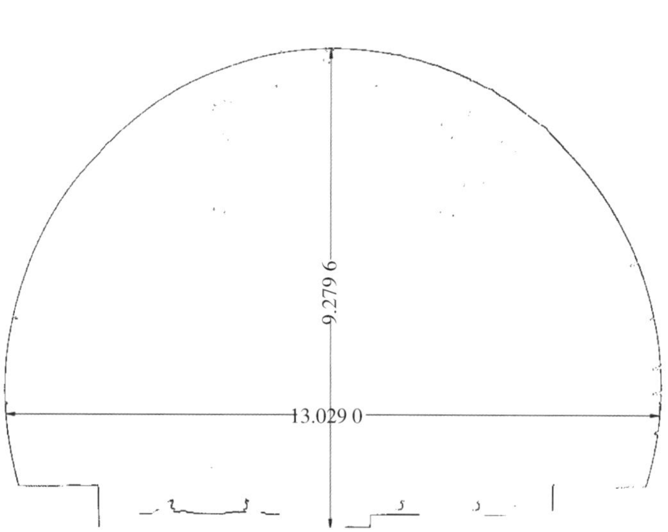

图 8-38　ZK685＋559 里程结构断面图

该隧道共检测到病害 46 处:衬砌裂缝共 16 处,最长裂缝达 11.9 m,病害位于 K550＋981 里程处,拱顶 97.4°;衬砌剥落共 23 处,剥落总面积为 3.439 m^2,最大剥落面积 0.441 m^2,病害位于 K551＋680 里程处(图 8-39),右下拱腰 29.9°;渗漏水/积水共 3 处,渗漏总面积为 1.439 m^2，最大渗漏水面积 1.147 m^2，病害位于 K551＋645 里程处（图 8-40），左拱腰 131.7°；接地扁铁 4 处。

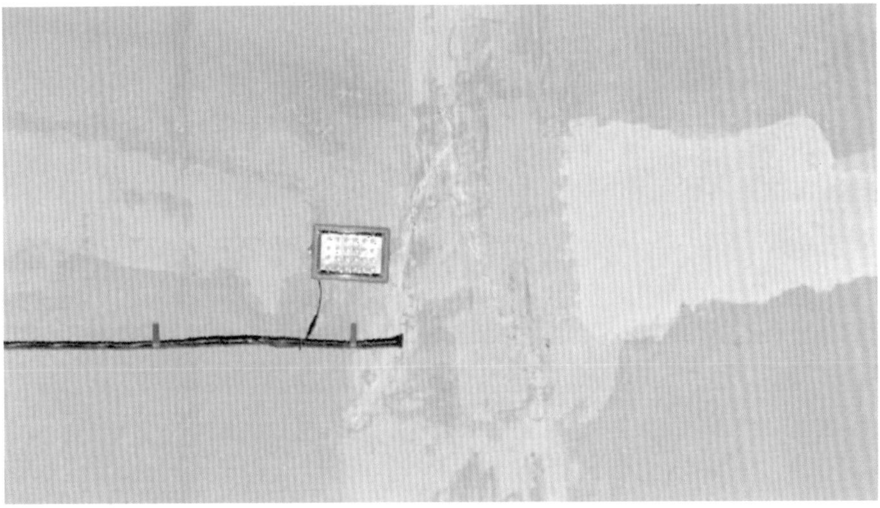

图 8-39　K551＋680 附近影像

图 8-40　K551＋645 附近影像

各类病害占该隧道所有病害比例如图8-41所示，可见衬砌剥落与衬砌裂缝病害所占比重较大，应引起重视，并定期检查，防止隧道病害恶化，引起较大病害或灾害。

结合隧道病害调查情况，每20 m间隔统计病害数量分布(图8-42)，给出隧道需重点关注区域，并定位到具体里程，如表8-9所示，方便进行监测与检修。

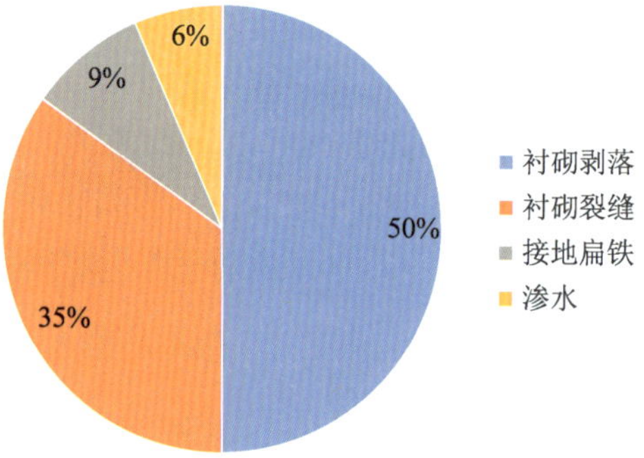

图8-41　该隧道内各类病害总数量比例情况

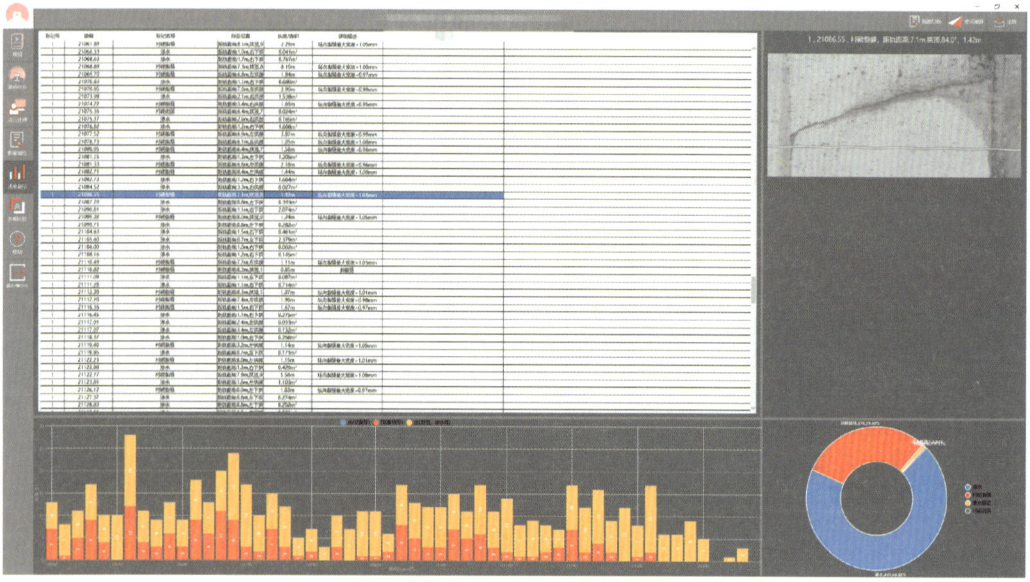

图8-42　隧道表观病害调查统计

表8-9　隧道病害统计

序号	里程范围	影像	备注
1	K551＋190－K551＋195	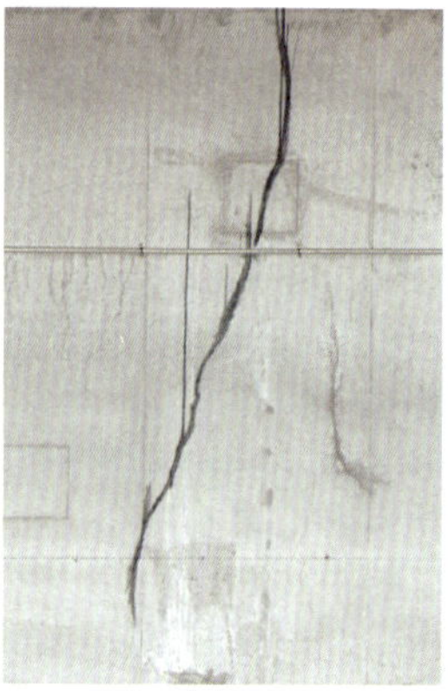	长裂缝伴渗漏

（续表）

序号	里程范围	影像	备注
2	K551＋645		渗漏

针对该隧道开展轨旁设施设备普查，调查获取 CPⅢ控制点 1 处，公里标、半公里标 8 处，桥隧涵标牌 10 处，洞室门 15 处，隧道照明控制柜 45 处，排水沟盖板 123 处，隧道消防救援救助系统应急照明灯 148 处，隧道照明灯 299 处，也发现了诸如电缆松动等问题。利用 TLSD 软件对该隧道基础设施信息统计，包括基础设施的里程、位于线路的位置及其宽度、深度、净高等信息（图 8-43），并对基础设施数据进行汇总（图 8-44）。

图 8-43　轨旁设施设备调查

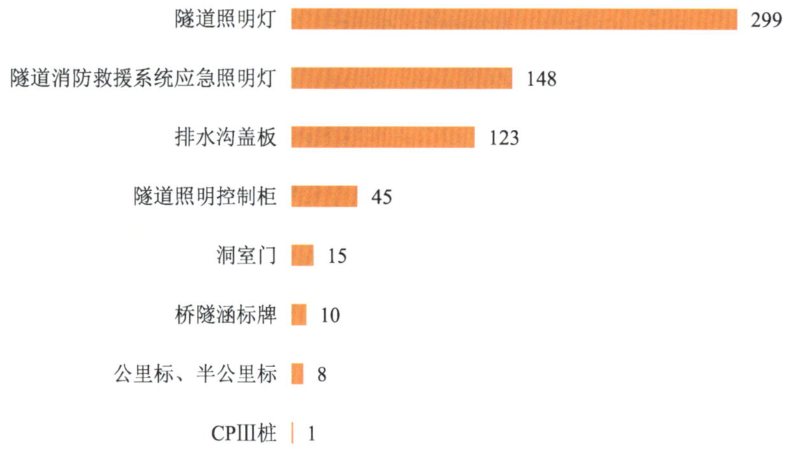

图 8-44　隧道设施调查(单位：处)

8.5 本章小结

本章介绍了轨道移动测量系统在铁路工程中的应用案例，主要包括既有线三维数据获取、站台限界、雨棚变形、接触网几何参数检测、隧道表观病害调查等工程应用。铁路线路检测与测量的精度要求高、天窗时间短、安全防护严格，投入实际工程应用时需进行严格的方案设计、方案评审、人员培训、安全交底防护，以便满足数据采集、作业安全、成果质量、成果保密等要求。

参考文献

[1] 国家铁路局.铁路运营隧道衬砌安全等级评定暂行规定：铁运函〔2004〕174 号[EB/OL].(2018-04-24).http://www.nra.gov.cn/xxgkml/xxgk/xxgkml/201908/t20190830_87673.shtml.

[2] 中华人民共和国铁道部.铁路隧道衬砌质量无损检测规程：TB 10223—2004[S].北京：中国铁道出版社，2004.

[3] 中华人民共和国住房和城乡建设部.地下工程防水技术规范：GB 50108—2008[S].北京：中国计划出版社，2009.

[4] 国家铁路局.铁路工程基本作业施工安全技术规程：TB 10301—2020[S].北京：中国铁道出版社，2020.

[5] 中华人民共和国铁道部.高速铁路工程测量规范：TB 10601—2009[S].北京：中国铁道出版社，2010.
[6] 中华人民共和国铁道部.高速铁路桥隧建筑物修理规则：TG/GW 114—2011[S].北京：中国铁道出版社，2011.
[7] 中华人民共和国铁道部.铁路建筑实际限界测量与数据格式：TB/T 3308—2013[S].北京：中国铁道出版社，2013.
[8] 中华人民共和国铁道部.高速铁路工程动态验收技术规范：TB 10761—2013[S].北京：中国铁道出版社，2013.
[9] 中华人民共和国住房和城乡建设部，中华人民共和国国家质量监督检验检疫总局.铁路工程基本术语标准：GB/T 50262—2013[S].北京：中国计划出版社，2014.
[10] 中国铁路总公司.高速铁路工务安全规则(试行)：铁总运〔2014〕170 号[Z].2014.
[11] 中国铁路总公司.接触网悬挂状态检测监测装置(4C)暂行技术条件：TJ/GD 006—2014[Z].2004：31-32.
[12] 中国铁路总公司.铁路隧道监控量测技术规程：Q/CR 9218—2015[S].北京：中国铁道出版社，2015.
[13] 中国铁路总公司.高速铁路接触网运行维修规则：TG/GD 124—2015[S].北京：中国铁道出版社，2015.
[14] 国家铁路局.铁路隧道设计规范：TB 10003—2016[S].北京：中国铁道出版社，2017.
[15] 中国铁路总公司.铁路运营隧道结构状态检测技术要求及方法：Q/CR 516—2016[S].2016.
[16] 中国铁路总公司.普速铁路接触网运行维修规则：TG/GD 116—2017[S].北京：中国铁道出版社，2017.
[17] 国家铁路局.高速铁路隧道工程施工质量验收标准：TB 10753—2018[S].北京：中国铁道出版社，2018.
[18] 国家铁路局.铁路隧道工程施工质量验收标准：TB 10417—2018[S].北京：中国铁道出版社，2019.
[19] 中国政府法制信息网.高速铁路基础设施运用状态检测管理办法[EB/OL].(2018-10-15).http://www.moj.gov.cn/pub/sfbgw/flfggz/flfggzbmgz/201810/t20181015_146235.html.
[20] 中国国家铁路集团有限公司.铁路桥隧建筑物劣化评定 第 2 部分：隧道：Q/CR 405.2—2019[S].2019.
[21] 国家市场监督管理总局，中国国家标准化管理委员会.标准轨距铁路限界 第 2 部分：建筑限界：GB 146.2—2020[S].北京：中国质检出版社，2020.
[22] 国家铁路局.铁路客站结构健康监测技术标准：TB/T 10184—2021[S].北京：中国铁道出版社，2021.

9

地铁工程应用案例

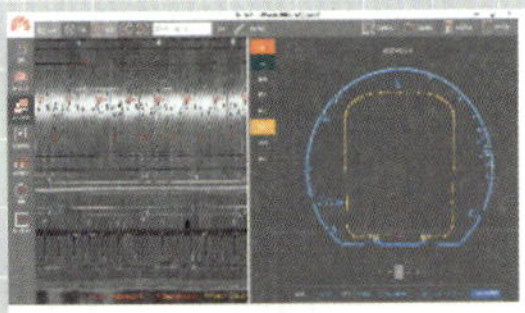

常规单圆盾构隧道

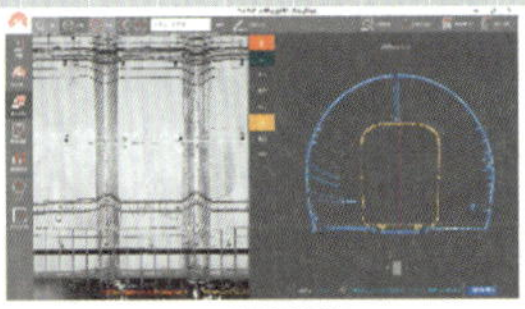

马蹄形隧道

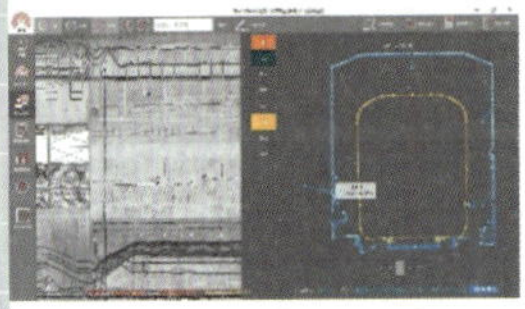

矩形隧道

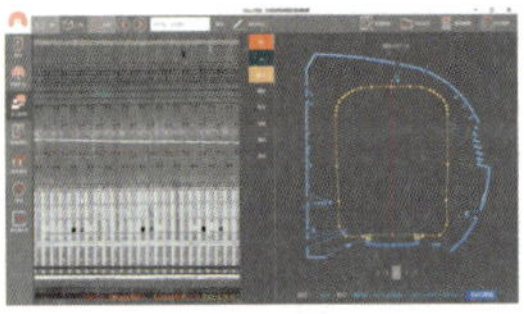

类矩形盾构隧道

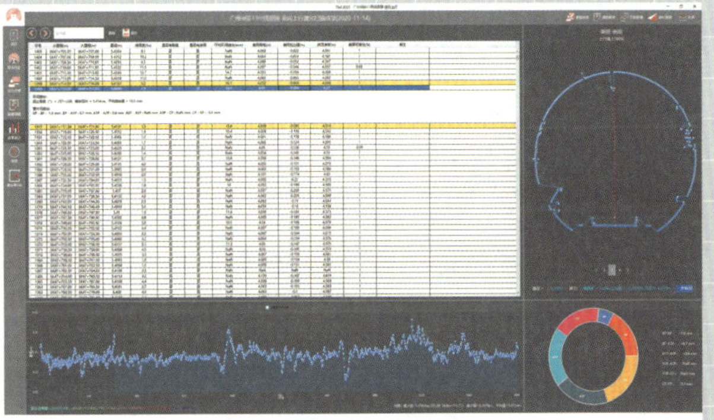

隧道结构变形检测成果样例

移动激光扫描作为一项新型铁路安全检测技术，在多地轨道交通管理部门和勘测设计单位的工程应用中已得到初步认可。建设移交运营时，激光扫描成果可作为隧道土建施工质量验收的基础资料，明晰建设单位和管养单位责任；运营期，可通过定期扫描获取变形量、表观病害等，为隧道的运营维护提供基准资料。特别地，通过定期全线激光扫描以发现病害和变形情况，可显著降低人工成本、减少天窗施工时间和提高检测工效，尤其适用于超大规模轨道交通线网的运营养护需求。

TLSD 系统结合地铁工程应用需求，设计了一套监控测量体系，一次解算可输出多种测量成果，包括水平直径、椭圆度、正射影像、管片错台、表观病害等，能够用于地铁隧道施工期的监控测量、竣工测量以及运营期的监护测量。本章将介绍利用 TLSD 系统进行地铁隧道检测的工程应用案例。

9.1 盾构法隧道施工期监控测量

9.1.1 应用需求

针对上海某地铁盾构隧道施工质量检测，要求对施工期盾构隧道进行三维数据获取，解算隧道断面收敛与错台，检测设备限界，并提供隧道内壁影像与漫游视频成果，结合激光扫描数据成果进行隧道施工质量评估。考虑到施工阶段不同，需综合现场情况选择设备搭载平台，同时要求测量成果可应用于施工监控测量、拼装质量检查、安全文明施工等场景。

9.1.2 准备与作业

现场数据采集使用轨道移动激光测量系统，包括扫描仪、仪器台和 TLSD 软件。图 9-1 是郑州地铁某施工隧道，将电动激光扫描检测车整车临时固定搭载在管片运输车辆上，开展隧道泡水后复工扫描检测。安置扫描仪的时候需要注意扫描断面垂直于轨道方向，并且不得影响运输车辆日常生产使用。

施工运输车辆搭载扫描仪在轨道上运动，扫描仪在断面扫描模式下逐个采集隧道断面，从而获取螺旋线状的隧道内壁点云数据。

考虑到扫描转速较快（50～100 Hz）、施工运输车辆速度较慢（3～10 km/h）以及收敛测量精度±3 mm 的要求，仍将单个断面作为基本解算单元。

图 9-1 隧道检测的仪器安装

9.1.3 数据处理与成果

项目中使用 Faro 扫描仪，其扫描数据存储于扫描仪内置存储空间上，使用 SD 卡或 USB 连接线导出至用户电脑。采用软件进行数据处理，主要处理过程包括：点云解析、抽稀处理、环号/里程识别、变形解算、影像投影纠正、视频渲染输出等。项目利用激光扫描测量成果评估隧道施工质量，累计检测盾构施工期隧道约 9 km。

在盾构法隧道施工期监控测量项目中，利用 TLSD 软件进行数据处理，主要进行了隧道断面水平直径与错台变形分析，生成了隧道影像用于调绘隧道设施的实际安装位置、连接关系等信息，并生成了隧道漫游视频，用于隧道结构变形与病害检测成果的综合展示。

借助 TLSD 软件实现收敛直径成果的展示(图 9-2)，可以按线路里程或环号序列绘制曲线，也可以针对单个环片绘制其多期监测变化曲线。在该项目中，通过往返测比较分析实测精度，采用按环号序列方式统计收敛直径变形特征，往返测水平直径测量较差满足±3 mm。

该项目解算的错台变形成果包括环间错台和环内错台，即解算管环间 360°错台量以及管片与相邻分块错台量，解算环内错台时需结合管片设计拼装的角度(图 9-3)，并以报表和 CAD 图形式(图 9-4)输出成果。

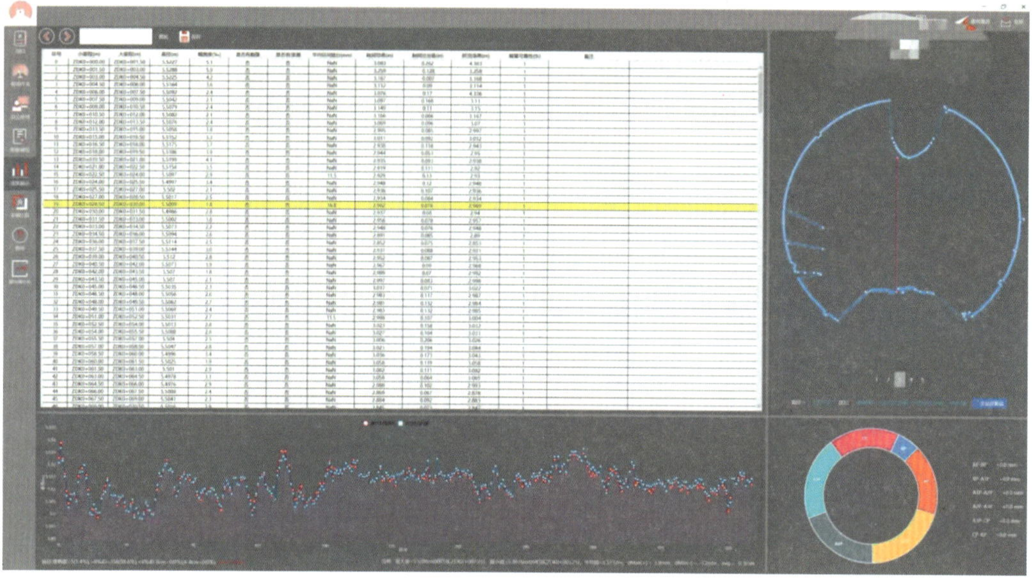

图 9-2　收敛直径成果

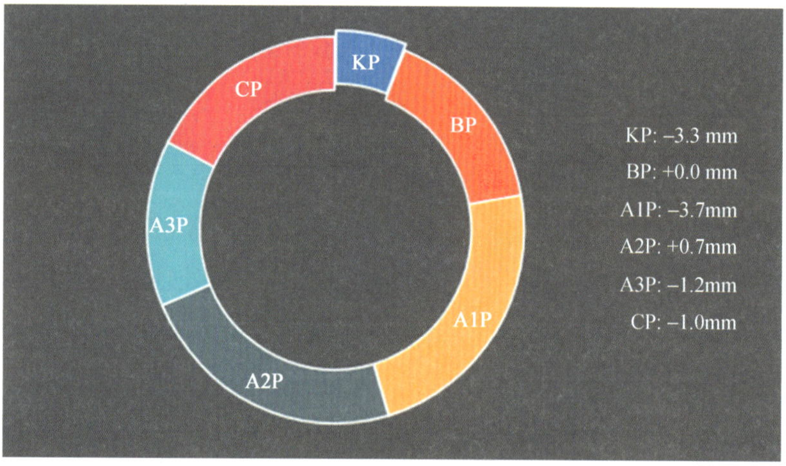

图 9-3　管片实际拼接角度及环内错台解算样例

错台分析 CAD 图与报表反映的内容基本一致，如图 9-4 所示，同样给出环号、里程、收敛直径、椭圆度以及错台量信息。对于管片接缝处有线缆、安防平台等遮挡处无法解算时，在 CAD 图上可以用文字注明。

TLSD 系统以隧道内壁影像为底图对项目区间隧道状态进行了普查，调查并标绘各类隧道设施的实际安装位置、连接关系等信息，用于供电、轨道、信号等多个专业的业务协作，同时可以将结构变形分析数据与隧道状态普查成果输出，对接用户地铁智慧施工和远程监控平台（图 9-5）。

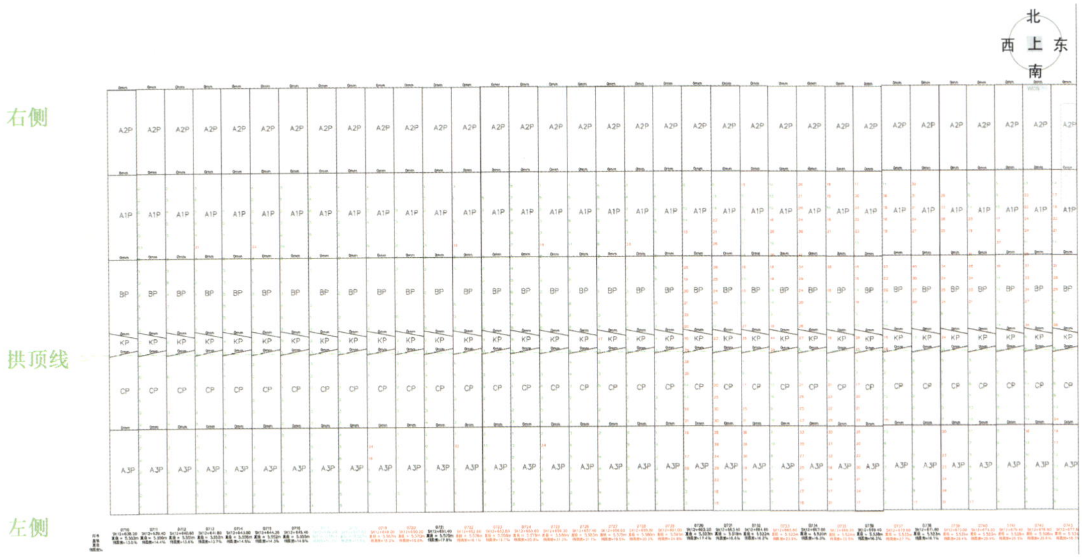

图 9-4　错台成果（CAD 文件）

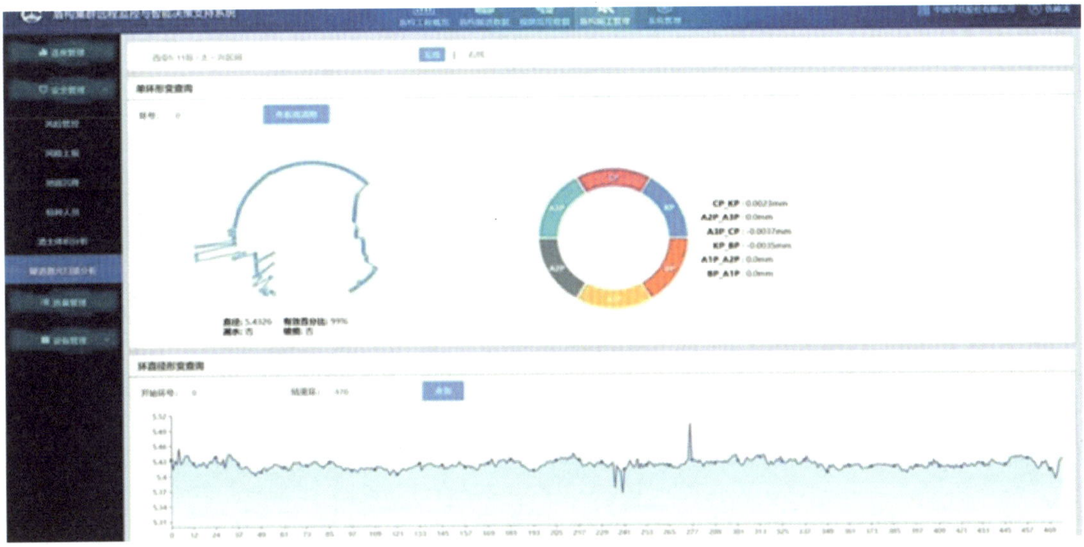

图 9-5　隧道状态普查示例

针对该检测项目采集区段隧道，使用 TLSD 系统以第一人称视角（或顶视图、左视图、右视图等其他视角），生成隧道内的漫游视频（图 9-6），能够更直观地反映隧道现状，并可将隧道内的变形监测、施工工况以及其他信息等融合至该视频。直接从激光扫描点云生成漫游视频，是 TLSD 系统的一项原创技术，可极大地减少传统建模方法中“管片建模＋分块贴图”的人力投入。

图 9-6　施工隧道内部漫游视频(截图)

数据成果展示可在 TLSD 系统中选择数据视图、影像视图、漫游视图等多种视图,包括内壁影像、水平直径、椭圆度、管片错台、全断面轮廓、病害调查统计等(图 9-7),并可生成数据报表、CAD 图、高清隧道影像以及实景漫游视频。

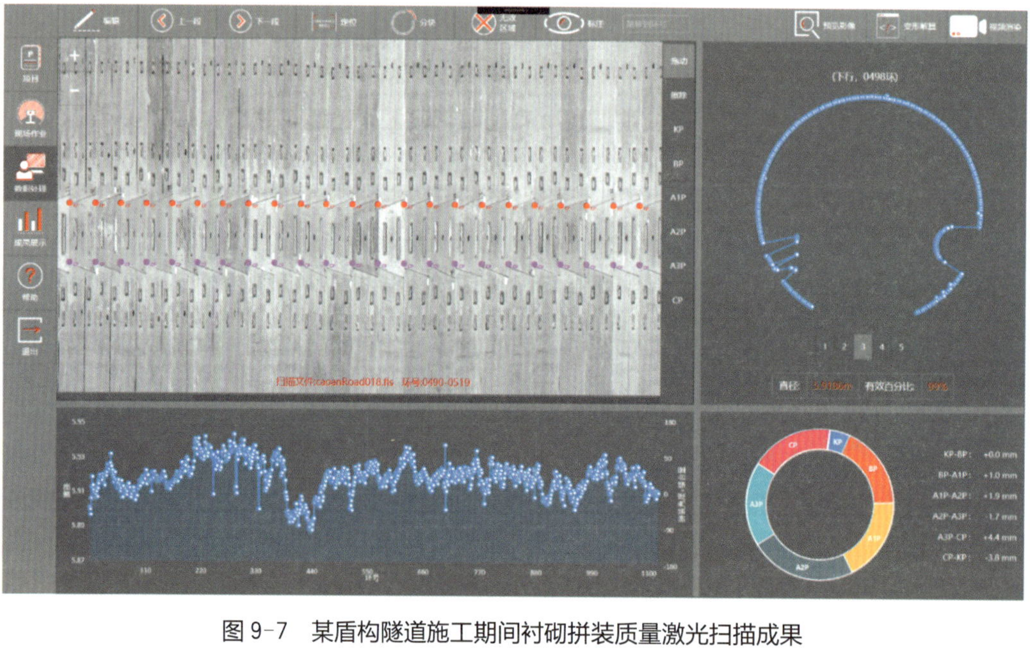

图 9-7　某盾构隧道施工期间衬砌拼装质量激光扫描成果

9.2 盾构法隧道变形监测

运营期盾构隧道的监测主要分为定期监测和受邻近施工影响的监护测量，采取人工监测（主要）或自动化监测（少量）技术手段，部分地区已开展隧道病害普查和结构安装状态评估，并针对病害严重区段进行注浆或钢环加固等治理措施。

在运营隧道区间内通常布设大量的测量机器人、静力水准仪、激光测距仪等自动化监测设备，并投入大量人力开展结构日常巡检。传统人工巡检主要采用拍照、钢尺、温度计等工具，获取隧道内壁渗漏水（泥或沙）、结构破损等信息，无法快速获取隧道变形、净空断面等定量结构安全评估数据，同时存在缺乏统一检测标准、作业效率低下、容易发生漏检等不足。随着大量新建线路建成并投入运营，传统的人工巡检技术已经难以满足大规模线网的精细化运营维护保障的要求。

上海、南京、深圳、广州、天津、武汉等城市已开始在运营期使用激光扫描，主要用于定期收敛变形普查和结构状态调查，但相关采集装备、处理软件、成果标准等尚未成熟或得到普遍认可。随着城市轨道交通运营里程不断增长以及占公共交通的比例增加，运营期的监测需求也在快速增长。

9.2.1 应用需求

本项目针对西安地铁某区段进行盾构隧道变形监测，要求对断面收敛直径进行变形分析，同时检测隧道内病害类型及其几何参数。TLSD 系统分别按照 1.8 km/h 和0.72 km/h 两档速度独立往返测量，获取隧道内全覆盖点云数据，通过解算获取水平直径、错台变形、渗漏面积、内壁影像、漫游视频等测量成果，尝试应用于区间隧道的定期监测、保护区施工监测、成型隧道验收施工等。

9.2.2 准备与作业

该检测区段为运营期地铁，对于竣工与运营期的移动激光扫描监测一般采用轨道移动激光测量系统搭载电动检测车进行，一个作业班组的作业人员以及设备的大致配备情况如表 9-1 所示。

表 9-1　投入人员、仪器设备一览表

序号	人员及仪器设备	套数	作业内容及用途
1	三维激光扫描仪	1	Z+F 9012 激光扫描数据采集
2	激光扫描专用检测车	1	搭载扫描仪实现匀速数据采集
3	控制平板电脑	1	控制扫描仪
4	作业人员	5	设备搬运、现场作业、数据处理及成果分析
5	点云处理工作站	2	点云数据处理及视频渲染输出
6	车辆(9 座大车)	1	仪器及人员运输
7	电池(60 A·h)	1	给扫描仪供电

开展现场采集前，需按照地铁公司相关要求做好如下准备措施：

(1) 申请施工作业令，进行作业前安全教育。作业前，所有参与人员均已到运管中心接受安全交底，并特别对计轴计的识别、避让和保护进行专项培训。

(2) 开班前会议，清点设备，明确作业人员分工及责任。较作业时间提前 1 个小时到达车站车控室进行登记，清点所有导入隧道内的物品[图 9-8(a)]并登记确认责任人，确认作业人员劳动防护用品齐备，再次强调作业的区间、内容和要求等。

(3) 设备组装，将扫描仪、电动检测车、电池以及所有配件在轨道上组装成完整的系统[图 9-8(b)]。

(a) 仪器清点

(b) 组装成系统

图 9-8　作业前设备清点确认与安装

(4) 隧道作业，检测车预热测试完毕后按选定的速度挡位开始作业。安排一个工作人员提前检查计轴计、道岔等关键轨道设备位置，提示检测车操作人员及时停车，遇不明安全对象时绕过以确保不对其他设备干扰。

(5) 作业完毕后，出隧道前再次确认所有人员、设备、工具等已全部收集妥当，到达站台后立即组织班后会议，对照作业前登记事项逐一确认“工完料清、设备正常”。

(6) 确认完毕后，到车站车控室完成作业令消点。所有设备和人员撤离作业车站，设备和人员安全返回办公场地。

9.2.3 数据处理与成果

本项目主要检测成果包括：全断面扫描点云数据、水平直径和椭圆度分析成果、错台成果、影像成果、病害分析、漫游视频、精度统计分析。

1. 直径及椭圆度

本次扫描共测量该区间 511 环，除去计轴计、旁通道、遮挡等干扰因素外，成功获取 495 组数据，利用 TLSD 软件进行了逐环水平直径曲线生成与输出(图 9-9)，其中，直径偏差超 6‰D 共计 92 环(不含钢环加固及未遮挡测量)，占比 18.0%，具体统计数据见表 9-2。根据《城市轨道交通隧道结构养护技术标准》(CJJ/T 289—2018)[1]中基于管片变形的健康度评价标准，本区间有 9 环健康度评级为 4 级，14 环(钢环加固)健康度评级为 5 级，建议长期重点关注。

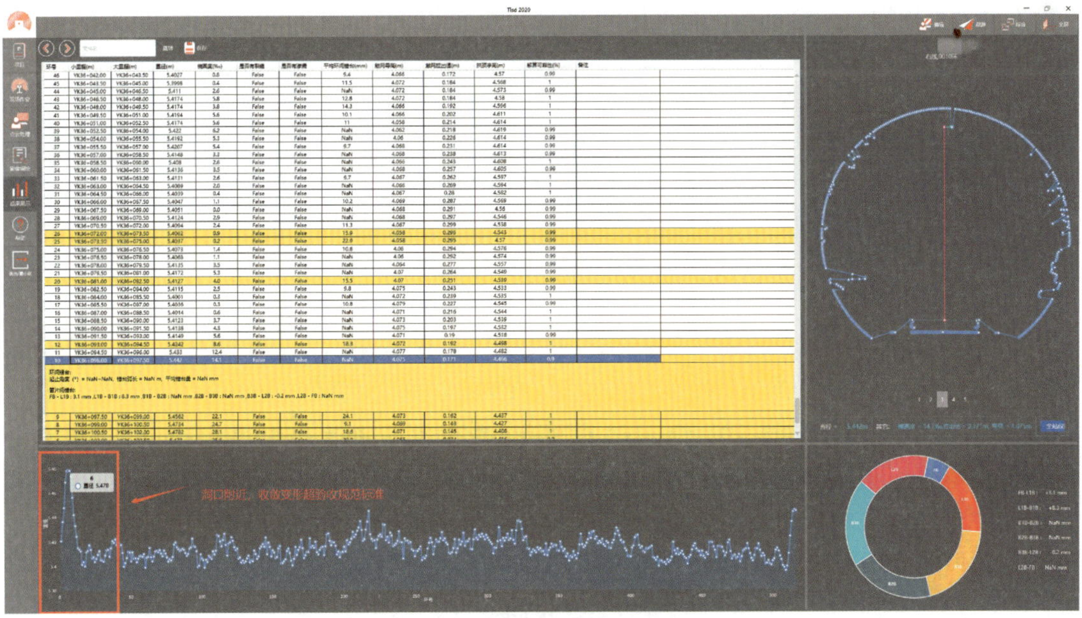

图 9-9　逐环水平直径曲线

表 9-2　水平直径偏差分段统计表

水平直径偏差	≤6‰D	6‰D～6 cm	≥6 cm	钢环加固	遮挡未测量
环数	403	83	9	14	2
健康度评级	1 级或 2 级	3～4 级	4 级	5 级	—
占比	78.9%	16.2%	1.8%	2.7%	0.4%

对项目所在区间隧道椭圆度进行了统计(表 9-3),其中,椭圆度超《盾构法隧道施工与验收规范》(GB 50446—2017)[2]中允许 6‰的环数共有 289 环,占区间总环数的比例为 56.5%;超过 18‰的环数共计 42 环,所占比例为 8.2%,主要集中分布于邻近钢环加固以及水平直径偏差超过 4.5 cm 的区域。

表 9-3　椭圆度分段统计表

椭圆度	≤6‰	6‰～18‰	≥18‰	钢环加固	遮挡未测量
环数	206	247	42	14	2
所占比例	40.4%	48.3%	8.2%	2.7%	0.4%

2. 错台变形

从环片扫描点云中,截取接缝位置两侧一定距离处的点云切片,计算环缝之间的错台量,满足下列条件时输出相邻环间的错台量:①环间平均错台量超过 7 mm;②错台位置连续弧长超过 1.0 m;③非钢环加固环或其相邻环(钢环不计入错台量)。环间错台标识的角度,面向大里程方向,竖直向上方向为 0°,顺时针方向至 360°,环间错台量 CAD 成果如图 9-10 所示。

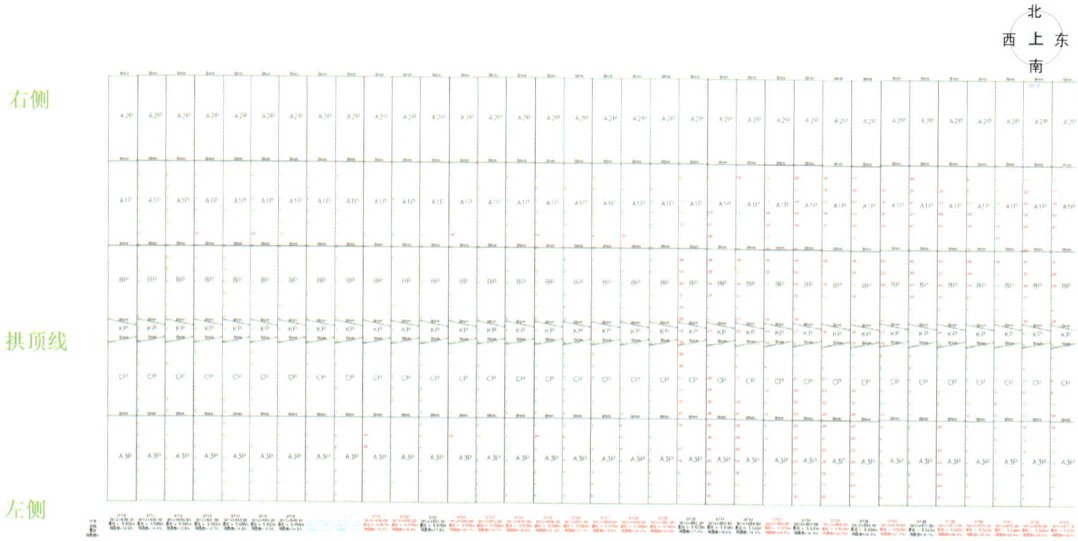

图 9-10　环间错台量取值及计算示意图

本区间共发现43处环间错台量超15 mm限值，其中，最大环间错台位于444环—443环，错台发生角度为318°～274°(左上)，连续错台弧长2.121 m，平均错台量为27.7 mm。环间错台受隧道曲线、拼接质量及结构变形等综合因素影响，主要集中分布于椭圆度偏差超6‰*D*的区域。错台分析成果以报表、CAD图形式提供给用户。

3. 影像成果与病害调查

相对于普通数码相机照片，激光扫描影像具有全覆盖、精确量算和无需光照等优势。高频次、高分辨率的隧道现状影像，有利于及时发现隧道内的各项安全隐患，减少人工巡检的漏检、非标准化、指标随意等缺点。利用激光扫描影像，可对隧道内渗漏水、裂缝等病害发生的位置、几何参数、分布等定量量测。参考《盾构法隧道施工与验收规范》(GB 50446—2017)[2]中表1-15进行隧道病害调查。采用2 mm分辨率的正射影像和隐蔽区域照片作为基本数据源，采用“软件自动识别＋人工复核确认＋现场查勘验证”的综合方法进行病害判读识别，并将病害检测成果整理输出为专题报表，按照隧道区间、病害类型等统计病害发生的位置、面积等。

裂缝主要易发于结构缝位置，如矩形段伸缩缝附近、管片连接螺栓位置等，主要原因为应力集中、外力磕碰、差异沉降等。

本区间隧道发现部分渗漏水、裂缝、混凝土剥落等病害，部分渗漏水面积较大(图9-11)，部分位置出现超过2 cm的环间错台。对该区段病害进行统计(表9-4)，根据《城市轨道交通隧道结构养护技术标准》(CJJ/T 289—2018)[1]，本区间隧道大部分健康度评级为1级，局部评级为2级。

表9-4 隧道病害调查成果表示例

病害位置/环	加固措施或病害类型	具体位置及量化指标
506	裂缝	封顶块，0.454 m
492	裂缝	0.391 m
377	裂缝	0.259 m
419	轻微渗漏	邻接块
385	轻微渗漏	封顶块
308	右侧排水沟渗漏	0.445 m^2
309—308	左侧排水沟渗漏	0.207 m^2
276—273	渗漏	右侧排水沟附近，0.755 m^2
271—270	渗漏左侧排水沟	0.1 m^2
156	左侧排水沟渗漏	0.116 m^2

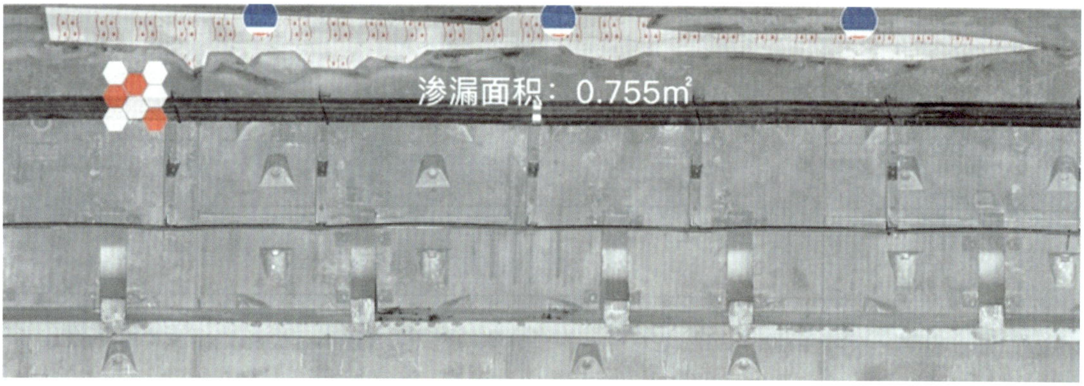

图 9-11　隧道内典型渗漏病害

激光扫描影像中，隧道左右侧道床排水沟与管片之间存在大段连续的明显裂缝（图 9-12）。部分相邻道床沉降缝存在 5～10 mm 不等的错开（图 9-12）。根据《城市轨道交通隧道结构养护技术标准》（CJJ/T 289—2018）[1]中基于道床病害的健康度评级标准，本区间道床级轨道病害评级为 2 级。

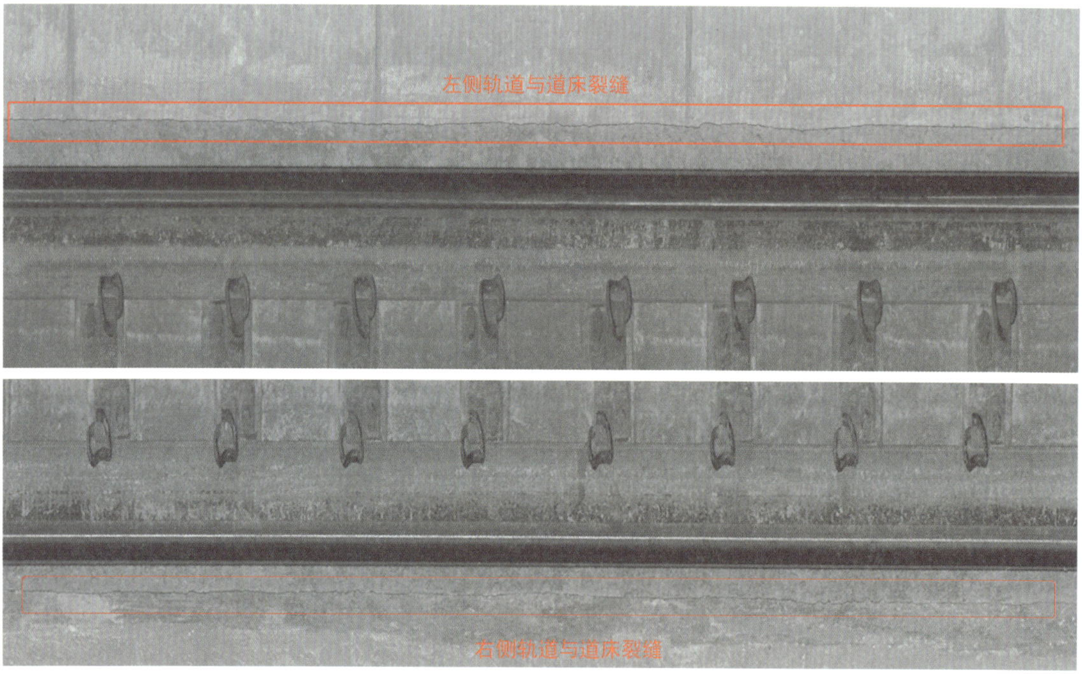

图 9-12　管片与整体道床之间的裂缝

针对管片与整体道床之间裂缝等病害采取钢环加固处理，从激光点云数据提取的隧道断面上能够看到与现场情况符合的加固区段（图 9-13）。

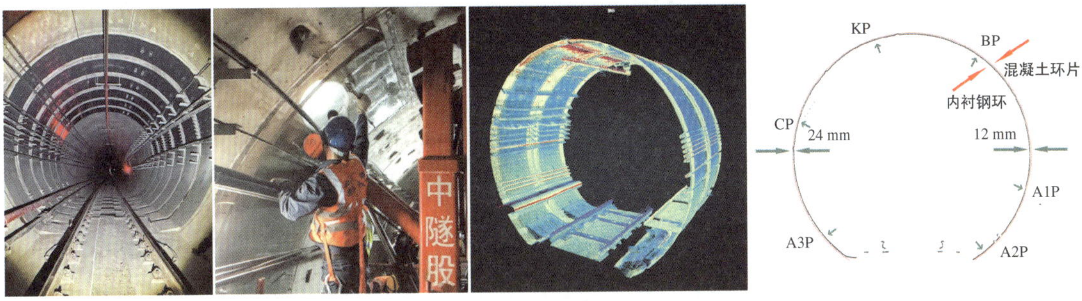

图 9-13 钢环加固区域道床

9.3 矿山法隧道结构检测评估

9.3.1 应用需求

根据《城市轨道交通结构检测监测技术标准》(DBJ 50/T－271—2017)[3]的有关规定对区间隧道、出入段线隧道等主体结构进行检测，全面检查区间隧道、出入段线隧道等主体结构的基本技术状况，系统掌握主体结构的功能状态并作出合理评价，对主体结构的运营安全性作出评估。隧道衬砌限界的主要检测内容包括隧道轮廓、净宽和最小建筑限界等。参考《城市轨道交通工程监测技术规范》(GB 50911—2013)[4]中断面监测点设置方式，在隧道拱顶、拱肩两侧、拱脚两侧设置监测点进行收敛变形测量。

重庆地铁区段断面检测方法提出利用轨道移动激光测量系统检测隧道收敛变形。结合激光扫描进行隧道收敛测量时，需在监测点位设置反射标靶，由于拱肩和拱顶位置标靶不便安装，为此在拱脚设置标靶，解算左右拱脚间距(图 9-14 L-R)、左右拱脚标靶点到拱顶间距(图 9-14 L-T 和 R-T)、轨道基准面到拱顶相对标高(图 9-14 Track-T)，进行矿山法隧道收敛分析。该项目要求提供断面收敛测线距离、断面 CAD 文件成果，分析轨道移动激光测量系统获取断面弦线的重复精度，同时要求结合点云影像数据分析隧道表观病害，并结合探地雷达数据进行病害同步显示。

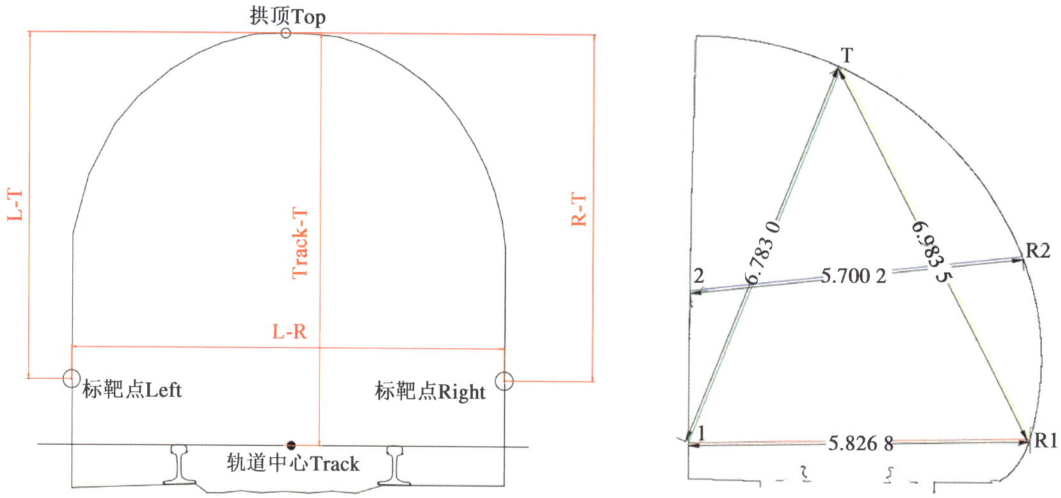

图 9-14　矿山法隧道收敛测量示意图

9.3.2　准备与作业

本项目采用 Z+F 9012 搭载电动检测车[图 9-15(a)]进行检测，需配备蓄电池、控制平板电脑，以 3.6 km/h 的速度扫描。作业前需先按照监测断面间隔要求，在隧道左右拱脚安装反射标靶，直线段断面间距 5～20 m，曲线段适当加密。平曲线的关键控制点(直缓点、缓圆点、曲中点、圆缓点、缓直点)、竖曲线变坡点处应增设观测断面，标靶采用 8 cm×8 cm 方形金属标靶[图 9-15(b)]。

(a) 电动检测车(Z+F 9012 扫描仪)　　(b) 反射标靶

图 9-15　矿山法隧道检测设备与标靶

9.3.3 数据处理与成果

数据处理主要包括激光点云生成、隧道预览影像、标靶自动识别、弦线距离解算与限界分析等。从该段隧道激光点云[图 9-16(a)]和生成的内壁影像[图 9-16(b)]上能较清楚地看到标靶[图 9-16(c)]。

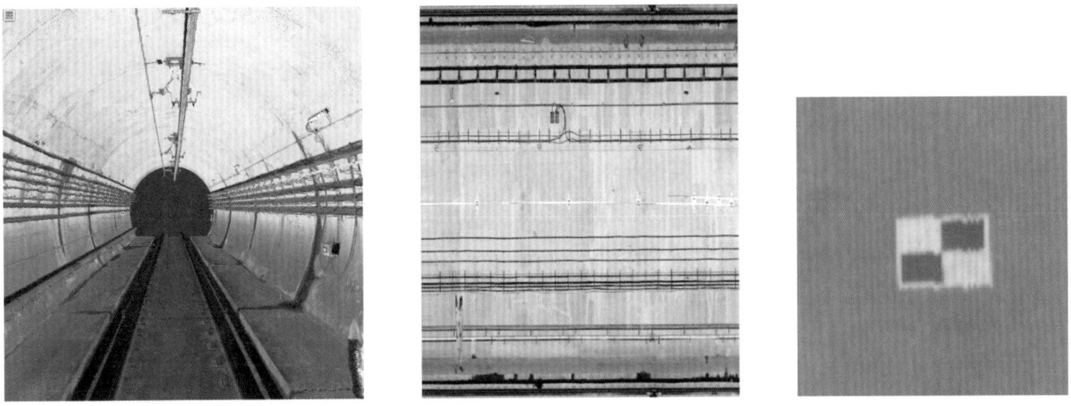

(a) 隧道激光点云　　(b) 隧道灰度影像　　(c) 标靶灰度影像

图 9-16　数据处理结果

通过对标靶反射强度进行阈值分割与点云聚类等处理可实现标靶中心的自动识别，识别后可进行隧道左右拱脚间距解算，为防止粗差产生，可选择标靶中心附近多个断面进行粗差判别与剔除。通过钢轨模板点云和钢轨扫描断面点云匹配实现轨道面提取，以轨道为基准，利用点云高程数据进行拱顶检测，从而解算拱顶标高、拱顶与拱脚间距，解算结果以数据表格和 CAD 文件的形式输出(图 9-17)。

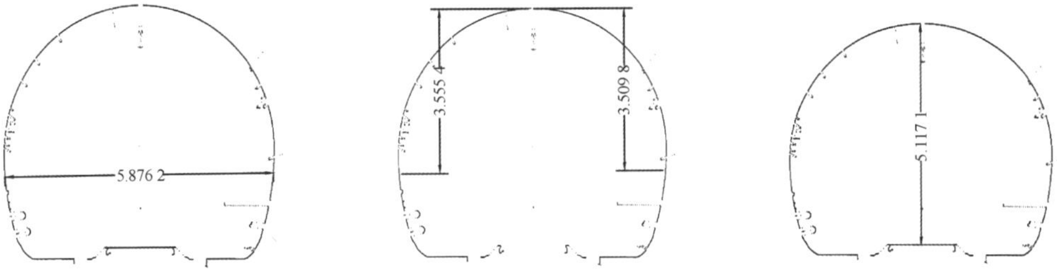

(a) 左右拱脚间距(R-L)　　(b) 左右拱脚到拱顶间距(R-T 与 L-T)　　(c) 拱顶标高(Track-T)

图 9-17　矿山法收敛解算结果

本次扫描进行了约 200 m 直线区段的收敛测量，按 20 m 间隔设置 10 个断面，采用往返测量方式进行收敛弦线偏差数据统计，结果如表 9-5 所示，从表中可以看到，往返测量 10 个断面的 40 条弦线中，往返偏差大部分在 3 mm 以内。

表 9-5　矿山法隧道收敛弦线重复测量成果统计

断面号	往测/m				返测/m				往返偏差/mm			
	R-L	R-T	L-T	Track-T	R-L	R-T	L-T	Track-T	R-L	R-T	L-T	Track-T
1	5.865 5	3.591 5	3.509	5.126 1	5.868 2	3.591 7	3.508 0	5.128 8	−2.7	−0.2	1.0	−2.7
2	6.784 1	4.284 6	2.716 8	5.436 0	6.785 5	4.285 0	2.714 6	5.438 8	−1.4	−0.4	2.2	−2.8
3	5.872 4	3.564 5	3.495 0	5.111 1	5.873 7	3.565 3	3.494 2	5.111 4	−1.3	−0.8	0.8	−0.3
4	5.930 2	3.845 5	3.066 6	5.124 4	5.927 2	3.842 2	3.063 0	5.122 5	3.0	3.3	3.6	1.9
5	5.877 9	3.753 6	3.451 5	5.101 6	5.875 1	3.755 6	3.451 1	5.105 7	2.8	−2.0	0.4	−4.1
6	5.847 7	3.839 5	3.680 9	5.096 9	5.848 0	3.839 8	3.682 6	5.098 6	−0.3	−0.3	−1.7	−1.7
7	5.836 8	3.852 4	3.734 9	5.129 0	5.834 5	3.853 2	3.733 0	5.127 3	2.3	−0.8	1.9	1.7
8	5.799 2	3.799 1	3.814 4	5.108 9	5.798 2	3.804 0	3.818 1	5.107 0	1.0	−4.9	−3.7	1.9
9	5.835 4	3.704 2	3.729 6	5.082 2	5.834 1	3.705 6	3.731	5.086 7	1.3	−1.4	−1.4	−4.5
10	5.871 1	3.480 6	3.653 1	5.097 1	5.870 4	3.479 5	3.656 4	5.100 2	0.7	1.1	−3.3	−3.1
绝对平均偏差/mm									1.7	1.5	2.0	2.5

本项目表观病害采用激光扫描正射影像作为底图，调查统计隧道表观的渗漏水、衬砌剥落、裂缝等发生的里程、长度(面积)、最大宽度等参数，如图 9-18 所示。

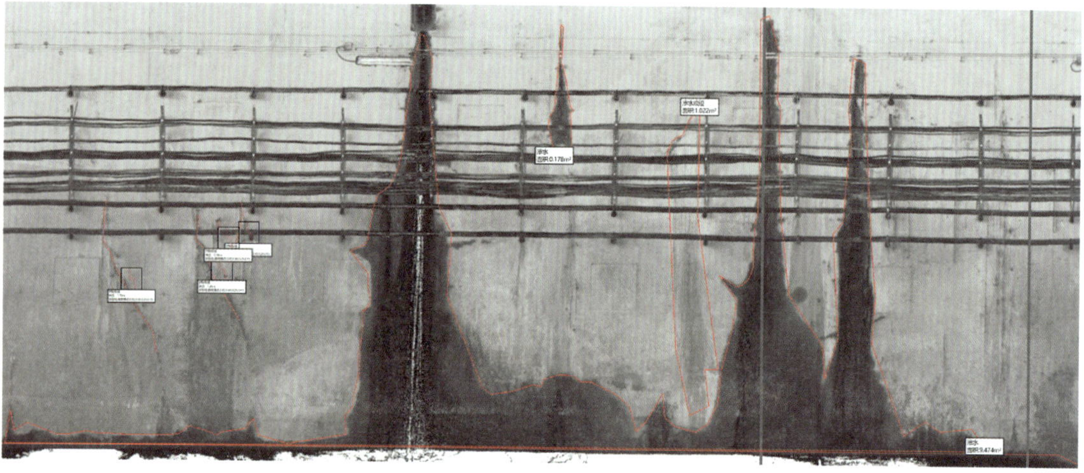

图 9-18　隧道表观影像调绘专题图

衬砌内部病害采用探地雷达布置 3～5 条测线，检测隧道壁后存在的不密实、空洞、钢筋缺失等病害。为方便成果统一管理和数据分析，开发激光扫描影像与探地雷达影像的同步展示功能界面(图 9-19)。

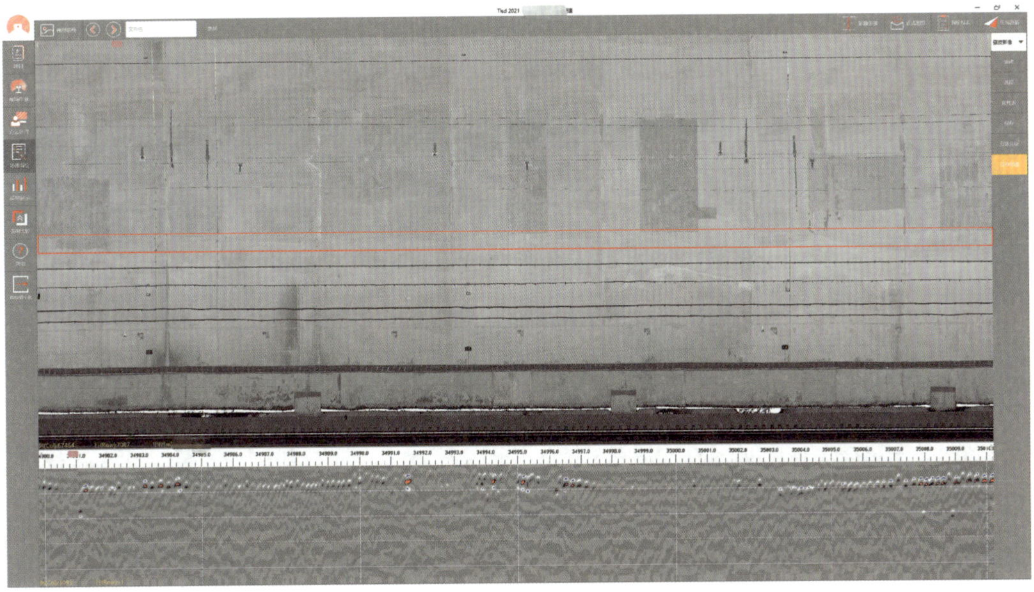

图 9-19　激光扫描影像与探地雷达影像同步查看

9.4 隧道竣工验收测量

9.4.1 应用需求

广州地铁 18 号线(市域铁路)设计时速 160 km,全线大部分采用单洞单线盾构法修建隧道。投入正式运营前,业主单位要求土建单位开展盾构法区间隧道三维激光扫描,提供隧道点云数据、隧道净空、椭圆度等基础数据用于竣工验收,要求项目成果以区间为单位提交。本次竣工验收测量数据成果包括:①逐环管片测量成果表(Excel 文件);②激光扫描原始点云(.las 通用格式文件);③限界测量断面图(.dxf 文件)。

9.4.2 准备与作业

在外业入场作业之前,确认采集范围内的隧道起止里程和区间、作业天窗时间、疫情防控要求等情况,计划好各区间采集范围、作业顺序、预估时间并在图上做好标记,合理安排作业速度并设置检测参数。收集隧道(轨道)中线测量成果文件等资料,事先将已有的坐标文件加载到地图软件备用。进入站台和清点前，严格按照地铁集团要求清点工器具、检查人员健康码和作业前班组安全教育，确保“工完料清、设备正常”。投入两台电动匀速检测车，全线统一按照“1.8 km/h、100 万点/s、10 200 点/线”的作业参数完成数据采集(图9-20)。

(a) 清点设备　　(b) 隧道内作业图

图 9-20　隧道竣工验收测量准备与作业

9.4.3　数据处理与成果

1. 限界尺寸计算

参照《市域(郊)铁路设计规范》(TB 10624—2020)[5]，本次激光扫描作业时，选择衬砌环中间位置的点云数据，剔除飞点等粗差后计算四个指定高度(轨面高度，轨面以上 1 100 mm，2 800 mm，5 300 mm)的左右横距。根据现场里程牌和固定环宽推算逐环断面里程，导出逐环中心位置的断面限界图，标注四个高度的左右横距(若遇遮挡，进行插值处理或备注遮挡)、拱顶至轨道中心高度以及市域 D 型车直线段标准设备限界轮廓[《市域(郊)铁路设计规范》(TB 10624—2020)附录 D，图 9-21 中绿色轮廓线]。

参照《地铁限界标准》(CJJ/T 96—2018)[6]，检测区域内的建筑限界计算适用的基准坐标系、计算方法、计算公式和参数取值定义如下：

(1) 基准坐标系(《地铁限界标准》2.1.5，3.3.2)。垂直于直线轨道线路中心线的二维平面直角坐标系。横坐标轴(X 轴)在相切与两钢轨规定的设计轨顶平面内且与轨道中心线垂直，纵坐标轴(Y 轴)垂直于设计轨顶平面，该基准坐标系的坐标原点为轨距中心点。建筑限界的坐标系在曲线超高地段应采用直线地段的基准坐标系，不应随超高角旋转。

(2) 建筑限界计算(《地铁限界标准》3.3.1)。建筑限界与设备限界之间的空间应根据设备和管线且包含变形预留值后所需的安装尺寸、安装误差值、测量误差值和结构施工允许误差值确定。任何沿线永久性固定建筑物，包括施工误差值、测量误差值及结构永久变形量在内，均不得向内侵入。

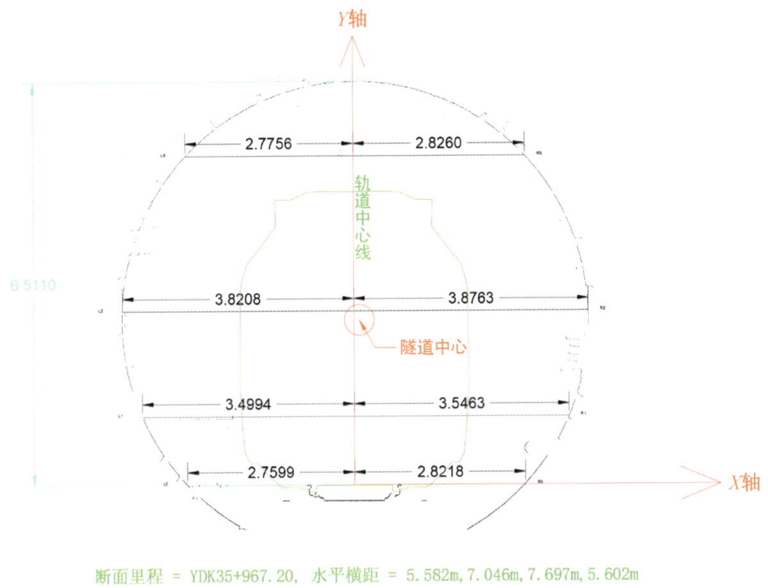

图 9-21 某市域铁路典型圆形盾构隧道建筑限界测量断面标注示意图

(3) 直线段矩形隧道建筑限界在直线设备限界基础之上,按下列公式计算:

$$\begin{cases} B_L = X_S + b_L + c \\ B_R = X_S + b_R + c \\ B_S = B_L + B_R \\ H' = h'_1 + h'_2 + h'_3 \end{cases} \tag{9-1}$$

式中 B_L——矩形隧道线路中心线至隧道建筑限界左侧面的距离(mm);

B_R——矩形隧道线路中心线至隧道建筑限界右侧面的距离(mm);

B_S——单线矩形隧道直线建筑限界宽度(mm);

X_S——直线段设备限界最大宽度点的横坐标值(mm);

b_L——隧道左侧设备或支架最大宽度值(mm);

b_R——隧道右侧设备或支架最大宽度值(mm);

c——安全间隙,包含设备安装误差值、测量误差值(mm);

H'——A1 型车或 B1 型车限界自结构底板至隧道顶板建筑限界高度(mm);

h'_1——设备限界高度(mm);

h'_2——设备限界至建筑限界安全间隙(mm);

h'_3——轨道结构高度(mm)。

(4) 提取净空数据时,若有遮挡,首选环中位置 CAD 实量指定高度的左右半宽(拟合隧道内壁圆弧遮挡位置),待全部环片解算完毕之后,进一步拟合因遮挡造成的错误。按

1.6 m/环间距导出逐环断面实测轮廓，标注断面所在里程桩号、4 个指定高度的左右半宽、左右横距和拱顶至轨面高度。

(5) 隧道中心坐标系定义如下：横轴 X 为轨面线，纵轴 Y 为两轨道中心的法线方向，即坐标原点(0.0,0.0)在轨道中心线与轨面线交点处。每一环的隧道中心为相对于原点的定位，每环为一个独立坐标系，沿里程从小到大方向，X 在中线左为负，右为正，Y 一直为正，如图 9-21 所示。

注：①适用市域 D 型车，设备限界最大宽度 X_S 取 1 885 mm；②轨道已投入运营，顶板建筑限界高度取至基准坐标系原点，不考虑轨道结构高度；③安全间隙，根据《地铁限界标准》(CJJ/T 96—2018)3.3.8 条第 3 点，建筑限界高度安全间隙取 200 mm。

2. 椭圆度和水平直径计算

计算逐环椭圆度时，先采取稳健估计方法剔除隧道内壁粗差点，然后通过整体拟合和搜索算法求解隧道最大直径，再搜索获取有效扫描隧道范围内最小直径和水平直径。实际工程中，由于轨道和腰部线缆遮挡以及里程累计误差，整体椭圆拟合算法计算椭圆度和水平直径的求解稳定性较差，同一期相邻断面或往返测重复扫描的差异仍可能存在超过5 mm的偏差。简单通过多断面量测取平均值的算法，虽有助于改善多期重复扫描解算的数值稳定性，但平均后的测值难以发现 5 mm 以内的微小变形。

参照地铁隧道激光扫描与全站仪 150 km 比测验证经验，为保证隧道椭圆度解算的精度、可靠性和与固定测线成果的一致性，采用 5.2 节中断面几何参数算法进行椭圆度和水平直径的计算。在 TLSD 软件中输入管片设计分块数量和角度，软件自动识别管片分环分块(图 9-22)，人工处理确认旁通道、严重遮挡、停车等待等特殊情况。

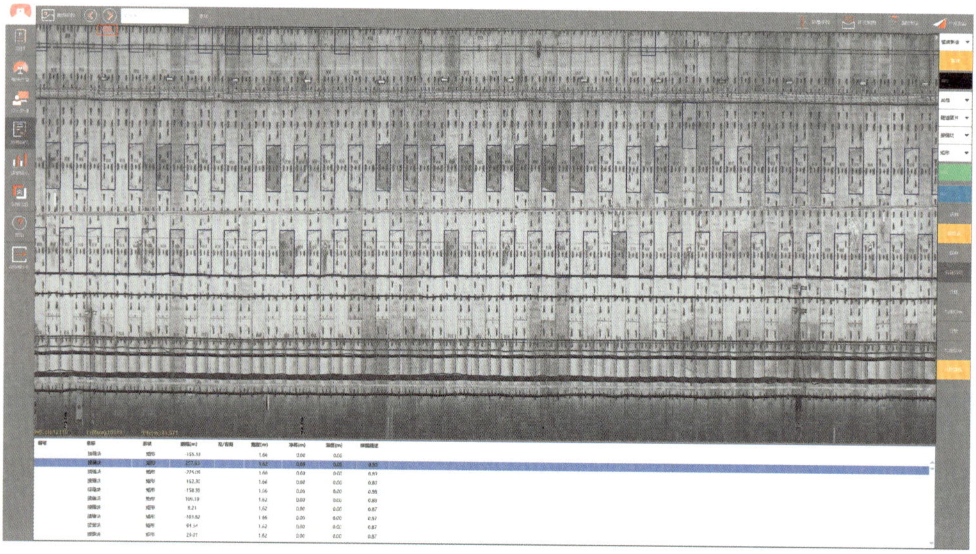

图 9-22　盾构隧道自动识别楔形块和衬砌环缝

每环按照均匀间隔取 5 个扫描断面，断面点云整体拟合圆，经稳健算法剔除粗差点后，拟合椭圆采用剔除粗差后的点云并通过空间分布定权方法，保证拟合椭圆尽量与隧道实际内轮廓贴合，避免因道床遮挡、下部点云过于密集而造成短轴拟合值过小，避免因腰部位置线缆、管片错台等造成长轴大于实际隧道内轮廓。若 5 个扫描断面所计算的直径差值离散度未超过限差±3 mm，则取环中间位置的扫描断面求解的椭圆度作为该环测值，否则取剔除最大最小值后的中间断面计算该环椭圆度。批量解算完毕后，人工抽取若干断面 CAD 文件进行实测实量，确认批处理解算成果精度满足项目需求。解算后按项目要求，编制逐环椭圆度分布统计图(图 9-23)和按区间分段统计椭圆度分布(图 9-24)。

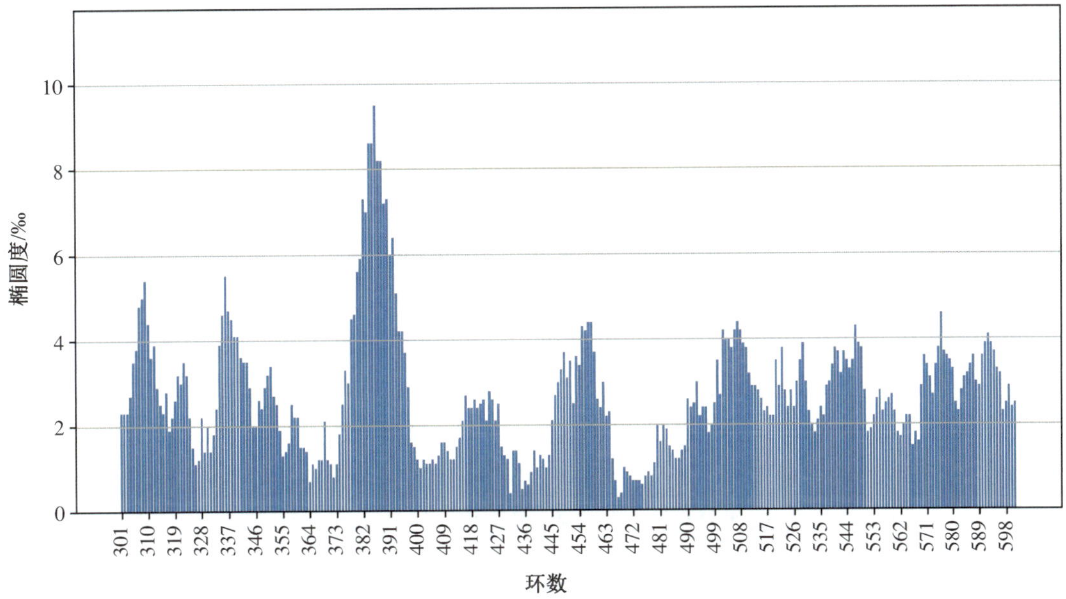

图 9-23　逐环椭圆度分布柱状图(301 环—600 环椭圆度分布)

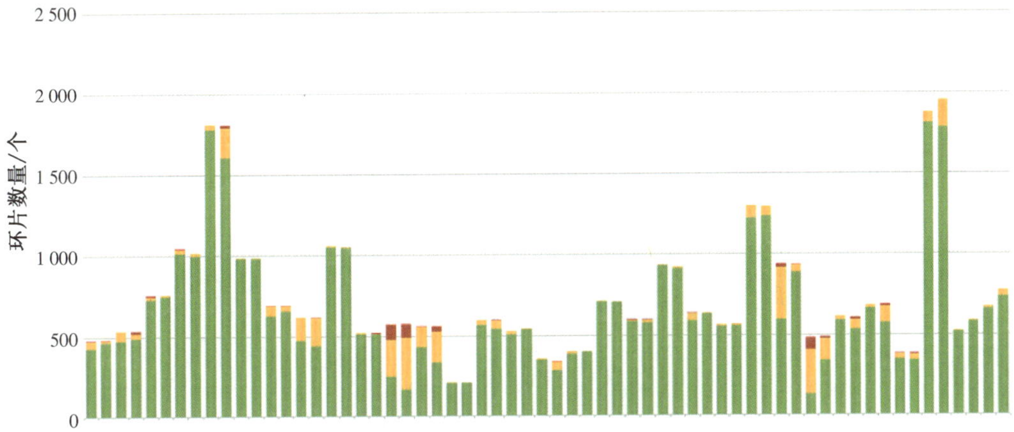

图 9-24　逐区间椭圆度整体统计图

9.5 本章小结

本章主要介绍了地铁工程应用案例，典型应用场景包括隧道施工期监测、竣工验收、结构变形监测等。城市轨道交通的隧道类型、运营制式、检测周期、常见病害等的应用要求差异较大，需结合具体情况正确运用设备、设置解算参数和数据统计分析，积累激光扫描在地铁保护区监测、重点区段结构监测、结构现状调查、病害治理和加固维修等方面的应用经验、病害样本和典型案例，充分发挥移动激光扫描装备的高效率、低成本、全覆盖、精度适当的优势。

参考文献

[1] 中华人民共和国住房和城乡建设部.城市轨道交通隧道结构养护技术标准：CJJ/T 289—2018[S].北京：中国建筑工业出版社，2019.

[2] 中华人民共和国住房和城乡建设部.盾构法隧道施工与验收规范：GB 50446—2017[S].北京：中国建筑工业出版社，2017.

[3] 重庆市城乡建设委员会.城市轨道交通结构检测技术标准：DBJ 50/T - 271—2017 [S].重庆，2017.

[4] 中华人民共和国住房和城乡建设部.城市轨道交通工程监测技术规范：GB 50911—2013[S].北京：中国建筑工业出版社，2014.

[5] 国家铁路局.市域(郊)铁路设计规范：TB 10624—2020[S].北京：中国铁道出版社，2021.

[6] 中华人民共和国住房和城乡建设部.地铁限界标准：CJJ/T 96—2018[S].北京：中国建筑工业出版社，2018.

10

总结与展望

10.1 总结

轨道交通工务检修作业天窗时间短、环境恶劣，隧道病害、结构变形、设备巡查等检测项目对作业速度、成像分辨率和测量精度要求严格[1]。近十年来，本书编写团队经历了引进国外装备、自主集成、软件研发和工程实践等过程，主要在三个方面取得一些成果。

1. 轨道移动测量技术进步

集成轨道移动激光测量系统，水平直径变形测量精度已达到±2 mm，绝对坐标测量精度优于±5 cm，在测点速度、信息量上更是远超GNSS、全站仪、钢尺等测量仪器，已在铁路与地铁竣工测量、变形监测、工务巡检、应急协同等场景开展了广泛的工程应用。

2. 软件处理能力的进步

轨道移动激光测量系统获取的海量激光点云，对数据存取、处理算法、软件工具、质量检查、规范标准等均提出新的挑战。团队积极适配国内铁路、地铁行业的应用需求和标准规范，在多模量计算成像、高精度变形解算、多期点云比较、AI智能识别等方面开展探索，应用深度学习、图像超分辨率重建、并行计算等新算法，提升软件的处理能力和解译效果，并在高效解算、实景漫游、差异检测等方面取得较好效果。

3. 应用场景不断丰富

移动激光扫描能够同步获取影像和几何坐标，在结构变形、限界测量、设备调查、病害调查等方面已开展应用，将在铁路数字化勘察设计、智慧运营养护、数字化转型等方面发挥更为重要的作用。针对各铁路(局段)、轨道交通的特殊要求，研发针对性的解决方案，相关测量成果的应用场景将不断丰富。

10.2 待解决的问题

影响移动激光测量技术应用的关键因素包括——硬件成本、测量精度、测量效率、成像分辨率和配套软件产品。当前，铁路(地铁)线路检测与测量一线的项目经理、技术人员和生产班组迫切希望借助新技术提升生产效率和降低劳动强度，但较多“吐槽”当前激光扫描装备软硬件系统的高昂价格、实施的复杂性以及对项目需求的适用性，必须提升系统性能，进一步适应各地场景需求，并取得实际效果。

1. 硬件性能提升

传统车载移动激光测量系统在设计、量产和检定环节，主要预设场景为测绘与实景建模，较少考虑铁路和地铁应用场景的特殊需求，针对扫描仪的测距、反射强度的精密标定仍缺乏统一的标准，成像分辨率难以满足识别 0.2 mm 裂缝等需求。迫切需要针对轨道交通场景专用需求，研发一类新型传感器，以实现暗黑环境下高分辨率成像、高精度测量、高效识别渗漏水、小型化低功耗的专用传感器。德国 AKG、瑞士 Amberg、西班牙 Elaborarium、Fraunhofer IPM 等机构已着手联合开发相关产品[2]。

相较于高速相机，激光扫描在 10 km/h 以上速度时点云密度将大大降低。机械旋转型激光断面仪转速普遍为 100～250 线/s，测距精度为(1～2 mm)/10 m，测点速度普遍已超过 100 万点/s。多组车规级固态激光雷达通过角度拼接和时序同步，理论上能够有效提升采样频率和分辨率，但单点测距精度和强度分辨率仍存在瓶颈。商用型结构光传感器的测量精度和速度虽可满足隧道检测要求，但最大测程仅 1 m 左右，尚无法适用于大断面隧道移动检测需要。

除机械激光扫描器件之外，固态激光扫描、线阵相机、TOF 相机、热红外相机、结构光传感器、空气耦合探地雷达等新型专用传感器件也在快速普及应用。在装备集成过程中，若片面追求采集系统的高技术指标，集成更多大型化、昂贵的硬件，会造成设备体积功耗大、难以上下道、运用成本高昂、现场操作复杂、内业效率低等新问题，从而偏离提高工效、节约成本、降低人力的初衷。探索解决平衡硬件的采集速度、测量精度、体积重量、测程范围、成像能力等技术指标，避免堆砌昂贵硬件和减少设备体积功耗，不断改进提升专用软件的解算精度、处理效率、自动识别能力等，有利于轨道移动激光测量系统进一步提升应用广度。

2. 算法和软件性能提升

针对高精度变形监测，盾构法隧道结构收敛通过圆拟合求解水平直径已基本实现 ±2 mm精度，但矿山法隧道拱顶变形、管片错台与张开量、局部衬砌剥落等仍缺乏变形解算模型，尤其缺少针对隧道内壁曲面的三维整体变形分析算法。若车载移动扫描自动解算精度达到±1.0 mm，即可部分替代现有人工全站仪测量，从而进一步提高监测作业效率。

针对高分辨率激光成像，传统算法依赖激光强度、距离等物理量驱动，计算成像则以计算重构的方式获得场景目标的高维度物理信息(变形、位移、三维形貌等)。深度学习则可通过“超分辨率图像重建”，从“物理模型驱动”到“样本数据驱动”，利用低速高分辨率样本影像训练成像模型，从而改善高速低分辨率数据的成像效果，但仍然面临受环境影响显著、模型泛化能力差、难以验证解释等诸多难题[3]。利用隧道内壁影像和 AI 识别算法，识别隧道渗漏水、剥落、环缝、裂缝等是当前研究热点。

受制于激光成像的分辨率、材质差异、隧道环境等综合因素，识别算法的泛化能力、识别正确率、分隔精度等仍存在较大局限性，仍需要扩大样本数量、引入先验经验和知识规则。

3. 多专业深度融合

隧道激光扫描测量成果应与隧道、岩土、物探等专业融合，如地质勘察资料、物探影像、材料检测等多源检测数据，深入理解隧道结构安全评估所需的关键物理量、技术参数和评价标准，实现隧道表观病害高效提取、微小变形高精度解算、岩土地质详尽调查、结构缺陷精准探查定位、隧道结构安全评估、边坡滑移风险识别等，同时借助专业信息系统实现基础资料的高效综合利用[4]。

4. 进一步挖掘应用场景

面向移动场景、暗黑环境、高速度、高分辨率、高对比度的成像技术已成为共性基础需求，移动激光扫描在三维可量测点云、暗黑环境下成像的技术优势明显。国内外已积极探索将移动激光扫描设备搭载于电客车、工务维修车、无人检修车等载体平台，围绕轨道交通的资产设备管理、隧道运营维护、定期(灾后)状态评估、行车环境巡查等开展三维建模、病害检测、VR/AR可视化等。在挖掘应用场景的同时，也需考虑引入区块链、数字加密等信息安全措施，以保护兼具人防功能、空间位置和公众敏感信息的数据安全，遵守国家相关法律法规。

10.3 展望

随着我国“数字化转型”“城市CIM”“智慧地铁”等高质量发展理念和新兴需求的不断落地，轨道交通线路检测与测量装备系统正处在快速发展阶段。2021年，高速铁路综合检测车“黄医生”首次走出国门在中老铁路投入应用，首列城市轨道交通综合检测列车(3B型)开展北京地铁19号线测试任务，欧盟、日本、美国等也在积极研发各型列车车载综合检测系统。各型综合检测系统在更高精度、更快速度、智能识别、测量与成像兼顾、外观与表观兼顾、更多检测项等方面，已取得大量创新进展和应用案例。但在精密标定、智能算法、自动建模、评价标准、软件工具、标准规范、产品认证等方面，仍需大量基础研究、经验积累、人才培养、软件开发和系统集成。

聚焦高速(普速)铁路工程和地铁线网隧道检测需求,不断提升软硬件系统的技术指标以满足工程实践“测得更快、算得更准、影像更清晰、识别更智能”的需求,形成一批自主知识产权、先进成熟、具有国际竞争力的铁路综合检测系统,提高铁路运营维护效率和风险识别能力,助力“中国高铁”品牌走向世界,服务“城市地铁”安全准点高效运营。

参考文献

[1] 余祖俊,梁建英.高速铁路综合检测技术[M].北京:中国铁道出版社,2021.

[2] FRAUNHOFER. Tunnel inspection 4.0: Multisensor system for efficient condition monitoring of tunnels[EB/OL]. (2019-01-08). https://www.ipm.fraunhofer.de/en/press-publications/press-releases/tunnel-inspection-multisensor-system-condition-monitoring.html.

[3] 左超,冯世杰,张翔宇,等.深度学习下的计算成像:现状、挑战与未来[J].光学学报,40(1):26.

[4] 黄宏伟.隧道结构非接触式快速检测与健康评估[M].上海:同济大学出版社,2018.

缩略词

ADAM，Adaptive Momentum Estimation，一种优化算法

AGV，Automated Guided Vehicle，自动导航车辆

AI，Artificial Intelligence，人工智能

App，Application，手机应用

CCD，Charge Coupled Device，电荷耦合器件

CGCS，China Geodetic Coordinate System，国家大地坐标系

CIM，City Information Modeling，城市信息模型

CPⅢ，Track control network，轨道控制网

CTP，Conventional Terrestrial Pole，协议地极方向

DMI，Digital Measurable Image，可量测实景影像

DTM，Digital Terrain Model，数字地面模型

DXF，Drawing Interchange Format，一种开放的矢量数据格式

ERG，Enhance Residual Group，增强残差组

FCN，Fully Convolution Network，全卷积网络

GNSS，Global Navigation Satellite System，全球导航卫星

GPLGNU，General Public License GNU，通用公共许可证

GPS，Global Positioning System，全球定位系统

HDR，High-Dynamic Range，高动态范围图像

HOG，Histogram of Oriented Gradient，方向梯度直方图

ICP，Iterative Closest Point，一种匹配算法

IE，Inertial Explorer，定位定姿数据后处理软件

IMU，Inertial Measurement Unit，惯性测量单元

INS，Inertial Navigation System，惯性导航系统

IUGG，International Union of Geodesy and Geophysics，地球物理联合会

JPEG，Joint Photographic Experts Group，图像文件格式

LGPLGNU，Lesser General Public License GNU,宽通用公共许可证

LiDAR，Light Detection and Ranging,激光扫描/激光雷达

Log,日志文件

MLP，Multilayer Perceptron,多层感知器

MNO,可修改的嵌套八叉树

NTP，Network Time Protocol,使计算机时间同步化的一种协议

NURBS，Non-Uniform Rational B-Splines,非均匀有理 B 样条

PCL，Point Cloud Library,点云库

PLC，Programmable Logic Controller,可编程逻辑控制器

POS，position and orientation system,高精度位置与姿态测量系统

PPS，Pulse Per Second,秒脉冲

RANSAC，Random Sample Consensus,随机抽样一致算法

RFSAB，Residual Feature Shuffle Attention Block,残差特征重组注意力模块

RTK，Real-time kinematic,实时差分定位

SDK，Software Development Kit,软件开发工具包

TBM，Tunnel Boring Machine,全断面隧道掘进机

TLSD，Track Laser Scanning & Detection System,轨道移动激光测量与检测系统

TOF，Time of Flight,飞行时间

UI，User Interface,用户界面

WebGL，Web Graphics Library3D,绘图协议